KB090543

제2판

Smart Presentation
스마트 프레젠테이션

서여주 저

B (주)백산출판사

PREFACE

우리가 살고 있는 시대는 진정성 있는 커뮤니케이션의 가치가 어느 때보다도 중요하게 여겨지는 시대입니다. 프레젠테이션은 단순히 정보를 전달하는 수단을 넘어, 생각을 공유하고, 영감을 주며, 변화를 이끌어내는 강력한 도구로 자리 잡았습니다. 이러한 맥락에서, 명확하고 단순한 소통의 능력은 단지 정보를 전달하는 것을 넘어, 청중과의 강력한 연결을 만들어내는 데 필수적인 요소가 됩니다. 이 책은 바로 이러한 시대의 요구에 부응하는 책입니다.

총 4부 13장으로 이루어진 이 책은 프레젠테이션의 기초부터 시작하여, 청중을 사로잡는 스토리텔링, 시각적 요소의 효과적 사용, 청중과의 상호작용을 최대화하는 방법 등 현대 프레젠테이션에 필요한 다양한 주제를 다룹니다.

제1부는 '프레젠테이션의 의의'로, '프레젠테이션의 기본 요건', '커뮤니케이션의 이해'를 다룹니다.

제2부는 '프레젠테이션의 체계'로 '프레젠테이션의 전략구상법', '프레젠테이션의 내용 구조화 기법', '프레젠테이션 기획력', '프레젠테이션의 시각화'를 설명합니다.

제3부는 '프레젠테이션의 요소'로 '청중의 이해', '프레젠터의 이해', '이미지메이킹(Image Making)', '프레젠테이션 발표력', '프레젠테이션 장소의 이해'를 다룹니다.

마지막으로, 제4부는 '프레젠테이션 최종 점검과 피드백'으로 '프레젠테이션 최종 점검', '프레젠테이션 피드백'을 다룹니다.

이 책은 단순히 좋은 프레젠테이션을 만드는 방법을 넘어, 청중과의 진정한 소통을 통해 메시지를 효과적으로 전달하고, 목표를 달성하는 데 필요한 모든 것을 제공합니다. 이 책을 통해 독자들은 자신의 아이디어와 비전을 명확하고, 강력하게 전달할 수 있는 능력을 개발할 수 있을 것입니다. 우리는 이 책이 모든 독자에게 프레젠테이션의 성공을 위한 실질적인 가이드가 되어, 자신의 커뮤니케이션 능력을 한 단계 끌어올리는 데 도움이 될 것이라 확신합니다.

끝으로 언제나 이 책이 나오기까지 여러 분들이 도움을 주셨는데 우선 무리한 일정에도 기꺼이 출판을 허락해주신 (주)백산출판사 진욱상 대표님과 책을 만드느라 애써주신 편집부 및 마케팅부 임직원분들께도 진심을 담아 깊은 감사의 마음을 전해드립니다.

2024년 8월
단정한 말가짐을 위하여
서여주

CONTENTS

제3부　프레젠테이션의 요소

제4부   프레젠테이션 최종 점검과 피드백

제 **1** 부

프레젠테이션의 의의

| 제 1 장 |

프레젠테이션의 기본 요건

1. 프레젠테이션의 개념

세미나, 학회, 국제 회의에서의 발표, 직장에서의 동료나 상사를 대상으로 하는 브리핑, 윗사람에게 보고, 신입사원 면접, 학교에서 수업시간에 하는 발표와 일상생활에서 흔히 접하게 되는 제품설명, 인사말, 정견 발표, 토론, 연설 등등. 이 모든 것이 다 프레젠테이션이다. 프레젠테이션은 바로 우리 눈앞에서 수없이 많이 진행되고 있다. 프레젠테이션은 새로운 개념이 아니고, 우리의 삶 깊숙이 침투해 있고, 생활 그 자체라 할 수 있다.

프레젠테이션은 present와 action이 결합한 말이다. 프레젠테이션은 '발표하는 행위' 혹은 '표현하는 행위'라고 할 수 있다. 다시 말하면, 프레젠테이션이란 자신의 의사를 밝히는 행위를 말한다. 프레젠테이션이란 용어는 광고계에서 유래했다. 좀 더 정확하게 말하자면, 광고주에게 제출하는 광고 계획서를 가리키는 말이었다.

프레젠테이션은 사전적으로 '발표, 제출, 표현' 등의 의미처럼 자신의 생각이나 계획을 발표하는 기획회의의 의미로서 널리 통용되기도 한다. 또한 프레젠테이션은 다른 사람 앞에서 자신의 생각을 발표한다는 것 이상의 뜻이 담겨있다. 그것은 커뮤니케이션 방법의 하나로서 '의사소통과 교감'이라는 중요한 역할을 의미한다.

이에 프레젠테이션의 유형은 다음과 같이 나누어질 수 있다.

1) 프레젠테이션 유형

(1) 설득형 프레젠테이션

설득형 프레젠테이션의 궁극적인 목적은 상대방을 설득해 상품 또는 서비스를 구매하게 만드는 등 프레젠터가 의도한 방향으로 의사결정을 하게 만드는 것이다. 프레젠터의 제안을 청중히 받아들이게 하기 위해 청중의 스타일과 선호를 분석·진단하고 유형과 상황에 따라 다른 대응법을 적용한다.

상대가 고객일 수도 있고, 공급자일 수도 있다. 투자자와 은행, 정부 기관, 사내 CEO 등 다양한 청중의 성향에 따라 감성적, 논리적, 분석적, 통계적 접근법을 적절히 가미해야 한다. 예를 들어, 신규 기획안을 제안하는 프레젠테이션에서 결정권자에게 새로운 안을 수용하도록 설득하기 위해서는 감성적 자료보다 객관적인 분석이나 창의적인 아이디어를 제시하는 접근법이 더 적합하다.

설득형 프레젠테이션은 대부분 신규 사업 수주 같은 경쟁 프레젠테이션이다. 이 경우 프레젠테이션을 위한 별도의 팀을 구성하거나 막대한 시간과 비용을 쓰기도 한다. 이러한 현상은 비즈니스 세계에서 프레젠테이션의 역할이 점점 더 중요해지고 있다는 추세를 보여주는 것이다.

다만, 여기서 프레젠테이션을 '설득'을 '논리'로만 엮어서 생각한다면, 매우 잘못된 접근이다. 설득의 정의는 '상대편이 이쪽 편의 이야기를 따르도록 여러 기지로 깨우쳐 말함'이다. 상대방이 이쪽 편의 이야기를 따르도록 하려면 당연히 논리로만 풀어내야 할까? 설득하고자 하는 사람은 논리력의 유무와 상관없이 무조건 논리로 풀려고 한다. 더욱이 청중은 논리를 좋아하지도 않을

뿐더러 기대조차 하지 않는다고 주장하는 사람도 있다.

고대 그리스 철학자 아리스토텔레스 역시 설득에 있어 논리가 차지하는 비중이 얼마나 미약한지를 다음과 같이 설명했다. 설득의 3대 원천인 에토스(Ethos), 파토스(Pathos), 로고스(Logos)가 있다. 프레젠터의 인격적 측면인 에토스의 영향력은 60%, 상대의 감정과 이미지에 호소하는 요소인 파토스의 영향력은 30%이다. 그리고 논리를 통해 이성에 호소하는 로고스는 10%밖에 차지하지 않는다. 이 중 가장 중요한 것은 에토스다. 말하는 사람이 아무리 말을 잘한들, 말하는 사람이 전하는 메시지의 신뢰성이 떨어지면 아무도 믿지 않는다. 오히려 거부감이 든다. 무엇보다 중요한 것이 화자의 인격이고 신뢰감이다. 에토스가 '윤리학(ethics)'의 어원이 된 이유이기도 하다. 그다음은 파토스다. 청중의 감정이나 욕구에 호소해 마음을 움직이는 설득 수단이다. 먼저 청중의 심리적 상태나 욕구 등을 고려해 설득해야 한다는 의미다. 영어로는 '페이소(pathos)'다. 파토스가 오늘에 와서 일시적인 감정적 흥분 외에 무엇에 대한 지속적인 정열과 정념 등의 뜻도 갖게 됐지만, 문자 자체로는 '고통'이라는 의미이며 '병(病)'을 나타내는 '패스(path)'의 어원이기도 하다. 에토스와 파토스에 이어 필요한 요소가 로고스다. 논리적이고 이성적으로 자신의 주장을 설득하는 방법이다. 객관에 바탕을 두고 있어야 한다. 로고스가 '논리학(logic)'과 학문을 의미하는 '로지(logy)'의 어원이 된 것도 그래서다. 병을 연구하는 학문인 '병리학(pathology)'은 병을 의미하는 파토스와 학문을 의미하는 로고스가 합쳐진 말이다. 아리스토텔레스는 로고스가 파토스를 이길 수 없다고 생각했다. 인간은 입증된 사실보다 믿고 싶어 하는 사실에 더 이끌리기 때문이다.

다시 말해, 프레젠테이션은 '사람이 사람에게 하는 것'이다. 당연하고 단순한 말 같지만 굉장히 중요하다. 프레젠테이션은 지극히 단순히 인간 사이의 커뮤니케이션이다.

(2) 설명형 프레젠테이션

정보를 제공해 이해시키는 방법이다. 연구 성과 발표라든지 회사의 방침, 목표의 설명, 투자 설명회, 시장 상황 보고, 매출 현황 보고 등 사내 보고 프레젠테이션 대부분이 이에 속한다. 현재의 상황과 문제점, 대안을 설명한다. 물론 설득하는 부분도 들어 있지만 기본적으로는 정보를 제공하는 설명형이다. 여기에서는 자신이 알고 있는 정보나 상대방이 알고 싶어 하는 정보를 잘 전달하는 것이 핵심이다. 일목요연하게 상황을 정리해서 보고한다.

(3) 교육형 프레젠테이션

강의, 전달 교육, 동기부여 교육, 의식 개혁 교육 등 새로운 정보나 동향을 전달하거나 청중을 감동 혹은 감화시켜 행동이나 의식의 변화를 주기 위한 프레젠테이션이다. 다양한 사례를 보여주고 질의응답을 통해 청중이 자신의 의견을 발표하게 하는 등 참여를 유도해 진행하는 경우가 많다. 형식도 어느 정도 자유롭다.

(4) 엔터테인먼트형 프레젠테이션

즐기기 위한 프레젠테이션이다. 동호회나 친구 사이에 친목을 도모하고 참가자에게 동기를 부여하는 목적으로 시행된다. 여러 가지 재미있는 기법을 많이 활용하고 특별한 형식에 구애받지 않기 때문에 독창적인 프레젠테이션이 가능하다. 형식면에서 가장 자유롭다.

그 밖에도 행사형, 회의형, 종교형 등 다양한 형태의 프레젠테이션이 있다.

2) 프레젠테이션의 요소

(1) 프레젠테이션 목적과 내용

프레젠테이션 성공에 영향을 미치는 첫 번째 요인은 프레젠테이션 목적의 명확성과 내용의 차별성이 있어야 한다.

- 프레젠테이션은 명확한 목적과 목표가 있어야 한다.
- 프레젠테이션의 목표는 프레젠터(presenter)와 청중 모두에게 유익한 것이어야 한다.
- 프레젠테이션 내용은 청중의 동기와 욕구에 기초하여 개발되어야 한다.
- 프레젠테이션 내용은 객관적 사실과 사례, 정확한 자료를 기초로 개발되어야 한다.
- 프레젠테이션 내용은 차별성, 참신성 그리고 기존의 것보다는 무언가 진일보한 선진성의 세 가지 관점에서 개발되어야 한다.
- 프레젠테이션은 핵심내용을 중심으로 논리적, 체계적으로 전개되어야 한다.

(2) 프레젠터

프레젠테이션 성과에 영향을 미치는 두 번째 요인은 프레젠터 자신(presenter)이다.

프레젠터의 프레젠테이션 주제에 대한 전문 지식이나 다양한 경험은 프레젠테이션 효과에 결정적 역할을 한다.

(3) 청중

청중(People) 또한 프레젠테이션 성과에 많은 영향을 미친다.

프레젠테이션에 자발적으로 참여한 청중의 경우에는 프레젠테이션 몰입도가 높은 반면, 여러 가지 비자발적인 이유로 참여한 경우는 몰입도가 낮을 수밖에 없다.

(4) 프레젠테이션 장소

프레젠테이션 장소(place)에는 위치와 시청각 시설 등이 모두 포함된다. 프레젠테이션 장소의 크기와 배열 상태뿐만 아니라, 특히 마이크와 빔 프로젝터와 같은 시청각 기자재는 프레젠테이션의 효과를 결정하는 데 직접적 영향을 미치므로 사전 점검이 반드시 필요하다.

3) 프레젠테이션의 중요성

일반적으로 많은 사람들이 대중 앞에서 말하는 것을 두려워한다. 하지만 프레젠테이션만이 가지는 장점 때문에 프레젠테이션은 점점 대중화되고 있어 더 이상 프레젠테이션을 피할 수는 없어 보인다. 능숙한 프레젠테이션을 위해 문서로 작성된 보고서에 비하여 말로 설명하는 프레젠테이션이 가지는 장점과 단점을 분석해 보자.

(1) 프레젠테이션의 장점

말로 직접 프레젠테이션을 할 때의 첫 번째 장점은 청중으로부터 즉각적으로 피드백을 받을 수 있다는 것이다. 프레젠테이션 현장에서 직접 질문을 받고 결정을 내릴 수 있다. 또 청중들이 얼마나 잘 이해하고 찬성하는가를 보면서 말하는 내용을 조절할 수 있다.

두 번째 장점은 말하는 사람이 청중을 통제할 수 있다는 것이다. 서류로 작성된 보고서는 사람이 읽어볼 것이라는 보장이 없다. 그에 비해 프레젠테이션에서 발표자는 청중과 마주 보고 있다. 발표자는 발표의 속도를 조절하고 질문을 하며 청중들이 계속 집중하고 이해하도록 한다. 발표 중 잠시 멈춤, 제스처, 목소리와 속도의 변화 등과 같이 비언어적인 방식으로 사람들의 주의를 집중시킬 수도 있다. 또 프레젠테이션에서 사용하는 시각 자료는 보고서에서 사용하는 것보다 효과가 높다.

세 번째 장점은 듣는 사람에 관한 것이다. 프레젠테이션의 청중은 별다른 노력을 하지 않아도 된다. 글을 읽는 것에 비하면 듣는 것은 노력이 적게 들고 즐거울 때도 있다. 서류로 작성된 보고서는 언어적인 내용만 제시하지만, 프레젠테이션은 언어적인 것과 비언어적인 것을 같이 제공하기 때문에 이해하기 쉽고 재미있다.

(2) 프레젠테이션의 단점

프레젠테이션이 많은 장점을 가지고 있음에도 불구하고 몇 가지 단점도 있다. 가장 큰 단점은 영속성이 없다는 것이다. 한번 발표하면 지나가 버리고 한두 시간 지나면 발표한 자료는 잊는다. 발표된 내용을 이해할 기회는 그때 한 번뿐인 것이다. 반면에 서류로 작성된 보고서는 이해될 때까지 여러 번 읽어 볼 수 있다.

또한, 프레젠테이션을 시행하기 위한 준비와 장소 섭외에도 상당한 비용이 든다. 청중들을 불러 모으는 비용 또한 무시하지 못한다. 만약 전국에 산재해 있는 관리자를 한 자리에 모아서 프레젠테이션을 한다면 서류로 된 보고서로 알리는 것보다 훨씬 더 큰 비용이 소요될 것이다.

기업에서 보고서를 사용할 것인가, 또는 프레젠테이션을 할 것인가를 결정할 때는 위와 같은 장·단점을 고려하여 결정해야 한다.

2. 프레젠테이션 준비 방법

프레젠테이션을 준비하는 방법에는 크게 세 가지가 있다.

(1) 프레젠테이션에 대한 준비 없이 즉흥적으로 이야기하는 경우, 100% 실패를 가져온다. 배짱과 용기만으로 성공하는 프레젠테이션은 없다. 철저한 준비와 훈련이 필요하다.

(2) 프레젠테이션의 모든 내용을 원고로 작성하여 암기하는 방법이다. 다만, 원고를 통째로 작성해 암기하는 방법은 다음과 같이 크게 네 가지 문제점을 가져올 수 있다.

• 말투가 대화체가 아닌 문어체가 된다.

대화체는 문어체와 다르다. 책을 읽는 듯한 딱딱한 말투로는 사람의 마음을 움직일 수 없다. 자유로운 대화체 스피치와 비교하면 생생한 느낌이 줄어들 수밖에 없다. 가슴에서 나오는 따뜻한 말투로 이야기해야 청중의 마음을 움직일 수 있다.

• 암기한 내용을 도중에 잊었을 경우 상당히 곤란해진다.

문장의 종결어미까지 통째로 외우는 발표자들이 있다. 발표 당일 암기한 내용이 생각나면 다행이지만 실전에서는 긴장감이 커진 나머지 발표 중 암기한 내용이 생각나지 않을 수 있다. 이럴 때 발표자들은 얼굴이 하얗게 질려서 아예 발표를 중단하는 일이 생기기도 한다.

• 원고에만 의존하면 말할 수 없게 된다.

원고에 의존하는 습관이 생기면 나중에는 원고 없이 말할 수 없게 된다. 떨지 않고 당당하게 말하기 위해서는 이러한 습관을 버려야 한다.

• 청중의 반응을 살필 수 없다.

머릿속으로 외운 원고에 집중하느라 청중의 반응이나 태도를 알아차리기 힘들다. 청중이 지루해하거나 어려워해도 발표자는 이야기의 흐름을 바꾸거나 조절할 수가 없다. 이렇게 되면 양방향의 커뮤니케이션이 아닌 일방향의 커뮤니케이션이 된다.

따라서 프레젠테이션의 원고는 읽기 위한 원고가 아니라 듣기 위한 원고이어야 한다. 즉, 눈으로 읽는 것이 아니라, 상대방이 듣기 편한 구어체로 작성되어야 한다. 그러기 위해서는 전문용어나 약어의 사용은 줄이고 단문의 문장으로 작성한다. 워드프로세서로 작성할 때에는 글씨 크기를 12포인트 이상, 줄간격도 넓게, 종이 한 면에만 작성하여 인쇄하고, 쪽 번호도 달아준다. 숫자도 발음 나는 대로 적어서 긴장되어 숫자를 잘못 읽는 일이 없도록 한다.

　(3) 개요서 활용법이다. 발표 내용을 본격적으로 작성하기 전에 전체 프레젠테이션의 구체적 내용을 어떻게 구성할 것인가를 계획하는 '발표의 개요'를 먼저 작성하는 방법이다. 주요 키워드 중심으로 전체를 이해하는 개요서 활용법은 원고를 통째로 외우지 않아도 되는 등 많은 장점이 있기 때문에 발표자가 주로 활용하는 방법이다.

개요서가 주는 장점은 다음과 같다.
- 발표자가 말하고자 하는 내용을 스스로 이해하고 내면화할 수 있는 장점이 있다.
- 발표자가 말하려는 바가 명확해진다. 전체 아웃라인이 정해지지 않았을 경우에는 발표의 핵심이 흐려지거나 다른 주제로 빠질 확률이 높아진다. 반면 개요서가 있으면 일목요연하게 이야기를 진행할 수 있다.
- 전체적인 그림을 청중에게 제시할 수 있기 때문에 이해도가 높아진다.
- 시간 조정을 가능하게 한다. 프레젠테이션을 잘하려고 하면 할수록 계속 살을 붙여 말하기 때문에 시간이 자꾸 길어질 수 있다. 하지만 개요서를 활용하면 결론이 누락되지 않게 하면서도 내용을 줄일 수 있다.

개요서 작성원칙은 다음과 같다.
- 명확해야 한다.
- 구체적이어야 한다.
- 전체 내용을 포괄할 수 있어야 한다.

　개요서를 작성해 단순히 연습만 한다면 프레젠테이션을 성공으로 이끌 수 있을까? 방향을 제대로 잡기 위해서는 우선 성공하는 프레젠테이션의 요소와 실패하는 프레젠테이션의 요소를 살펴야 할 것이다.

프레젠터가 청중의 입장에서 프레젠테이션을 보고 들었을 때 무척 지루하거나 졸음이 밀려온 경험이 있을 것이다. 지루한 프레젠테이션에는 공통적으로 몇 가지 특징이 나타난다. 그러한 특징만 피해가도 성공적인 프레젠테이션을 할 수 있다.

1) 실패하는 프레젠테이션

(1) 지루한 프레젠테이션의 특징

- 무슨 말을 하는지 요점을 알 수가 없다.
- 발표를 듣다 보니 나와 관계있는 내용이 아니다. 관심이 가지 않는 내용이다.
- 누구나 할 수 있는 이야기 같다. 너무나 당연한 이야기를 한다.
- 구체적인 실행 방법과 성공 이미지가 그려지지 않는다.
- 예상할 수 있거나 그보다 더 미흡한 제안이라서 임팩트가 없다.
- 발표자의 열정이나 준비, 노력이 부족해 보인다.
- 똑같은 톤과 어조, 똑같은 표정과 연출이 반복되니 재미가 없다.
- 파워포인트 슬라이드는 화려하게 만들었지만, 정작 전달하려는 내용은 핵심이 없다.
- 주장하는 바에 따른 근거가 객관적이지 않아서 와닿지 않는다.
- 발표자 자신에 대한 자랑만 잔뜩 늘어놓는다.

이러한 프레젠테이션을 듣고 있노라면 '내가 여기에 왜 앉아 있는 거지?', '괜히 시간 낭비만 했구나.' 하는 생각까지 들 수 있다. 이렇듯 준비가 부족하거나 잘못된 방향 설정은 프레젠테이션의 실패를 가져올 수 있는 것이다.

(2) 발표자가 저지르기 쉬운 실수

에미상을 수상한 TV 저널리스트이자 캘리포니아에서 기업 프레젠테이션 코치로 활동하고 있는 카민 갤로(Carmine Gallo)의 『세계 최고 비즈니스 커뮤니케이터들의 10가지 성공비법』이라는 책에서 '발표자가 저지르기 쉬운 실수'에 대해 다음과 같이 언급하고 있다.

① 내용 측면

- **주제가 불명확한 경우**: 내용이 산만해서 장황한 이야기를 늘어놓는다. 요점 없이 횡설수설하다 보니 내용의 전달력이 떨어지고 청중들은 외면하게 된다. 결국, 분위기는 산만해지고 목적을 달성하지 못한다.
- **설명이 정확하지 못한 경우**: 내용이 핵심적이지 못하면 군더더기가 많이 붙게 된다. 스토리가 장황해지며 발표자에 대한 신뢰도가 떨어진다.
- **보충 설명이 없는 경우**: 전문 분야일수록 난해해지기 쉽다. 이럴 때 보충 설명이 없으면 청중온 들을 가치가 없다고 생가하게 되고 제대로 설명하지 못하는 발표자를 전문가가 아니라고 판단한다.
- **전문 용어를 사용하는 경우**: 청중은 전문 용어의 해석이 안 되므로 지루해하는 사람이 많아지고 발표자가 잘난 척한다고 생각한다.
- **질의응답이 미숙한 경우**: 관련 분야에 대한 지식이 부족하다고 생각한다. 발표자의 실력을 의심하고 준비가 미흡하다고 판단한다.
- **분위기가 딱딱한 경우**: 분위기가 침체된다. 청중들이 외면하고 분위기가 부정적으로 변한다. 공감대가 파괴되고 관객들의 호응을 얻기 힘들다.

② 행동 측면

- **노트 보며 그대로 읽기**: 준비한 대본을 제때 참고하는 것은 좋지만, 보고 그대로 읽는 것은 발언자와 청중 사이의 소통을 방해한다. 대본에서 포인트만 뽑아 내어 대본 없이 발표할 수 있도록 계속해서 복습해야 한다.

- **'아이콘택트(eye contact)' 피하기**: 청중과 소통하고 신뢰감을 주기 위해 눈과 눈을 맞 추는 것은 매우 중요하다. 대부분의 연설자가 청중을 보는 대신 벽이나 책상, 컴퓨터에 눈을 맞춘다. 그러나 연설하는 시간의 90% 이상은 청중과 시선을 마주쳐야 한다. 나머지 시간에 노트와 슬라이드를 적절히 보아야 한다.

- **지저분하고 격식 없는 옷차림**: 프레젠테이션 역시 자신의 위치와 문화에 맞는 옷차림이 중요하다. 단, 너무 뛰어난 의상보다는 청중보다 약간만 더 좋게 차려입는 것이 좋다.

- **정신없는 손동작과 말버릇**: 손을 안절부절못한다거나 손에 쥔 물체를 가볍게 흔들고 몸을 앞뒤로 흔드는 등의 행동은 발언자의 긴장과 초조감, 불안감을 그대로 반영하며 청중들에게 자신감이 없는 것처럼 보이게 한다. 리허설이나 프레젠테이션을 녹화해 자신의 프레젠테이션 모습을 보고 위와 같은 버릇을 미리 잡아야 한다.

- **가만히 서 있기**: 지나친 손동작은 좋지 않지만, 가만히 서 있는 것도 나쁘다. 경직된 모습은 마치 상부의 명령을 기다리는 군인처럼 보여 프레젠테이션을 지루하게 만든다. 적당한 몸짓과 손동작을 이용하고 적절히 걸으며 위치를 이동하는 것이 좋다. 유명한 프레젠테이션 동영상을 보며 목소리와 몸동작을 흉내 내보는 것도 좋다.

- **리허설 절대 하지 않기**: 프레젠테이션에서 제일 안타까운 실수는 지나치게 큰 목소리나 작은 목소리로 연설하는 것이다. 이는 리허설을 충분히 하지 않았기 때문에 벌어지는 실수이다.

- **슬라이드 그대로 읽기**: 너무 많은 내용을 슬라이드에 담아서도 안 되고 글자 그대로 또박또박 읽는 것도 좋지 않다. 슬라이드에는 핵심적인 내용을 한 면당 여섯 줄 미만으로 요약하고 이야기나 일화, 예를 적절히 덧붙여 청중에게 설명해야 한다. 슬라이드를 읽는 것뿐이라면, 그것은 청중도 할 수 있다.

- **지나치게 긴 프레젠테이션:** 연구에 따르면 청중들의 집중력은 약 18분 후부터 사라진다. 리더십이 요구하는 능력은 긍정적이고 명확하며 간결한 메시지 전달이다. 말하는 시간이 길수록 중요하게 들릴 것이라는 착각을 버려야 한다.
- **인상적이지 못한 서두:** 청중들의 관심을 끄느냐 잃느냐는 당신의 프레젠테이션 첫 마디에 달려 있다. 가장 좋은 방법은 시작 전 그들이 당신의 발표에 귀 기울여야 하는 이유를 밝히는 것이다.
- **횡설수설한 맺음말:** 당신이 중간에 아무리 중요한 말을 강조하고 늘어놓아 봤자 청중들이 자리를 떠나면서 기억하는 것은 당신이 마지막에 던진 말이다. 말한 것을 간략하게 요약하고 청중들이 한 가지 생각, 즉 요점을 가지고 떠날 수 있도록 해야 한다.

2) 성공하는 프레젠테이션

실패하는 프레젠테이션의 문제점을 파악하고 난 후 프레젠테이션을 준비한다면 분명 성공적인 프레젠테이션을 할 수 있을 것이다. 즉, 내용 면에서는 알기 쉽고, 구체적이며, 재미있어야 한다. 행동 면에서는 미리 연습과 훈련을 거쳐 잘못된 습관을 고치고 수정해야 할 것이다. 이렇게 내용적 측면과 행동적 측면의 스킬을 갖추고 경우의 수를 파악한다면 성공적인 프레젠테이션을 할 확률이 높아질 수 있다.

(1) 프레젠테이션 성공 비책

카민 갤로(Carmine Gallo)의 『세계 최고 비즈니스 커뮤니케이터들의 10가지 성공비법』에서 제시한 성공적인 프레젠테이션의 비책은 시간 나누기이다. "단순히 슬라이드만 보여주지 말고 매 10분 전후마다 무언가 색다른 화제로 청중을 다시 매료시키도록 노력하라. 짧은 비디오 클립을 삽입한다든지 빠른 시연을 하든지 다른 발표자가 일어나서 짧게 발표를 하도록 하라. 청중이 지루해 하지 않도록 발표를 관리 가능한 시간 단위로 나누는 방법을 찾아보라"고 말 한 바 있다.

(2) 성공하는 프레젠테이션 시간 구성법

① 90-20-8의 규칙

마인드맵의 창시자 토니 부잔(Tony Buzan)은 『양쪽 뇌를 사용하라』는 책에 서 "성인은 평균 90분 동안은 이해하면서 들을 수 있지만, 오직 20분만을 기 억하면서 듣는다"고 했다. 이 말은 20분마다 변화를 주거나 속도에 변화가 있 어야 한다는 말이다. 이는 어떤 교육도 90분을 넘지 않고 20분마다 변화를 주 며, 8분마다 사람들이 참여할 방법을 찾아야 한다는 것이다.

학교에서 수업시간이 최대 90분을 넘지 않았던 점, 수업 중 20분 간격으로 퀴즈, 동영상 등의 자료를 활용하고 10분 안팎으로 가벼운 농담과 유머를 던 졌던 경우를 떠올려 보자.

② 10-20-30의 규칙

애플사의 전 에반젤리스트였던 가이 타케오 카와사키(Guy Takeo Kawasaki) 는 프레젠테이션을 성공하기 위해서는 슬라이드는 10장 이내, 시간은 20분 이내, 문자 크기는 30포인트 이상으로 만들어야 한다고 언급한 바 있다. 이는 청중의 이해력과 집중력을 고려한 10-20-30의 규칙이다.

- 기본 슬라이드는 10장 이내가 좋다는 것이다. 슬라이드에서는 현실 문제, 제안이나 비전 제시, 이상 실현의 관계가 한 눈에 보이도록 요약해서 첨 부하면 임원진 발표에서도 당황하지 않을 수 있다.
- 문제의 정리와 제안 설명은 20분만 있으면 충분하다는 것이다. 프레젠테 이션 자체를 20분 안에 끝낸다는 것이 아니라, 프레젠테이션이 1시간 정 도 진행될 경우에는 제안 내용을 설명하고 시범을 보이거나 사례를 소개

하고 질의응답 시간까지 마련하는 20분×3부 구성 정도가 적당하다는 원칙이다.

- 스크린에 뜨는 자료에서는 문자 크기가 30포인트 이상이 되지 않으면 읽기 힘들기 때문에 최대한 문자량을 줄이고 그래픽과 짧은 문구로 자료를 간결하게 만들어야 한다는 것이다. 하지만 한 장의 슬라이드에 그림, 도표, 사진, 글자 등이 일목요연하게 배치되어 있는 일본식 프레젠테이션의 경우 문자의 크기가 달라질 수 있다. 단순하고 명쾌한 미국식 프레젠테이션을 할 것인가, 복잡하고 많은 것을 압축해 전달하는 일본식 프레젠테이션을 할 것인가는 발표자 스스로 결정해야 한다. 아직 국내 기업의 상당수는 내부적으로 일본식 프레젠테이션을 하고 있다. 즉, 글자 크기는 발표 장소와 발표 인원에 배분에 따라서 조절 가능하며, 스크린에 뜨는 자료는 간결할수록 효과가 크다는 점을 명심하자.

(3) 성공적인 프레젠테이션을 위한 동기부여 과정

① 청중에게 필요를 느끼게 하자

사람들은 끊임없이 자기 자신에게 '여기에 내가 왜 있지?'라고 질문한다는 것을 잊지 말자. 그렇기 때문에 '왜 이 정보가 필요한가?', '어떻게 이익을 얻을 것인가?', '실제로 어떻게 활용할 것인가?'에 대한 이점을 수시로 알려줘야 한다.

② 개인적인 책임감을 키워 주자

대부분의 사람은 약속을 지키려는 책임감을 가지고 있다. 현명한 발표자라면 청중이 작은 사안을 약속하게 하고 이를 효과적으로 활용할 수 있다. 참가자들에게 앞으로 유용하게 쓰일 자료의 일부를 배부하여 그들이 그 자료를 채워 넣게 할 수도 있다. 또한, 다양한 학습 활동을 하면서 그룹의 책임감을 조성할 수도 있다. 예를 들어, '휴식 시간이 끝난 후 수업 시간에 정확히 맞춰서 돌아오기' 등의 방법을 이용하여 그룹의 책임감을 조성할 수도 있다.

③ 흥미를 불러일으키고 지속시키자

이를 위한 효과적인 방법은 계속해서 질문하고 격려하는 것이다. 질문은 흥미를 자아내고 주의를 환기시킨다. 흥미를 유발하고 지속시킬 수 있는 다른 방법은 차트, 토의, 강의, 프로젝트, 사례 연구 등이 있다. 청중의 주의를 집중시키고 학습 과정에 참여시키기 위해서는 여러 방법을 혼합하여 활용하면 좋다.

④ 배운 내용을 일상생활에 어떻게 적용할 수 있는지 알리자

당신이 하는 대부분의 프레젠테이션과 교육 프로그램에서 사람들은 '이것이 어떻게 내게 유용할 것인가?', '이것이 정말로 의사결정, 문제 해결, 판매 등에 도움이 될 것인가?'에 대해 알고 싶어 한다. 물론 이론도 중요하지만, 그들은 배운 것을 실제로 적용하고 싶어 한다. '이렇게 당신의 업무에 활용하면 좋습니다'라는 식으로 일상생활과의 연계를 지속시키자.

⑤ 칭찬하고 인정하고 격려하자

하버드의 심리학자 윌리엄 제임스(William James)는 "인간이 가진 본성 중에서 가장 강한 것은 타인에게 인정받기를 갈망하는 마음이다"라고 했다. 사람들은 누구나 다른 사람에게 인정받고 사랑받기를 원한다는 것이다. 흔히 사람들은 누군가 무엇을 잘못하면 재빨리 그것을 지적하지만 잘한 일을 칭찬하는 데는 시간이 오래 걸린다. 청중의 모습을 독려하고 칭찬한다면 청중의 마음을 열 수 있다.

⑥ 건전한 경쟁을 하게 하자

건전한 경쟁은 사람들로 하여금 자신을 돌아보게 해 준다. 청중에게 "나는 다른 사람들과 경쟁하지 않아. 나 자신과 경쟁하는 거야"라고 이야기하게 하자, 발표자 본인에 대한 명확한 인식과 분석이 있어야 한다. 또한, 본인의 사례와 경험담을 자연스럽게 이야기할 수 있어야 한다. 그러한 이야기만이 청중을 움직이고 깨닫게 한다.

⑦ 스스로 즐기자

발표자보다 청중이 발표 내용과 슬라이드에 더 열광하기를 기대할 수는 없다. 주제에 대한 발표자의 순수한 열정을 사람들에게 보여주자.

열정을 보여주는 방법으로는 두 가지가 있다.

- 사람들과 만나라. 최소한 발표 시작 15분 전에 도착해서 사람들에게 주제와 청중에 대한 당신의 흥미와 열정을 보여주고 그들과 이야기하는 것이 좋다.
- 눈을 맞추어라. 주제에 대해 자신이 없거나 관심이 없는 발표자는 절대 청중들을 똑바로 보지 않는다.

⑧ 청중과 유대관계를 맺을 수 있도록 노력하자

로버트 치알디니의 '호감의 법칙'에 따르면 사람을 처음 만나게 되면 그 사람의 신체적 매력, 사소한 공통점, 칭찬 등으로 호감을 느끼게 되고 그 사람에게 설득을 당할 수 있다고 한다.

프레젠테이션 초기에 이 호감의 법칙을 이용하면 청중을 나의 협조자로 만들 수 있다. 청중의 관심사, 배경, 공통점 등을 알아내기 위한 기본적인 준비가 필요한 것이다. 상대의 관심사로 대화를 시작하고 상대와 관련된 점을 부각하며 접근하면 청중의 표정이 풀어지고 냉랭한 분위기를 깰 수가 있다. 시작 전 분위기가 프레젠테이션의 성패를 좌우한다.

| 제 2 장 |

커뮤니케이션의 이해

1. 커뮤니케이션의 이해

커뮤니케이션의 어원은 라틴어 'communis'에서 유래한다. 'communis'는 '공통되는(common)', 혹은 '공유한다(share)'라는 뜻을 지니고 있으며, 여기서 파생된 단어 가운데에는 '공동체'를 의미하는 'community'가 있다.

이 같은 어원 설명에서 보듯이, 커뮤니케이션은 대체로 복수(複數) 상황에서 일어나는 것임을 알 수 있다(일부 학자는 그래서 반드시 복수 형태인 'communications'로 표기하기도 한다.). 그리고 서로 나누는 것—우리는 정보와 생각, 감정을 말과 글은 물론 신체 언어나 심지어 자신만의 버릇, 스타일 등을 통해 상대방과 나눌 수 있다—임을 알 수 있다. 실제로 커뮤니케이션 없는 공동체, 또는 공동체 없는 커뮤니케이션은 상상하기 어렵다. 커뮤니케이션은 인간으로 하여금 사회적 존재로서 살아가게 만드는 도구가 된다. 사회학자인 쿨리(cooley)가 커뮤니케이션을 가리켜 '인간관계가 존재하고 발전하게 되는 메커니즘(mechanism)'이라고 설명한 것은 이러한 맥락에서다. 인간은 커뮤니케이션을 행하는 가운데 관계를 형성시키고 발전시켜 왔으며, 이는 곧 역사와 문화로 이어져 왔다.

인간은 단독으로 생을 영위하는 존재가 아니라, '무리'를 지어서 존재하는 '군집성'을 지니고 있다. 이는 하나의 '군집'이 존재할 수 있는 또 다른 기제의 필요성을 의미하는데, 그것이 바로 '커뮤니케이션 행위'인 것이다. 즉 커뮤니케이션이란 서로 간의 관계상황(relational context) 속에서 이루어지기 때문에 공동체 없는 커뮤니케이션 혹은 커뮤니케이션 없는 공동체는 상상할 수가 없다는 점에서 커뮤니케이션 능력은 사회적인 존재로서 인간을 살아가게 만들어주는 가장 중요한 도구라고 할 수 있다.

이러한 커뮤니케이션은 송신자가 자신이 지니고 있는 감정, 정보, 사상 등을 언어적 표현이나 비언어적 표현을 사용하여 수신자에게 전달하고, 이에 대하여는 수신자는 특정 반응이나 행동을 보여주는 일련의 과정을 담고 있다.

1) 커뮤니케이션 진행과정

메시지로 표현된 커뮤니케이션의 목적은 송신자(source)로부터 수신자(receiver)에게 전달된다. 메시지는 상징적인 기호로 부호화(encoding)되어 경로(channel)에 의해 수신자에게 전달되고, 수신자는 부호화된 내용을 원래의 메시지로 해독(decoding)하게 된다. 이러한 과정을 거쳐 전하고자 하는 의미가 한 사람에게서 다른 사람에게로 전달된다(그림 1 참조).

그림 1 커뮤니케이션 진행과정

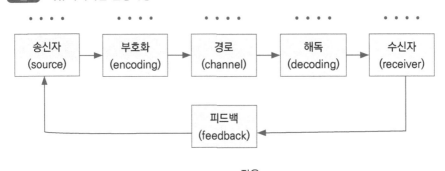

(1) 송신자

커뮤니케이션은 송신자가 의사소통의 필요성을 느낄 때부터 시작된다. 이 때의 필요성은 정보를 전달할 필요성일 수도 있고 상대방으로 하여금 특정 행동을 취할 것을 요구하는 필요성일 수도 있다.

(2) 부호화

송신자는 전달하려는 아이디어를 부호화하여 메시지를 만든다. 송신자가 아이디어를 전달가능하고, 이해 가능한 형태로 변환시키는 과정을 부호화라고 한다. 예를 들면, 우리가 누군가에게 편지를 쓰거나 말을 할 때, 사용할 단어를 선택하는 것이 아이디어의 부호화이다. 아이디어를 전달하기 위해 이 과정은 매우 중요하다.

(3) 경로

메시지는 부호화된 후, 하나 이상의 커뮤니케이션 매체(channels of communication)를 통해 수신자에게 전달된다. 전화, 라디오, TV, 우편 등 다양한 매체들이 이용될 수 있으며, 매체는 대체로 전달하고자 하는 정보형태에 의해 결정된다. 어떤 매체가 이용되든지 부호화된 메시지 전송의 목표는 전달하고자 하는 수신자에게 메시지를 정확하게 전달하는 것이다.

(4) 해독

일단 메시지가 수신되면, 수신자는 전해진 메시지를 아이디어로 환원하는 해독(decoding) 작업을 수행해야 한다. 해독 작업이 정확하게 이루어진다면 아이디어는 전달자가 의도한 대로 전해질 것이다.

(5) 수신자

메시지가 수신자에게 전해지면 수신자는 메시지를 통해 송신자가 무엇을 표현하려고 했는지 이해할 수 있어야 한다.

(6) 피드백

메시지를 해독한 후, 수신자는 메시지를 송신자에게 다시 전달한다. 이를 피드백이라 하는데, 송신자는 피드백을 통해 전달하려는 메시지가 전달되었고, 의도한 효과를 발휘하였는지 여부를 가늠한다.

(7) 잡음

잡음(noise)은 송신과 수신 사이에 발생하며 커뮤니케이션의 정확도를 감소시킨다. 여기에는 언어가 갖는 어의상의 문제, 메시지의 의도적 왜곡 등이 있다. 잡음은 커뮤니케이션 과정 중 어디서나 발생할 수 있다.

2) 커뮤니케이션 장애요인

커뮤니케이션 과정상의 여러 장애요인들을 송신자, 수신자, 상황과 관련된 것으로 나누어 살펴보도록 하자.

(1) 송신자와 관련된 장애요인

첫째, 의사소통 목표의 결여로 정확한 목표가 없는 경우에는 메시지의 내용이 명확하게 나타날 수 없다.

둘째, 의사소통 기술의 부족에 따른 단어 선택, 전달경로의 부적절성, 부정확한 표현이나 문장 구성 등은 수신자의 이해 가능성을 저하시킨다.

셋째, 대인적인 감수성 결여는 수신자에게 동기부여를 제공하지 못하므로 커뮤니케이션의 역효과를 가져온다.

넷째, 준거체계의 차이로 동일한 내용의 메시지를 다르게 해석하게 된다.

다섯째, 신뢰도의 결핍은 송신자의 메시지에 대한 수신자의 반응에 큰 영향을 미친다.

(2) 수신자와 관련된 장애요인

첫째, 수신자가 전달자를 평가하려는 경향이 있다면, 송신자의 메시지를 정확하게 해석할 수 없게 된다.

둘째, 송신자에 대한 편견은 메시지를 즉흥적으로 판단하게 하여 효과적인 이해나 수용을 어렵게 만든다.

셋째, 사람들은 선택적 경청으로 기존 사실과 다른 정보에 접할 때 그 정보를 거부하려는 경향이 있다.

넷째, 피드백의 결핍은 송신자를 실망시켜 의사소통의 기회를 줄여 버린다.

다섯째, 정보 수신자가 고의로 정보를 호의적이거나 부정적으로 여과(filtering)하기도 한다.

(3) 수신자에 대한 잘못된 가정

첫째, 의미상의 문제점으로서 같은 기호를 상황에 따라 다른 의미로 해석하는 경우가 있다.

둘째, 정보의 과중(overload)으로 수신자가 능력 이상의 메시지를 받았을 때, 커뮤니케이션의 유효성이 저하된다.

셋째, 시간의 압박(time pressure)으로 커뮤니케이션의 정확성 및 기회상실을 초래하기도 한다.

넷째, 커뮤니케이션 분위기의 문제로서 신뢰성과 개방성이 낮은 사회는 커뮤니케이션 성과가 낮다.

다섯째, 정보는 적절한 시기(timing)에 알맞게 전달되어야 한다.

여섯째, 커뮤니케이션 경로를 형성할 때에는 커뮤니케이션 당사자들에게 충분한 정보가 전달될 수 있도록 해야 한다.

일곱째, 대화 당사자 간의 지위상 차이(status difference)로 인하여 커뮤니케이션이 왜곡될 수 있다.

2. 효과적인 커뮤니케이션 방법

1) 경청의 의미와 중요성

경청(傾聽)은 '귀 기울여 듣다'라고 풀이된다. 그러나 '청(聽)'이란 한자를 다시 살펴보면 '듣다'라는 의미가 단순히 귀로 듣는 것에만 속하는 것이 아니라는 것을 알 수 있다.

聽	耳王	귀를 크게 연다는 뜻
	十目	열 개의 눈을 가진 듯이 바라본다는 뜻
	一心	마음이 하나가 되어야 한다는 뜻

'듣는다'는 것은 왕이 말할 때 듣고 있는 것처럼 귀를 크게 여는 것뿐만 아니라, 열 개의 눈을 가진 듯이 상대방의 눈빛, 표정, 자세, 기분 상태까지 모두 보아야 말하는 사람이 무슨 말을 하려고 하는지 알 수 있다는 뜻이다. 또한 말하는 사람과 마음이 하나가 된다면 상대방의 말을 더욱 깊이 있게 알 수 있다는 의미도 내포한다.

경청은 커뮤니케이션의 기본 과정으로서 상대방이 전달하고자 하는 바에 주의를 기울이고 이해하려고 노력하는 행동이라 할 수 있다.

경청의 가치가 점점 강조됨을 저명한 석학이나 인사들의 말에서 살펴볼 수 있다.

- 스티브 코비의 『성공하는 사람의 7가지 습관』과 『성공하는 사람의 8번째 습관』

"성공하는 사람과 그렇지 못한 사람의 대화 습관에는 뚜렷한 차이가 있다. 그 차이점이 무엇인지 단 하나만 꼽으라고 한다면, 나는 주저 없이 '경청하는 습관'을 들 것이다. 우리는 지금껏 말하기, 읽기, 쓰기에만 골몰해 왔다. 하지만 정착 우리의 감성을 지배하는 것은 '귀'다. 경청이 얼마나 주요한 능력인지, 그리고 우리가 어떻게 경청의 힘을 획득할 수 있는지 알아야 한다"

- 톰 피터스의 『초우량기업의 조건』과 『미래를 경영하라』

"20세기가 말하는 자의 시대였다면, 21세기는 경청하는 리더의 시대가 될 것이다. 경청의 힘은 신비롭기까지 하다. 말하지 않아도, 아니 말하는 것보다 더 매혹적으로 사람의 마음을 사로잡기 때문이다"

- 피터 드러커(현대 경영학의 창시자)

"내가 만일 경청의 습관을 갖지 못햇다면, 나는 그 누구도 설득하지 못했을 것이다"

- 스콧 맥닐리(선마이크로시스템의 창업자이자 CEO)

"선마이크로시스템에서 주는 월급의 40퍼센트는 경청의 대가이다"

- 조엘 막스(코비전 미디어 부회장)

"커뮤니케이션을 지배하는 진정한 힘은 입이 아니라 귀에서 나온다. 이제 리더라면 누구나 자신의 책상 앞에 이런 문구를 붙여야 할 것이다. 경청하라!"

읽을거리 | 나의 경청 능력은?

다른 사람과 커뮤니케이션 할 대 상대방을 이해하려는 나의 듣는 태도는 어떠한지 각 문항을 읽고 자신과 가장 일치하는 것을 골라 표시하시오.

	문항	전혀 아니다	가끔 그렇다	거의 그렇다	항상 그렇다
1	나는 방해하지 않고 상대방이 자신의 생각을 표현하도록 한다.	1	2	3	4
2	나는 상대방이 말하는 모든 것을 듣기를 원한다.	1	2	3	4
3	나는 중요한 사실을 기억하는 능력을 가지고 있다.	1	2	3	4
4	나는 상대방의 말, 제스처, 표정 등에 주의를 기울여 듣는다.	1	2	3	4
5	나는 상대방의 메시지의 가장 중요한 세부 사항을 기록한다.	1	2	3	4
6	나는 상대방의 말이 지루할 때도 참고 듣는다.	1	2	3	4
7	나는 듣고 있을 때는 주위의 산만한 분위기를 무시한다.	1	2	3	4
8	나는 상대방의 말을 진심으로 듣고 있음을 표현한다.	1	2	3	4
9	나는 상대방의 말에 동의하지 않더라도 이야기가 끝날 때까지 듣는다.	1	2	3	4
10	나는 말하는 사람의 다음 말을 예측하면서 공상을 피한다.	1	2	3	4
	소계				

◆ **경청 능력 척도 총점에 대한 해석**

총점	결과해석
30~40점	상대방의 말을 효과적으로 듣는 사람
20~29점	좋은 청취자이기는 하지만 앞으로 더 개선할 점이 있는 사람
10~19점	개선이 필요하며, 경청기술을 개발하기 위한 기법을 적극적으로 학습할 필요가 있는 사람

출처: 한국산업인력공단(2012), 의사소통능력

2) 효과적인 경청 방법

(1) 주의를 집중해 열심히 듣는다

말하는 사람의 모든 것에 집중해서 적극적으로 들어야 한다. 그리하여 말하는 사람에게 열심히 듣고 있다는 인상을 주어 말하는 사람이 의욕을 잃지 않도록 해야 한다.

(2) 질문을 통해 분명하지 못한 점은 확인한다

상대방에게 질문을 하는 것은 내가 상대방의 말을 열심히 듣고 있다는 증거이기도 하다. 질문에 대한 답을 즉각적으로 얻을 수 없다고 하더라도 질문을 하려고 하면 경청하는 데 적극적이 되고 집중력이 높아진다.

(3) 상대를 인정한다

상대를 온전한 인격체로 인정해야 진정한 마음의 소리를 들린다. 그래야 상대방의 말과 행동에 집중하며 상대방을 제대로 이해할 수 있다.

(4) 내 말은 가능한 절제한다

경청의 주된 목적은 상대방의 이야기를 듣는 것이므로 자신의 말은 되도록 절제해야 한다. 누구나 듣기보다 말하기 좋아하는 이유는 상대를 이해하기 전에 내가 먼저 이해받고 싶은 욕구가 앞서기 때문이다. 다른 사람이 이야기하고 있을 때 좋은 생각이 떠올랐다고 하더라도 상대가 말을 마치길 기다려야 한다.

(5) 겸손한 태도를 취한다

겸손하면 들을 수 있고 교만하면 들을 수 없다. 상대가 내 생각과 다른 말을 해도 들어줄 줄 아는 자세가 가장 중요하다. 상대의 감정에 겸손하게 공감하며 들어야 한다. 사람들이 원하는 것은 자기 말을 진지하게 들어주고 자기를 존중하며 이해해 주는 것이다.

3) 경청 중에 좋은 피드백을 주는 방법

피드백의 효과를 극대화하기 위해서는 다음 세 가지를 유념해야 한다.

(1) 즉시

시간을 낭비하지 않는 것이다. 질문을 통해 상대방의 말을 명확하게 이해했다고 생각하면 즉시 자신의 피드백을 주는 것이 좋다. 시간이 갈수록 영향력은 줄어든다.

(2) 솔직하게

자신이 느끼는 반응을 솔직하게 표현하는 것이 좋다. 긍정적인 것뿐만 아니라 보이고 싶지 않은 부정적인 느낌까지 솔직하게 피드백을 할 수 있어야 한다.

(3) 배려하며

솔직하다고 해서 상대방에게 상처를 주어서는 안 된다. 부정적인 의견을 표현할 때도 상대방의 자존심을 상하게 하거나 약점을 이용하거나 위협적인 표현 방법을 택하는 대신에 부드럽게 표현하는 방법을 모색해야 한다.

4) 공감의 의미와 중요성

공감이라는 개념은 독일 철학가 피셔(Vischer)가 1873년에 제시하였다. 독일어 중에 "Einfühlung(아인퓔룽)"이라는 단어가 주로 미학 분야에서 작품의 예술성에 대해 분석할 때 사용하는 단어이고 사람들은 항상 자신의 내면적인 감정을 자신이 보고 있는 사물을 통해서 표현한다는 현상을 의미한다. 이러한 개념은 1909년에 심리학 분야에서 적용되기 시작했고 티치너(Titchener)라는 학자는 자신의 연구에서 처음으로 "empathy"라는 단어를 사용하였다. 그는 이러한 단어를 "정서적 진입(feeling into)"이라는 의미로 정의하였다. Titchener의 연구에서는 "empathy"이라는 정서적 상태는 "특정한 대상을 의인화 시킨 후에 자신이 이러한 특정 대상의 내면에 들어가서 동일한 입장에서 감정을 공유하는 과정"이라고 설명하였다.

한편, 동정(sympathy)는 "sympatheia"이라는 희랍어에서 유래된 동정은 '함께(sym)'와 '고통하다(pathos)'의 두 부분으로 이루어진 합성어이다. 동정이란 '다른 사람의 어려운 처지를 이해하고 불쌍하게 여겨, 그를 물질적으로나 정신적으로 도와주고 싶은 정서 · 감정' 혹은 '사람들이 타고난 본능이고 특별한 도덕적 감정'이라고 정의한다. 이러한 본능을 가지고 있기 때문에 사람들은 다른 사람들의 운명에 대해 관심을 보이고 다른 사람들의 행복을 볼 때 자신도 즐거움을 느끼게 되며, 큰 죄를 저지르는 사람들도 동정심을 잃어버리지 않는다는 것이다. 그러나 동정을 경험한 사람들은 상대방의 감정에 대해 슬픔을 느끼게 되지만, 상대방과 동일한 감정을 공유하지 않는다는 것을 알 수 있다.

공감과 동정은 모두 불행을 당한 사람들의 정서적 상태를 이해하고 유래된 정서적 반응이기 때문에 많은 공통점을 가지고 있고 따라서 두 개념을 정확하게 구분한다는 것은 쉽지 않다. 하지만 공감은 자신이 경험하지 않고도 다른 사람의 감정을 거의 같은 내용과 수준으로 이해하는 것이다. 또한 공감은 더 나아가 다른 사람의 감정에 대한 나의 이해를 전달하고 소통하는 것까지를 포함한다.

5) 공감적 이해 수준

공감적 이해란 '역지사지(易地思之)', 즉 입장을 바꿔놓고 생각해보는 것으로 다른 사람의 마음자리로 들어가서 그 사람인 것처럼 보고, 느끼고, 생각하고, 행동해 보는 것이다.

타인과 의사소통을 할 때에 공감적 이해가 깊어지는 것을 알 수 있다. 공감적 이해를 잘하려면 먼저, 자신의 마음을 비워야 한다. 그리고 그 사람 안으로 들어가 그 마음의 소리를 들어야 한다. 그 사람에 대한 판단을 일체 접어둔 채 온전히 그 사람과 하나된 입장을 취할 수 있어야 한다(박성희, 2007).

〈수준 1〉

상대방이 명백하게 표현한 표면적인 감정조차도 제대로 인식하지 못한 의사소통

지루함을 느끼거나 무관심해지거나, 상대방의 판단기준을 완전히 배제한 경우

상대방의 이야기를 전혀 듣지도 않거나, 명백한 감정을 전혀 이해하지도 못하고 민감하게 받아들이지 못하여, 상대방과의 의사소통이 손상된 경우

〈수준 2〉

상대방의 명백한 표면적인 감정을 어느 정도 인식하나, 정서의 올바른 수준을 흘려버리거나 의미수준을 왜곡시켜서 의사소통

상대방이 표현하거나 의도하는 것과는 거리가 있는 감정 및 의미에 반응하는 수준

〈수준 3〉

상대방의 표면감정을 정확히 이해하여 반응을 하기는 하지만, 보다 내면적 감정에는 반응하지 못함

수준 3은 대인관계 기능을 촉진할 수 있는 기초 수준

〈수준 4〉

상대방이 말로 표현한 것보다 더 내면적인 감정을 표현해 줌으로써 상대방으로 하여금 이전에는 표현할 수 없었던 감정을 표현하거나 경험하게 함

상대방이 표현한 것 외에 좀더 깊은 감정과 의미를 첨가하여 의사소통하는 수준

수준 4부터는 의사소통이 촉진됨

〈수준 5〉

상대방의 표면적인 감정뿐만 아니라 내면적 감정에 대해서도 정확하게 반응

상대방과 함께 경험하거나 상대방의 말을 깊이 이해함

상대방의 적극적인 성장 동기를 이해하여 표현함

상대방이 누구인가를 충분히 인식하고 상대방의 가장 깊은 감정까지 포용하여 정확한 공감적 이해를 통하여 의사소통 하는 수준

6) 칭찬의 이해

'칭찬은 고래도 춤추게 한다'는 말이 있다. 칭찬은 상대의 자신감과 의욕을 불러일으키며 상대를 성장시킨다. 상대의 기분이 좋아지고 그 모습을 보는 자신도 기분이 좋아진다. 서로의 관계에 있어 분위기가 좋아지고 웃음이 늘어난다. 서로에 대한 이해와 배려가 많아지고 주위 사람에게 호감을 얻게 된다. 칭찬을 하다보면 사람을 보는 안목이 늘어나며 적극적인 인생관이 형성된다. 또한 상대는 칭찬에 보답하기 위해 더욱 노력한다.

(1) 칭찬의 원칙 1: 즉시 구체적

칭찬은 구체적으로 언급해야 진실성이 느껴진다. 또한 칭찬은 바로바로 해야 한다. 즉시 칭찬을 하지 않고 마음만 간직했다가 오랜 시간이 지난 뒤에 칭찬을 하면 100%의 효과를 기대할 수 없다. 아껴둔 초콜릿은 시간이 지나면 녹기 마련이다.

(2) 칭찬의 원칙 2: 냉소적 말꼬리 붙이기는 금물

칭찬을 하는데 마무리를 비판이나 비난을 한다면 칭찬을 하지 않는 것보다 못하다. 칭찬을 하고자 함인지 비난을 하고자 함인지 상대는 헷갈리거나 오히려 불쾌한 기분이 든다. 항상 칭찬으로 마무리하는 것이 좋다. 또한 과거나 현재 상대의 부정적인 모습이나 상황에 대해 말을 한 뒤 칭찬을 하는 것도 좋지 않다.

(3) 칭찬의 원칙 3: 사람을 칭찬하기 보다는 행동을 칭찬

단순히 상대 자체를 칭찬하면 무엇에 대한 칭찬인지 알 수가 없다. 자칫 잘못하면 아부로 보이기도 한다. 상대의 행동을 칭찬하면 상대 자체를 칭찬하는 효과도 함께 누릴 수 있다. 또한 이런 칭찬을 받은 상대는 동기부여 및 만족감을 얻고 더 좋은 행동을 하기 위해 노력한다.

(4) 칭찬의 원칙 4: 칭찬은 공개석상에서

상대방과 단둘이 있을 때 상대에게만 칭찬을 하는 것보다 회의나 회식 등 공객석상에서 하는 것이 훨씬 효과적이다. 칭찬뿐만 아니라 여러 사람들의 축하나 덕담까지 듣게 된 상대는 자신감이 생겨 더욱더 좋은 모습을 보인다. 더욱이 함께 한 다른 사람들도 환기효과를 받아 칭찬을 들은 사람처럼 좋은 행동을 하기 위해 노력할 것이다. 또한 제3자에게 칭찬을 하는 것도 좋다. 상대가 제3자를 통해 칭찬을 듣게 되면 보이지 않는 곳에서도 칭찬을 한 자신의 인격도 높아진다.

(5) 칭찬의 원칙 5: 진심으로

진심으로 하는 칭찬은 상대를 감동시키지만 건성으로 하는 칭찬은 효과가 없다. 오히려 무관심의 표현으로 느껴진다. 빈말과 진심이 담긴 칭찬은 하는 사람도 듣는 사람도 다르다는 것을 안다. 상대에 대한 호감과 애정을 담아 진심으로 칭찬해야 한다.

7) 칭찬의 기술

칭찬은 상대에게 관심을 가지고 자세히 관찰하면 진심 어린 칭찬이 생겨난다. 칭찬은 칭찬을 낳고, 그 칭찬은 또 다른 칭찬을 낳는다. 이렇게 늘어난 칭찬만큼 상대와는 더 가까워지고 상대에 대한 더 깊은 관심과 관찰을 만들어낸다.

또한 자신이 하고 싶은 칭찬이 아니라 상대방이 듣고자 하는 칭찬을 하는 것이 좋다. 관심을 갖고 상대를 바라보며 장점을 찾아 바라는 것 없이 상대에게 칭찬하는 것이 기쁨이다.

그리고 칭찬에 대해 지나친 부정이나 외면은 상대의 호의를 거부하는 것과 같다. 그리고 칭찬을 받는 것에 서투르기에 칭찬을 하는 것도 어색해진다. "고

마워요.", "칭찬을 들으니 기분이 좋습니다"라는 인사와 함께 칭찬을 받아들이는 것이 좋다. 쑥스러워하기보다는 기쁜 마음을 솔직하게 표현해야 한다.

칭찬을 해야 하는 이유는 상대방의 태도변화를 이끌 수 있기 때문이다. 이와 연관된 이론을 보면 다음과 같다.

◆ **피그말리온 효과(Pygmalion Effect)**

피그말리온 효과는 사람의 믿음이나 기대가 실제로 일어나는 현상을 말한다. 피그말리온이라는 명칭은 그리스 신화 속의 피그말리온의 이야기에서 따온 것이다.

> 피그말리온은 키프로스의 조각가였다. 당시 키프로스섬의 여인들은 나그네들을 박대하여 아프로디테의 저주를 받아 나그네들에게 몸을 파는 신세가 되었는데, 이 때문에 피그말리온은 여인들의 방탕하고 문란한 생활에 탄식하며 독신으로 혼자 살았다. 그는 상아로 여인상을 조각하여 '갈라테이아'라는 이름을 붙여주고 마치 진짜 연인인 듯 옷도 입히고 몰래 입맞춤까지 하면서 지냈다.
>
> 그러던 어느날 아프로디테의 축제날에 피그말리온은 자신의 몫의 제물을 여신에게 비치면서 자신의 집에 있는 조각상이 진짜 여자로 변하게 해달라는 소원을 빌었다. 그리고 그가 집에 돌아왔을 때 아프로디테가 보낸 에로스가 조각상의 손에 입을 맞추자 조각상은 진짜 여자로 변하였다. 이때 갈라테이아의 손에 반지 하나가 생겼는데, 이것은 두 사람의 사랑이 영원토록 지속될 것임을 나타내는 에로스의 반지였다.
>
> 〈그리스 로마 신화에 나오는 피그말리온의 이야기〉

이 효과는 유래에 따라 피그말리온 효과라고 불리기도 하고 이 현상을 최초로 실험대에 옮긴 교육심리학자인 로버트 로젠탈(Robert Rosenthal)의 이름을 따서 로젠탈 효과라고 불리기도 한다. 로젠탈은 샌프란시스코의 한 초등학교에서 무작위로 선택된 명단을 교사에게 주며 지능지수가 높은 학생들이라고 말했다. 교사는 지능지수가 높은 학생들을 더욱 칭찬했고, 8개월 뒤 명단 속 학생들은 다른 학생들보다 평균 점수가 높았다. 이 현상에 교사가 이 아이들에게 한 기대가 성적 향상의 원인이었다고 해석할 수 있고, 덧붙여 아이들도 그 기대를 의식하였기 때문에 성적이 향상된 것이라고 본 것이다.

◆ **골렘 효과(Golem Effect)**

골렘효과는 피그말리온 효과와는 반대로 부정적인 기대는 부정적인 결과를 만든다는 의미를 가진다. 교육심리학자인 로젠탈(Rosenthal)과 제이콥슨(Jacobson)은 추가 실험을 통해 골렘효과를 발견하기에 이른다. 즉 긍정적인 기대가 아닌 부정적인 기대가 좋지 못한 결과를 이끌어낼 수도 있다는 것이 연구되었다. 즉, 긍정적인 기대로 인한 성적 향상도 있었지만 부정적인 기대로 인한 성적 하락도 기록된 것이다. 이것은 물론 교실에서 실험했지만 실제로는 직장에서도 흔하게 발견되기도 한다. 상사의 부정적인 기대가 부하직원의 실적 하락으로 이어지는 현상이 바로 그것이다. 이는 개인뿐만 아니라 전체 조직에 영향을 줄 수도 있으므로 경영자라면 상당히 고심해서 다뤄야 될 문제로 인식된다.

골렘효과와 같은 의미로는 '스티그마 효과(Stigma Effect)', 다른 말로 '낙인효과(烙印效果)'가 있는데 이는 상대방에게 부정적으로 무시당하거나, 치욕을 당한 경우에 즉, 상대방에게 낙인이 찍힌 경우에 부정적인 영향을 당한 당사자가 부정적으로 변해가는 현상을 일컫는다.

3. 커뮤니케이션 기법

1) 비언어적 커뮤니케이션 기법

(1) 거리

커뮤니케이션 과정에서 송신자와 수신자의 거리에 따라 의미전달의 상대적인 접근도를 판단할 수 있다. 즉, 적극적인 태도로 메시지를 전달할 때에는 신체적으로 가장 접근된 상태에서 이루어진다.

에드워드 홀(Edward T. Hall)은 미국 북동부 연안에서 태어난 사람들을 관찰하고 인터뷰한 결과 거리에 따른 4가지 분류를 이야기하였다(이와모토 시게키, 2016).

① 공적인 거리: 3.5m 이상

"… 다른 사람과 이 거리 이상으로 멀어지면 위협을 받더라도 민첩하다면 피하든지 방어할 수 있는 거리입니다. 이 거리에서는 상대의 정확한 성질은 알 수 없습니다. 게다가 공적으로 중요한 인물과 거리를 둘 때는 자동적으로 9미터 정도의 간격이 벌어진다고 합니다. 그러고 보면 연예인이나 가수가 무대에 설 때 관객과 이 정도의 거리를 둔다는 사실을 알 수 있습니다. 또 대학에서 교탁과 학생과의 거리도 이 공적인 거리를 바탕으로 한 것이겠죠"

② 사회적 거리: 1.2m 이상~3.5m 미만

"1.2미터 이상 멀어지면 상대방 얼굴의 세세한 부분까지는 보이지 않습니다. 또 특별한 노력이 없는 한 상대방과 닿지도 않고 그럴 시도조차 하지 않습니다. 상사와의 거리는 사회적 거리 범위 내에서도 먼 단계에 해당합니다. 그렇기에 상사의 책상은 비서나 방문객을 멀리하기에 충분할 만큼 커서 보통 2.4~2.7미터는 됩니다. … 사회적 거리의 최대치는 사람을 서로 격리하고 차단하는 거리이므로, 이 정도의 거리를 유지한다면 앞에 사람이 있더라도 신경 쓰지 않고 계속해서 일을 할 수 있습니다"

③ 개인적 거리: 46cm 이상~1.2m 미만

"개인적 거리는 진정한 의미에서 신체적 지배력의 한계이기에, 손을 뻗을 수 있을 만큼의 공간을 확보하지 않으면 안정된 생활을 할 수 없다는 사실을 의미하기도 합니다. 상대방이 나의 체온과 냄새를 느낄 수 없고, 나도 느끼지 않아도 되는 거리입니다. … 이 거리에서는 손과 발로 상대방을 만지거나 잡을 수 있습니다. 부부 사이라면 특별한 애정 표현을 할 때 외에 일상적으로 이 거리 안에 있어도 싫은 느낌을 갖지 않는다는 관찰을 바탕으로 홀은 약 45센티미터까지를 개인적 거리로 잡았습니다. 즉, 가족 간에는 약 45센티미터까지는 접근을 허용할 수 있다는 말입니다"

④ 밀접한 거리: 46cm 미만

"밀접한 거리에 침입한다는 것은 상대의 존재감을 확실히 느끼고 냄새, 체온, 숨소리까지 감지할 수 있으니 타인과 밀접하게 관계하고 있다는 명확한 신호라고 Hall은 말합니다. 그래도 15센티미터 이상 떨어져 있다면 머리, 골반, 허벅지까지 쉽게 닿지는 않지만, 손이 상대의 손과 닿든지, 잡을 수도 있습니다. 목소리는 작아지고 때로는 속삭이게 됩니다. 꽤 밀접한 관계의 거리로, 서로 허락하는 관계가 아닌 이상 이 거리 안에 들어가지는 않습니다. … 15센티미터 이내에 대한 설명을 들으면 … 홀도 애정, 위로, 보호의 거리라고 말했는데, 그와 동시에 밀접한 거리는 '격투'의 거리이기도 합니다. … 즉, 상대의 밀접한 거리 내에 들어감으로써 상대를 위협하거나 공격하는 것입니다"

(2) 시선

시선이란 눈의 시각이 향하는 방향으로 '눈길'이라고도 한다. 시선은 시선의 주체가 되는 개인이 겪고 있는 정서적, 물리적 환경과 긴밀한 관계를 가지게 되며, 동시에 개인이 머물고 있는 사회적 맥락에 의해서도 영향을 받는다.

예를 들어 시선을 마주치지 않는 것은 상대방의 이야기에 귀를 기울일 마음이 없거나 이미 다른 생각 중인 것을 의미한다. 그런가 하면 초조하거나 자신감이 없어서 시선을 보내지 않은 경우일 수도 있어 자신과 마주한 사람과 시선을 주고받지 않는다면 커뮤니케이션이 원활하게 진행되지 않을 것이다.

이러한 시선은 [그림 2]에서와 같이 나누어 설명할 수 있다.

피해야 할 시선, 눈매는 다음과 같다.

① **치뜨는 눈매** – 눈동자가 위쪽으로 올라간 형태, 좋지 않은 인상 형성
② **내리뜨는 눈매** – 상대를 얕보는 눈매로 오해
③ **곁눈질** – 얼굴을 움직이지 않은 상태에서 좌우의 상대방을 쳐다보는 눈매
④ **아래위로 흘겨보는 듯한 눈매** – 상대의 기분을 언짢게 함
⑤ **Poker Face의 무표정** – 자기 속을 드러내 보이지 않는 가식적인 사람의 표정

그림 2 시선의 종류

친근한 시선	사교적 시선	공적인 시선
• 가족이나 연인을 바라볼 때 보는 시선 • 눈부터 이마까지 위쪽 삼각형	• 동료나 친구 사이에 바라보는 시선 • 눈부터 턱까지 아래쪽 삼각형	• 처음 만나거나 어색한 사이, 공적인 관계 • 눈부터 쇄골까지 가장 큰 삼각형

(3) 태도, 자세

태도는 마음가짐에서 나오는 자세를 말하고, 자세는 마음가짐에서 나오는 몸가짐을 말한다. 좋은 매너는 태도와 자세를 모두 갖춘 얼굴 표정과 몸 전체에서 풍기는 개인의 고유한 스타일을 말한다.

자세를 바꾸는 것만으로도 자신감을 얻을 수 있다는 연구결과가 있다(Cuddy, Wilmuth, & Carney, 2012). 한 그룹은 어깨를 쫙 펴고 허리를 세우는 'High power' 포즈를, 다른 한 그룹은 팔짱을 끼고 몸을 웅크리는 'Low power' 포즈를 각각 2분간 취하게 했다. 실험 전후 참가자들의 소변을 분석한 결과, 'High power' 포즈를 취한 그룹은 자신감을 높여주는 호르몬인 테스토스테론이 평균 20% 증가하고, 스트레스를 유발하는 코르티솔 호르몬은 25% 감소했다. 반면에 'Low power' 포즈를 취한 그룹은 테스토스테론이 10% 감소하고, 코르

티솔은 15% 증가했다. 그리고 이 두 그룹의 모의면접을 본 결과 'High power' 포즈를 취한 사람들이 면접에 통과할 확률이 20% 이상 높았다. 단 2분 동안 자세를 바꾸는 것만으로도 자신감이 커진다는 것을 보여준 이 연구는 몸의 자세가 타인의 생각은 물론이고 자신이 스스로를 어떻게 인지하느냐를 좌우한다는 것을 보여준다.

(4) 체격과 체형

스트레스나 잘못된 습관으로 체격이나 체형이 위축된 현대인들을 많이 볼 수 있다. 걸음걸이에 의욕이 넘치고 시선은 앞을 향하며 활기에 찬 사람과 구부정한 걸음걸이로 흐느적대는 사람의 모습을 비교해보라. 우리는 그 모습에서 그가 지금 자신이 없다거나 실망이나 절망에 빠져 있다거나 또는 나와의 관계에서 의욕이 있고 없음을 읽을 수 있다.

(5) 제스처

제스처는 언어의 보조, 보강 수단으로서 눈짓, 손짓, 발짓, 몸짓 등을 의미한다. 똑바로 서서 무표정하게 말하는 사람보다는 풍부한 감성을 제스처에 실어 말하는 사람에게 더 많은 호응을 느낄 수 있다.

(6) 얼굴

얼굴은 그 사람을 대변하는 최고의 비언어적 의사소통 수단이다. 얼굴로 그 사람의 사주관상을 보는 이도 있거니와 일반인들도 상대방의 얼굴을 통해 건강이나 기분상태를 가늠할 수 있다.

사람의 얼굴은 용모, 인상, 표정에 의해 고찰될 수 있다. 물론 용모는 선천적으로 타고난다. 그러나 타고난 용모가 좋지 않다고 비관할 일은 아니다. 용모는 인상이나 표정의 중요성으로 대체되기 때문이다.

(7) 미소

비언어적 커뮤니케이션의 신체언어 중 남에게 가장 큰 호감을 주는 것이 바로 미소이다. 미소는 본인에게는 긍정적인 마음을 고취시켜주며 상대방에게는 만남이 즐거운 것이라는 느낌을 받게 해 준다. 물론 마음속에서 우러나오는 참된 미소가 아닌 억지 미소는 오히려 역효과를 불러일으킬 수 있다.

읽을거리 — 부드럽게(SOFTEN) 다가갈 수 있는 비언어적 기법

비언어적 기법으로 'SOFTEN(부드럽게 하다)'을 추천한다. SOFTEN 기법을 통해 부드럽고 적극적인 소통을 이어가 보는 기법이다.

(1) S(Smile): 환한 미소, 웃음
"웃는 얼굴에 침 못 뱉는다" "웃으면 복이 온다"라는 말은 웃음의 중요성을 말해 준다. 웃음은 반가움과 기쁨, 기분 좋음과 만족을 표현하는 신체 언어다. 웃음으로 긴장된 상황을 풀어 무장해제를 시키고 청중들을 따라 웃게 만들어 보자. 얼굴이 열리면 마음이 열린다. 웃음은 마음을 열 수 있는 만능 열쇠이다. 환한 미소로 말한다.

(2) O(Open gesture): 열린 몸짓
열린 몸짓이란 상황에 맞는 적절한 제스처를 취하는 것이다. 말하는 상대방에게 몸을 돌리는 것만으로 상대방에 대한 관심을 표현할 수 있다. 행동은 양방향으로 영향을 미친다. 백 마디 말보다 의미 있는 행동 하나가 마음을 움직이게 한다. 대화를 하는 상대방에게 먼저 팔짱을 풀고 열린 자세로 받아들이면 상대방 또한 열린 마음으로 이야기를 들어 준다.

(3) F(Forward Leaning): 몸을 앞으로 기울이기
우리는 누군가의 이야기에 관심이 있을 때 무의식적으로 몸을 앞으로 숙인다. 몸을 앞으로 숙이는 것만으로도 청중의 관심을 유발하여 적극적인 소통의 분위기를 만들 수 있다.

(4) T(Touch): 적당한 스킨십
가벼운 접촉으로 인간관계를 친밀하게 만든다. 레크리에이션 기법 중 처음 만난 사람들에게 빠르게 친밀감을 형성하는 기법이 있다. 서로 손을 잡거나 등을 두드리거나 주무르는 방법이다. 한정된 시간에 사람들에게 친밀감을 주는 방법으로 적당한 스킨십만큼 효과적인 것이 없다. 단지 요즘은 서로에게 불쾌감을 주지 않는 범위 내에서 스킨십을 해야 하니 주의를 요한다.

(5) E(Eye contact): 눈 마주치기

말할 때 상대방과 눈을 마주치는 건 자신감의 표현이다. 또한, 청중이 프레젠터와 눈을 마주치는 건 관심과 흥미의 표현이고 당신의 말을 잘 듣고 있다는 신호이기도 하다. 다수의 청중과 이야기할 때는 한 사람을 집중해서 보지 말고 시선을 골고루 분배하는 것이 필요하다. 들어주는 사람인 청중에게 관심 있다는 표현이기도 하니 말이다. 그러나 지나치게 눈만 바라보는 행위는 상대방에게 거부감을 줄 수 있으니 전체적으로 바라보는 것이 자연스럽다.

2) 언어적 커뮤니케이션 기법

(1) 쿠션언어

쿠션은 외부 충격을 흡수해 부드럽게 해 주는 역할을 한다. 이렇듯 쿠션언어는 대화할 때 상황을 부드럽게 만드는 말랑말랑한 언어이다. 상대방에게 부탁이나 거절을 할 때 내용을 부드럽게 전달할 수 있도록 목적 앞에 붙이면 좋다.

'괜찮으시다면', '실례지만', '번거로우시겠지만', '죄송하지만', '바쁘시겠지만' 등이 있으며 상대에 대한 세심한 배려와 존중이 느껴지기 때문에 듣는 사람에게 존중받는 느낌을 줄 수 있다.

(2) Yes, But화법

상대의 말이나 의견에 먼저 동의(Yes)한 후 (But) 자신의 의견을 전달하는 화법이다.

예를 들면 "네~ 공감이 가는 부분이 있네요. / 네~ 그럴 수 있습니다. / 네~ 그럴 수도 있겠군요"처럼 상대방의 의견에 적절한 동의 및 인정의 표현을 한 후 자신의 의견을 이야기하는 것이다. Yes, But 화법을 사용하면 상대의 의견을 무조건 부정하지 않고 자신의 의견을 부드럽게 전달할 수 있게 된다.

(3) 신뢰 화법

상대방에게 신뢰감을 줄 수 있는 대화는 어미의 선택에 따라 조금씩 달라질 수 있다.

• 다까체와 요조체의 적절한 활용

다까체는 정중한 느낌을 줄 수 있으나, 딱딱하고 형식적인 느낌을 줄 수 있다. 요조체는 너무 많이 사용하면 청중과의 대화 전체가 유아적인 느낌을 주거나 신뢰감을 떨어뜨릴 수가 있다. 다까체와 요조체의 비율은 7:3의 비율로 사용하는 것이 적절하다.

- 정중한 화법 70%: ~입니다. ~입니까? (다까체)
- 부드러운 화법 30%: ~예요. ~~죠? (요조체)

(4) 레어드 화법

사람은 명령조의 말을 들으면 반발심이나 거부감이 들기 쉽다. 의뢰나 질문 형식으로 바꿔 말하면 훨씬 더 부드러운 커뮤니케이션이 될 수 있다. 명령형을 의뢰형, 질문형으로 바꾸어 표현한다.

- "하세요" → "~좀 해주시겠습니까?", "~좀 부탁해도 될까요?"
- "해주시기 바랍니다" → "해주시면 감사하겠습니다"

(5) '나' 전달화법(I-message 화법)

주어가 일인칭인 '나'로 시작하는 문장으로 말을 할 때 나의 입장에서 나를 주어로 하여 내가 관찰하고, 생각하고, 느끼고, 바라는 바를 표현하여 이야기하는 화법이다. 상대와 관련된 문제를 해결하기 위한 대화를 시작해야 할 때 주로 사용되며, 자신이 느끼는 감정과 생각을 직접적으로 솔직하게 표현하여 부드럽게 전달되도록 한다.

이러한 '나' 전달화법의 단계는 행동-영향-감정 또는 영향-행동-감정의 순서로 이루어진다. 마지막에 바람을 말하기도 한다. 이러한 선달화법은 상대에게 방어심리를 감소시키고, 자신을 주어로 해서 진실한 감정을 솔직하게 표현할 수 있는 장점을 가진다.

I-message 화법 = 문제행동 + 행동의 영향 + 느낀 감정

- **행동**: 문제를 유발하는 행동이 무엇인가?, 상대의 행동을 비난이 섞이지 않은 객관적인 표현으로 설명한다.
- **영향:** 그 행동이 나에게 어떻게 영향을 끼치고 있는가?
- **감정:** 나는 그 결과에 대하여 어떤 느낌을 가지고 있는가?, 즉 상대의 행동에 대해 느끼는 감정을 표현한다.
- **바람:** 즉 상대가 어떻게 해주면 좋겠다는 자신의 바람을 언급한다.

  - "너 왜 자꾸 음악을 크게 틀어 놓니"(You-message) → "음악 소리가 너무 커서(행동) 업무에 집중할 수가 없어(영향) 오늘 마감기한이라 걱정이 돼(감정) 소리 좀 줄여줬으면 좋겠어(바람)"(I-message)
  - "예약 시간에 늦으셨잖아요"(You-message) → "예약 시간보다 많이 늦어져서(행동) 무슨 일이 생겼는지(영향) 걱정했어요(감정) 다음부터는 늦어진다면 꼭 연락주세요(바람)"(I-message)

(6) 'Do' 전달화법(Do-message 화법)

Do-message 화법은 어떤 잘못된 행동의 결과에 대해 그 사람의 행동과정을 설명하면서 그 잘못에 대해 스스로 반성하도록 유도하는 화법이다. 그러나 Be-message 화법은 잘못된 결과를 일방적으로 단정함으로써 상대방으로 하여금 반감을 불러일으키는 화법이다. Do-message 화법을 이용하여 상대방의 입장과 감정을 배려하고 이해해 주는 화법이 필요하다.

(7) 아론슨 화법

미국 심리학자 아론슨(Aronson)의 연구에 의하면, 사람들은 비난을 듣다 나중에 칭찬을 받게 됐을 경우가 계속 칭찬을 들어온 것보다 더 큰 호감을 느낀다고 하였다.

어떤 대화를 나눌 때 부정과 긍정의 내용을 혼합해야 하는 경우 이왕이면 부정적 내용을 먼저 말하고 끝날 때는 긍정적 의미로 마감하라는 것으로 단점이 있는 한편 장점도 존재한다는 사실을 동시에 제시함으로써 저항의 강도를 낮춰가는 것이다.

"효과는 최고인데 가격은 좀 비싸죠"보다 "가격은 비싸지만 효과는 최고죠"라고 표현하는 것이 "약점도 있지만 강점도 있다"는 관점 차이를 강조하는 표현이다.

– "가격이 비싼 만큼 품질이 돋보인다", "가격이 비싼 만큼 서비스가 완벽하다"

(8) 맞장구

누군가와 말을 할 때는 상대가 나의 말을 잘 듣고 있는지, 아닌지를 항시 확인하게 된다. 상대가 나의 의미를 파악하고 있는지, 혹은 관심 없어 하는지 알아야 다음 말을 진행할 수 있기 때문이다. 의사소통을 원하는 대화에서 사소한 이야기에 대한 기억과 배려는 상대에게 관심이 있음을 직접 보여주는 행동이고, 그런 보여주는 행위가 있어야 상대는 관심을 알아챌 수 있다. 관심은 꼭 기억해서 다음에 이야기해 주는 것에만 국한되지 않는다.

이야기를 듣는 동안 바로 전에 했던 말에 맞장구를 치는 것도 해당된다. 상대가 했던 말을 되새기는 효과와 함께 경청하고 있음을 보여주는 것이다.

① 동의의 맞장구

- 맞아요!
- 정말이에요.
- 그렇지요.
- 옳으신 말씀입니다.

② 흥을 돋우는 맞장구

- 그래서요?
- 그리고요?
- 그다음에는 어떻게 됐어요?

③ 정리하는 맞장구

- 그 말씀은 이러이러한 말씀이군요?
- 그러니까 이러저러하게 된 거군요?
- 이러저러한 게 요점이시지요?
- 그러저러한 점이 포인트군요?

(9) 복창(반복 확인)

상대방에게 좀 더 친절하고 신속, 정확한 업무를 제공함과 동시에 업무의 효율성을 증대시키기 위한 일련의 과정이다. 상대방과의 업무 과정에서 발생할 수 있는 여러 가지 문제 상황을 사전에 방지하고, 부득이하게 발생한 문제에 관해서는 양해를 구함으로써 커뮤니케이션을 향상시키기 위함이다.

① 복창 확인 멘트

- 네~ + 용건 내용 + 말씀이십니까?
  (호응)   (용건)   (청유형)

② **복창 시 주의 사항**

– 상대방의 애기를 잘 경청하며 요약, 정리하여 듣는다.

– 상대방과 눈맞춤을 하면서 친근감 있게 "네~"라고 하며 미소 지으며 답변한다.

– 자신의 상체를 앞으로 10cm 정도 청중 쪽으로 향하게 하면서 확인 멘트를 한다.

(10) 주의해야 할 대화법

① **부정의 말**

"안 됩니다", "안 돼요","모르겠는데요"

② **핑계의 말**

"그건 제 담당이 아니에요", "지금 바빠서요"

③ **무례한 말**

"뭐라구요?","어떻게 오셨어요?", "어쩌라는거죠?"

④ **냉정한 말**

"업무시간 끝났습니다", "그건 ○○님 사정이죠"

⑤ **따지는 말**

"그건 ○○님 책임이지요", "저희 책임이 아닙니다"

⑥ **권위적인 말**

"규정이 그렇게 되어 있습니다"

⑦ **무시하는 말**

"그건 아니죠", "○○님이 잘 몰라서 그런 거 같은데요~"

4. 효과적인 커뮤니케이션에 의한 태도 변화

1) 전달자

전달자는 상대방을 설득하기 위해 메시지를 보내는 사람이나 집단이다. 이때 전달자가 가지는 전문성, 매력, 신뢰성, 유사성과 같은 여러 특성이 메시지의 설득력에 영향을 미친다.

(1) 전문성

일반적으로 전문성이 높은 사람의 말이 더 설득적이다. 사람들은 특정 대상에 대하여 전문적인 지식과 경험을 가진 사람의 말을 더 잘 믿고 받아들이는 경향이 있다.

(2) 매력

설득적 의사소통에 영향을 미치는 또 다른 요인이 전달자의 매력이다. 신체적으로 매력적인 사람이 메시지를 전달할 때 그 영향력이 커진다.

(3) 신뢰성

전달자의 신뢰성 역시 설득에 영향을 미친다. 신뢰성의 핵심은 전달자의 이면에 상대방을 설득하고자 하는 동기가 없는 것으로 보이는 것이다. 신뢰성을 높이는 한 가지 방법은 자신의 개인적 이득에 반하는 주장을 하는 것이다. 예를 들어 사회질서를 유지하기 위해서는 범죄자의 인권보다 경찰의 권한이 더 중요하다는 주장을 경찰이 하는 것보다는 유죄를 선고받은 범죄자가 하는 것이 더 설득적이었다. 이는 사람들이 자신의 이익에 반하는 주장을 더 믿을 만한 것으로 여긴다는 것을 보여준다(Walster et al., 1966).

한편, 대부분의 사람들은 처음에는 출처가 불분명한 정보를 시간이 지나면서 믿게 되는 경우가 있다. 이를 수면자 효과(sleeper effect)라고 하는데, 즉 신뢰성이 낮은 출처로부터 나온 메시지의 설득력이 시간이 지나면서 증가하는 현상을 말한다. 이것은 시간이 경과할수록 메시지의 출처에 대한 정보는 망각하고, 그 내용만 기억하기 때문에 발생하는 현상이다.

(4) 유사성

우리는 자신과 비슷한 사람의 말을 더 잘 믿는 경향이 있다. 전달자와 수신자의 유사성이 높을 때 전달자의 말이 더 설득적일 수 있다.

2) 메시지

전달자의 특성과 더불어 메시지의 특성도 태도 변화에 영향을 미칠 수 있다. 여기에서는 메시지를 청중에게 제시하는 전략과 정서적 측면에 호소하는 메시지가 설득에 미치는 영향을 알아본다.

(1) 제시 전략

메시지가 설득력을 갖추기 위해서는 메시지가 주장하는 내용을 뒷받침하는 근거가 많을수록 좋다. 예를 들어, 청중들에게 어떠한 주장에 근거를 전달할 때에는 일부만 전달하는 것보다는 되도록 많은 근거를 전달하는 것이 더욱 설득력이 있다(Calder & Sternthal, 1980).

또한 메시지의 내용이 특정 사안에 대하여 일방적일 수도 있고 쌍방적일 수도 있는데, 이 두 가지 방식의 효과적인 전달방법은 다음과 같다.

만약 청중이 어떠한 메시지의 주장에 이미 동의하고 있는 상황이라면, 그의 의견과 일치하는 내용만을 제시하는 일방적인 방식이 효과적이다. 그러나 청중이 메시지의 입장과 반대적인 입장을 취하고 있다면, 쌍방적 주장이 더 효과적이다. 그래서 전달자가 메시지를 통해 제시하는 주장에 반하는 내용을 먼저 설명한 뒤에 이를 반박하는 형식이 효과적이다(McGuire, 1964).

메시지의 입장이 청중의 입장과 다른 정도가 메시지의 설득력에 영향을 미칠 수 있다. 일반적으로 이 둘 간의 차이가 지나치게 크면 청중의 태도 변화가 덜 일어난다. 이를 상위효과(discrepancy effect)라고 한다. 청중의 태도가 메시지와 매우 다를 때 오히려 청중들은 그 메시지를 무시할 가능성이 높다. 왜냐하면 사람들은 자신의 태도와 지나치게 다른 설득 메시지를 반박하고자 하기 때문이다.

(2) 정서적 호소

메시지는 때로 정서적으로 호소하는 내용을 기반으로 청중을 설득하고자 한다. 특히 공포심과 같은 부정적 정서를 유발하는 것이 일반적인 전략이다.

그러나 공포심 유발 전략은 청중으로 하여금 관련 정보를 더 심사숙고하도록 한다. 한 연구에서 참가자들이 스트레스로 인해 겪은 질병 정도를 측정한 후, 스트레스 관리 훈련의 장점을 설명하는 논문의 요약본을 읽도록 했다. 스트레스로 인한 질병을 앓는 것에 큰 불안을 지닌 참가자들은 그렇지 않은 참가자보다 논문의 주장에 더 설득되어 스트레스 관리 훈련에 더 많이 참가하겠다고 보고했다(Das, De Wit & Strobe, 2003). 비슷하게 폐암에 대한 무서운 영상을 시청한 참가자 중 86%는 금연이나 흡연을 줄이겠다고 보고했지만, 중립적 영상을 본 참가자들은 33%만이 그렇게 하겠다고 보고했다(Sutton & Eiser, 1984).

공포심 유발 메시지는 특정 문제에 대한 실제 이미지를 제시할 때 더 효과적이다. 그리고 공포심 유발 메시지는 객관적인 진술보다는 개인적 경험에 기반

할 때 더 효과적이다.

한편, 긍정적 정서를 이용하는 메시지도 효과적이다. 맛있는 음식을 먹을 때나 즐거운 음악을 듣고 있을 때 우리는 기분이 좋아진다. 이렇게 기분이 좋아지면 기분이 좋지 않을 때보다 사람들은 더 쉽게 설득 당한다.

왜 긍정적 정서는 설득에 효과적일까? 기분이 좋은 사람들은 그 기분을 유지하기 위해 정보를 주의 깊게 처리하려고 하지 않는다. 따라서 그들은 메시지를 평가할 때 주장의 효용성과 같은 주변적 단서에 의존하는 경향이 있다(Ruder & Bless, 2003). 주변적 처리를 하게 되는 이러한 경향성은 메시지의 내용이 기분을 망치게 할 때보다 기분을 좋게 할 때 더 잘 나타난다.

3) 수신자 및 상황

동일한 메시지라도 듣는 사람의 특성에 따라 그 메시지가 갖는 설득 효과는 달라진다. 가장 대표적인 수신자 특성은 지적 수준 및 여러 동기와 관련이 있다.

(1) 지적 수준

수신자의 지적 수준이 너무 높거나, 낮을 때보다 중간 수준일 때 메시지가 가장 설득적이다(McGuire, 1968). 지적 수준이 높은 수신자는 메시지의 내용은 잘 이해할 수 있다. 그러나 그들은 설득하려는 전달자의 입장을 비판할 수 있기 때문에 그것을 수용할 가능성은 떨어진다. 반대로 지적인 수준이 낮은 수신자는 메시지의 내용을 비판 없이 수용할 수는 있지만, 그 내용을 전부 이해하지는 못할 수 있다. 그래서 설득 효과는 중간 정도의 지적 수준을 가진 수신자에게 가장 크게 나타날 수 있다. 그들은 메시지의 내용을 충분히 잘 이해하면서도 단기간에 비판할 능력을 갖추고 있지는 않기 때문이다.

(2) 심리적 저항

전달자가 설득한다고 해서 수신자가 늘 설득당하는 것은 아니다. 수신자는 설득 메시지가 자신의 자유의지를 침해한다고 느낄 때 그러한 설득에 저항하고자 한다. 그래서 때로 설득 메시지는 원래 의도한 것과는 정반대의 결과를 가져올 수도 있다. 부모가 하지 말라는 행동을 더 하고 싶을 때가 있는데, 이러한 현상을 심리적 저항(psychological reactance)으로 설명한다. 심리적 저항은 자신의 자유의지가 위협받는다고 느낄 때 자유를 침해하는 입장과 반대로 행동함으로써 자유를 되찾고자 하는 심리적 경향성이다.

(3) 면역 효과

다양한 설득에 넘어가지 않는 또 다른 방법으로 면역 효과가 있다. 질병에 대한 면역력을 키우기 위해 백신을 맞듯이 설득에 대항하는 면역력을 키우기 위해 자신의 입장과는 반대되는 미약한 주장에 노출될 필요가 있다. 주장이 미약해야 하는 이유는 사람들의 기존 생각을 변화시키지 않기 위해서다. 미약한 설득적 주장을 방어하는 경험을 통해서 사람들은 미래에 있을 수 있는 강력한 설득적 주장에 대항할 준비를 할 수 있다.

5. 대인지각에 관한 원리

1) 대인지각의 개념

대인지각(person perception)은 다른 사람에 대한 인상을 형성하는 것을 지칭하는 개념이다. 우리는 이러한 지각을 통해 다른 사람의 성격을 추론하거나 그의 인상이 좋은지 혹은 나쁜지를 평가한다. 이때 지각이란, '사물지각'의 '지각'과 항상 동일한 것은 아니다. 예를 들면, 우리는 어떤 사람의 움직임, 머리카락의 색깔 또는 몸의 크기를 사물지각과 같은 방식으로 지각할 수 있다. 그러나 사물지각과는 달리 우리는 그 사람을 보고 겉으로 드러나지 않는 그의 성격특성을 추론하기도 한다. 우리가 어떤 사람을 똑똑하다고 지각할 때, 이러한 지각은 그 사람의 똑똑한 성격특성을 직접적으로 관찰해서 이루어지는 것은 아니다. 대신에 이것은 그의 행동을 보고 그의 행동을 보고 그 사람이 똑똑할 것이라는 추론에 기초한 것이다.

대인지각은 사물지각과 여러 측면에서 다르다(Jones & Gerard, 1967; Kenny, 1994).

먼저, 대인지각의 대상인 사람은 사물과 달리 행위와 의도를 가지고 있기 때문에 스스로 자유롭게 운동하고 반응할 수 있다. 그래서 비사회적인 사물의 속성은 그들의 물리적 구조를 분석하면 드러나지만, 대인지각의 대상인 사람은 뇌의 해부와 같은 물리적 분석으로 그 속성을 모두 드러낼 수 없다.

둘째, 사물지각은 일방적이지만, 대인지각은 쌍방적이다. 그래서 한 쌍의 두 사람은 모두 지각자이면서 대상자이다.

셋째, 우리는 상대방을 지각하는 동시에, 나에 대한 상대방의 지각을 추측하기도 한다. 이러한 추측은 그에 대한 나의 지각에 영향을 미칠 수 있다. 예를 들어, 처음 만난 이성에게 호감이 생기더라도 그 사람이 나를 좋아하지 않는다고 생각하면 우리는 그에 대한 자신의 호감 수준을 낮출 수 있다.

마지막으로, 대인지각은 상호작용을 통해 변할 수 있기 때문에 시간적 차원을 고려하는 것이 필수적이다.

2) 대인지각의 특성

(1) 범주화

대인지각은 자동적으로 이루어지는 범주화를 통해 상대방의 성격특성을 추론한 다음, 필요하면 의도적으로 새로운 정보를 찾아 처음의 인상을 조정해

가는 과정을 거친다(Brewer, 1988; Friske & Neuberg, 1990). 이때 우리는 다양한 정보를 이용해서 사람들의 비슷한 특성을 가진 집단으로 묶는다. 이러한 범주에 기초한 정보처리는 도식(schema)에 근거한다. 도식은 특정 대상에 대하여 개인이 가지고 있는 지식이나 지식들 간의 관계, 그런 사례 등의 여러 내용을 포함한, 복잡하게 조직화되고 구조화된 인지의 세트다(Markus, 1977).

우리가 어떤 사람을 처음 보고 사용하는 범주 중에서 "Big Three"로 알려진 범주는 인종, 나이 그리고 성별이다. 우리는 여러 두드러진 생물학적 단서로부터 이 범주에 대한 정보를 쉽게 얻을 수 있다. 그래서 이 범주는 다른 사람들에 대한 지각을 다양한 상황에서 지배한다.

이처럼 범주에 기초한 인상은 각 범주에 대한 고정관념(stereotype)의 영향을 받는다. 고정관념이란 범주에 속하는 몇몇 사례의 속성을 그 범주에 속하는 모든 사람들에게 일반화하는 현상이다. 이러한 고정관념은 성별이나 인종에 따른 다양한 차별로 이어지기 쉽다.

(2) 내현성격이론

사람들은 상대방에게 주어진 특정 성격특질을 통해 또 다른 성격특질이나 행동을 그에게 부여하거나 추론한다. 이러한 경향성은 사람들이 특정 개인의 성격특질과 행동을 하나의 조직화된 실체라고 지각하기 때문에 나타나는 것이다. 이러한 조직화는 기본적으로 여러 성격특질 간의 지각된 일관성에 기초한다. 다양한 성격특질이 일관적으로 조직화되어 있다는 지각자의 믿음이 내현성격이론(implicit personality theory)이다. 즉 이는 어떤 성격특질은 다른 특질과 같은 범주에 속하고 또 다른 특질과는 같은 범주에 속하지 않는다는 지각자의 믿음이다.

(3) 초두 효과와 최신 효과

우리가 상대방에 대한 인상을 형성할 때, 그가 제공하는 모든 정보를 동일하게 중시하는 것은 아니다. 예를 들면, 우리는 상대방에 대한 인상형성에서 나중보다 처음에 제시된 정보를 더 중요시할 수 있다.

초두 효과(primacy effect)로 볼 때 첫인상이 중요한 이유는 그것이 이후의 인상에 대한 기저선 역할을 하기 때문이다. Ash(1946)는 두 집단의 참가자에게 한 가상적 인물에 대한 동일한 내용의 성격특질 목록을 제시하고 그 사람에 대한 인상을 보고하도록 했다. 첫 번째 집단의 참가자에게는 '지적인, 근면한, 충동적인, 비판적인, 고집 센, 시기하는' 목록을 제시하였고, 두 번째 집단에게는 동일한 목록을 그 순서만 정반대로 해서 제시하였다. 즉 첫 번째 목록은 긍정적 특질에서 부정적 특질로 나아갔지만, 두 번째 목록은 부정적 특질에서 긍정적 특질로 나아갔다. 연구 결과 첫 번째 집단의 참가자들이 두 번째 집단의 참가자들에 비해 이 가상적 인물을 더 긍정적으로 지각했다.

이와 같은 초두 효과의 원인은 무엇일까? 처음에 제시된 형용사가 나중에 제시된 형용사의 의미를 변화시키기 때문으로 보인다. '지적인', '근면한' 특질은 이후의 '비판적인'이라는 특질을 자신의 지적인 능력을 제대로 발휘하는 것으로, '고집 센' 특질을 자신의 신념이나 입장을 견지하는 것으로 해석할 수 있게 한다. 반대로, '시기하는', '고집 센' 특질은 이후의 '지적인' 특질을 간교하거나 계산이 빠른 특질과 연결해서 해석하게 만들 수 있다. 또 다른 설명으로 초두 효과는 후속 자극에 대한 주의의 감소 때문에 나타나거나 초기의 정보에 근거해서 인상을 형성한 다음 이후의 정보를 경시하여 생길 수 있다(Anderson, 1981).

이와 반대로, 어떤 사람에 대하여 제시된 일련의 정보에서 나중에 제시된 정보가 인상형성에 더 큰 영향을 미칠 수도 있다. 이것을 최신 효과(recency effect)라고 한다. 초두 효과가 최신 효과보다 더 강력하고 일반적이지만 최신 효과가 나타날 수 있는 여러 가능성이 있다. 가령 제시되는 두 정보 사이에 충분한 시간적 간격을 두고 두 번째 정보를 제시한 직후에 인상을 형성하도록 하면, 참가자가 처음의 정보를 망각할 가능성이 높기 때문에 최신 효과가 나타날 가능성이 크다(Myers, 2013). 또한 다수의 모범적인 행동 이후에 하나의 비열한 행동은 많은 주의를 끌기 쉽고 매우 진단적인 가치가 있어서 인상형성에 더 큰 영향을 미칠 수 있다. 또한 지각자가 정확한 판단을 하도록 동기화되면, 판단하기 전에 초기의 정보에 국한되지 않고 나머지 정보도 고려할 수 있다. Berza 등(1992) 연구에서 목표인물을 묘사하는 핵심 행동이 처음보다는 나중에 제시되었을 때 그것이 인상형성에 미치는 효과가 더 컸으며, 특히 그러한 행동이 매우 극단적일 때 최신 효과가 초두 효과에 비해 훨씬 더 크게 나타났다.

(4) 맥락효과(Context Effect)

처음 주어진 정보에 의해 나중에 수용되는 정보의 맥락이 구성되고 처리 방식이 결정되는 것을 '맥락효과(Context Effect)'라 한다. 이는 사전에 노출되는 단서들에 의해 인식이 편향되는 현상을 보이기도 한다. 처음 제시된 정보가 나중에 들어오는 정보들의 처리 지침을 만들고 전반적인 맥락을 제공하는 것을 '첫인상의 맥락효과'라 부른다. 일반적으로는 사전에 가진 선입견을 바탕으로 좋은 인상을 가진 사람의 행동은 좋게 평가하고, 나쁜 인상을 가진 사람의 행동은 나쁘게 평가하는 것이다. 얼굴이 예쁜 여성이 공부를 하면 기특한 것이 되고, 못생긴 여성이 공부를 잘하면 독하다고 간주하는 것이 그 예다. 또는 성실한 사람이 머리가 좋으면 현명하고 지혜롭다고 생각하지만, 이기적인 사람이 머리가 좋으면 교활하다고 생각하는 것도 맥락효과의 예라고 할 수 있다.

(5) 긍정성 편향과 부정성 편향

사람들은 다른 사람을 평가 할 때 긍정적으로 평가하는 긍정성 편향을 가지고 있다. 판단, 회상, 연상 등 많은 언어적 행동이 낙관적인 경향을 띠고 있다(Markus & Zajonc, 1985). 그래서 사람들은 부정적 판단보다는 긍정적 판단을 하기 쉽고, 부정적인 용어보다는 긍정적인 용어를 기억하기 쉬우며, 단어 연상에서 긍정적인 단어를 떠올릴 가능성이 더 높다.

그러나 인상형성에서 긍정성 편향의 반대인 부정성 편향도 있다. 예를 들면, Fiske(1980)는 각 자극 인물의 행동을 담은 두 개의 사진을 참가자들에게 보여 주고 그 인물의 호감을 평가하게 했다. 이때 자극 인물의 특성으로 사교성과 시민운동을 극단성 차원과 긍정-부정 차원에서 조작하였다. 그 결과 참가자들은 극단적이거나, 부정적인 행동에 더 주의를 기울였으며, 자극 인물에 대한 인상형성에서 그러한 행동을 더 중시했다.

때로는 타인에 대한 우리의 첫인상이 바뀌기도 하지만, 어떤 경우에는 우리 자신의 신념을 지지하는 증거에 더 주목함으로써 자신의 첫인상을 유지하기도 한다. 이러한 경향성을 확증 편향(confirmation bias)이라고 한다. 일찍이 Newcomb(1947)은 자폐적 적대감 가설(Autistic Hostility Hypothesis)을 주장하였다. 이에 따르면, 일단 다른 사람에게 적대감을 갖게 되면 그는 의사소통을 회피하기 때문에 적대감을 바로잡을 수 있는 기회가 없다. 또한 그 사람에 대한 이용 가능한 정보에 반응하지 않고, 자신의 지각을 사회적 실체에 대입하여 정기적으로 점검하지 않기 때문에 자폐적이라고 할 수 있다. 반대로, 처음에 좋아하는 사람들은 이후에 더욱 상호작용을 많이 해서 더 잘 알게 된다.

6. 대인지각과 비언어적 정보

1) 얼굴

우리는 다른 사람의 얼굴 단서를 이용해서 그의 다양한 성격을 추론한다. 이때 얼굴 단서 중 매력과 같은 요소와 더불어 그 외의 얼굴 특성들도 대인지각에 영향을 미칠 수 있다. 한 연구(Rule & Ambady, 2008)에서 대학생들은 2006년 'Fortune 500'에 선정된 기업 중 최상위 25개와 최하위 25개 기업의 최고경영자 50명의 얼굴 사진을 보고 그들의 권력 특질(역량, 지배성 그리고 얼굴의 성숙성) 및 리더십을 평가하였다. 그 결과, 얼굴의 매력, 나이 및 호감을 모두 통제하고도 최고경영자의 얼굴에 나타난 권력 특질과 리더십은 그 회사의 3년간 평균 수익과 정적인 관계가 있었다.

한편 매력적인 얼굴은 성격특질을 추론하는 데 큰 영향을 미친다. 사람들은 아름다움은 좋은 것이라는 고정관념 혹은 신화를 가지고 있다. 그래서 아름다운 외모와 같이 하나의 긍정적인 측면을 가진 사람에게 여러 호감 가는 특질을 부여하는 경향이 있다. 이것을 매력적인 얼굴이 갖는 후광 효과(halo effect)라고 한다. 이러한 후광 효과는 관계적인 상황, 학교, 직장과 같은 다양한 맥락에서 매우 보편적으로 나타난다. 사람들은 매력적인 사람이 지적이고, 사교적이고 외향적이며, 자신감이 높다고 생각하는 경향이 강하다(김혜숙, 1993). 그런데 매력적인 얼굴에 대한 이러한 고정관념은 지능이나 적응과 같은 인지적 능력보다는 외향성, 자신감 같은 사회적 역량을 지각하는 데 더 강한 반면 진실성이나 타인에 대한 배려에 대한 평가에는 큰 영향을 미치지 않는 것으로 보인다(Eagly et al., 1991).

후광효과와 반대로, 우리는 얼굴의 매력이 낮은 사람들이 덜 사교적이고, 덜 이타적이며, 덜 지적일 것이라고 생각한다(Griffin & Langlois, 2006). 이것을 부정적 후광효과 혹은 악마 효과(devil effect)라고 한다.

그러면 우리는 다른 사람의 매력을 얼마나 빨리 판단할 수 있을까? 여러 연구에 따르면, 우리는 신체적 매력에 대한 지각을 아주 짧은 시간에 한다. 한 연구에서 참가자들은 신체적 매력이 서로 다른 남녀 대학생(얼굴과 어깨)을 100ms 동안 흑백 스크린으로 본 다음 그들의 매력을 평가하였다. 그 결과 참가자들은 성별에 상관없이 평가 대상 대학생의 신체적 매력을 매우 잘 변별하였다(Locher et al., 1993).

2) 키와 몸무게

얼굴 특징뿐만 아니라 키도 대인지각에 상당한 영향력을 행사한다. 키는 신체적 매력을 결정하는 요소 중의 하나다. 한 실험 연구(Elman, 1977)에서 대학생들은 '공모전 신청서'를 보고 그것을 작성한 남자 대학생의 성격을 평가했다. 이때 남자 대학생의 키를 크거나 작게 조작했다. 그 결과, 실험 참가자들은 키가 큰 남자 대학생을 더 외향적이고 매력적으로 지각했다.

키에 대한 지각은 존중감에 대한 지각과도 밀접하게 관련되어 있다. Lechelt(1975)의 연구에서 대학생들은 항공 엔지니어, 변호사, 기자, 성직자 등 10개 직업을 가진 남자들의 키를 추정했다. 3개월 후에 이 대학생들은 이러한 직업을 가진 사람들을 개인적으로 얼마나 존중하는지 평정하였다. 그 결과 대학생들은 키가 큰 사람들을 더 존중했다. 여러 메타분석에 따른 결과에서도 키가 큰 사람은 작은 사람에 비해 더 높은 자아존중감을 지니고 있었고, 직업적으로도 지도자의 위치에 있었으며 더 많은 수입을 올렸다(Judge & Cable, 2004).

몸무게 역시 인상형성에 큰 영향을 미치는 요인이다. 오늘날 서구화된 대부분의 문화권에서는 비만인 사람보다는 마른 사람을 더 매력적으로 지각한다. 더군다나 사람들은 보통의 사람들에 비해 비만인 사람들이 게으른, 무능한, 권태로운, 버릇없는 등과 같은 부정적인 성격특질을 가지고 있다고 생각한다(Brochu & Morrison, 2007).

3) 목소리

목소리를 음성지문(voiceprint)이라고 할 정도로 각 개인의 목소리는 독특한 비언어적 단서를 제공한다. 이러한 단서는 매우 풍부해서 우리가 다양한 차원의 인상을 형성하는 데 기여한다. 목소리의 매력에 대한 한 연구(Zukerman & Miyake, 1993)에서 단조롭거나, 비음이 큰 목소리일수록 매력이 낮고, 목소리의 크기와 울림 그리고 발음의 명료성이 클수록 매력적이었다. 그러나 음의 높이, 날카로움, 울림 등이 지나치게 낮거나 높으면 매력이 떨어졌다. 또한 매력적인 목소리를 가진 사람은 성격 평가에서도 더 우호적인 인상을 주었다. 그들은 더 따뜻하고, 호감이 가고, 정직하고, 우월하고, 성취 지향적인 사람으로 평가를 받았다. 매력적인 목소리의 이러한 효과는 목소리만 들려주거나 목소리와 얼굴 모습을 모두 제시한 경우에도 나타났다.

4) 쳐다보기

사람들은 상호작용하면서 매우 다양한 시선 행동을 한다. 어떤 때는 상대방을 똑바로 쳐다보기도 하고, 또 다른 때에는 그의 시선을 피하기도 한다. 우리는 사람들의 이러한 시선행동을 통해 그들에 대한 인상을 형성한다. 또한 대인 간 상호작용에서 쳐다보기에는 큰 개인차가 있다. 정상적으로 쳐다보는 행동의 비율이 전체 상호작용의 30% 이하부터 70% 이상까지 매우 광범위하게 분포하고 있다(Richmond et al., 2012).

쳐다보는 시간도 인상형성에 영향을 미친다. 일반적으로 기대하는 것보다 좀 더 오래 서로 쳐다보는 것은 더 친밀하게 지내고 싶다는 바람을 보여 주는 신호로 지각된다(Knapp et al., 2014). 그러나 서구와 같은 문화에서 적절하다고 생각하는 것보다 일방적으로 더 오래 쳐다보면, 사람들은 그러한 사람을 너무 앞서가거나 무례한 사람으로 여긴다. 또한 말하는 사람을 쳐다보는 것은 그 사람이 말하는 것에 흥미를 느끼고 있다는 신호일 수 있지만 다른 문화권,

가령 아시아나 아프리카 국가의 사람들은 특히 지위가 높은 사람이 말을 할 때 똑바로 쳐다보는 것은 무례하다고 생각한다(Martin & Nakayama, 1997).

반면, 시선 피하기는 여러 의미를 해석된다. 불친절하거나 다른 사람의 말에 흥미가 없거나, 대화를 중단하고 싶다는 신호일 수도 있고, 자신에 대한 확신이 없을 때 그러한 내면의 상태를 상대에게 들키지 않기 위한 행위일 수도 있다.

제 2 부

프레젠테이션의 체계

| 제3장 |

프레젠테이션의 전략구상법

1. 전략적 구상법

프레젠테이션은 말하는 사람의 시점이 아니라 듣는 사람의 시점에서 이야기해야 청중을 이해시키고 납득시킬 수 있다. 그런데 발표자들은 대부분 말하는 사람의 시점에서 제안하는 경향이 있다. 청중의 시점이 아니기 때문에 듣는 사람이 알고 싶어 하는 점은 무시되고 말하는 사람이 내세우는 점이 제안의 대부분을 차지한다. 이런 발표자의 프레젠테이션은 대체로 이야기가 길어지고 요점이 모호하다. 더욱이 자신을 멋지게 포장하려고 지나치게 의식하다 보면 프레젠테이션의 내용이나 전달하는 방식이 발표자 위주로 겉돌게 된다. 따라서 프레젠테이션을 성공으로 이끌기 위해서는 내가 전달하고 싶은 이야기를 하는 것이 아니라 청중이 듣고 싶은 이야기를 하는 것이 중요한 요소가 된다.

5W 1H 기법을 통해 프레젠테이션을 전략적으로 구상하고 전체를 가다듬어야 한다.

1) 5W1H

(1) When - 언제 발표하는가?

발표 일정에 맞춰서 준비하는 기간이 필요하다. 기초 분석과 자료 수집, 자료 정리, 스토리보드 작성, 디자인 제작, 리허설, 프레젠테이션의 순서로 이루어진다.

(2) Where - 어디에서 발표할 것인가?

발표장의 여건에 따라 자료 전달 매체가 달라진다. 회의장 크기, 인원수, 좌석 배치, 실내 분위기, 스크린의 신선도 및 밝기, 빔프로젝터의 밝기와 소음, 교탁 유무, 음향시설의 유무, 마이크의 종류(무선, 유선) 등을 체크해야 한다. 또한, 프레젠테이션에서 집중도를 높이는 가장 쉽고 효율적인 방법은 자연광을 차단하고 조명으로 실내 밝기를 조정하는 것이다. 조명이나 스크린의 밝기는 집중도와 밀접한 관련이 있기 때문에 중요한 요소가 된다. 따라서 실내 분위기의 정숙에 방해가 되거나 시선을 빼앗는 물건 등 불필요한 것들은 사전에 옮겨두는 것이 좋다.

(3) Who - 누가 발표할 것인가? 누구에게 발표할 것인가?

• 누가 프레젠테이션을 할까?

가장 좋은 방법은 프레젠테이션을 직접 준비한 사람이 프레젠테이션을 진행하는 경우이다. 프레젠테이션을 지속적으로 준비한 사람은 그동안 준비를 하면서 스토리 구조의 논리와 내용을 정확하게 인지하고 있으므로 청중에게 메시지를 충분히 전달할 수 있기 때문이다. 하지만 상황이 여의치 않거나 발표 불안이 심한 경우에는 발표자를 따로 찾을 수 있다. 하지만 이때에는 발표하고자 하는 내용과 스토리라인이 체계적으로 정립되지 않아 메시지 전달에 한계가 있다. 이를 대비해 역할 분담을 하는 것도 좋은 방법이다. 내용이 워낙

방대하거나 특화되어 있어 혼자서 하기에 무리라고 생각된다면 내용에 맞게 2~3명이 나누어서 프레젠테이션하는 것이 좋다.

• 누구에게 발표할 것인가?

성공적인 프레젠테이션을 위하여 반드시 청중 분석을 수행해야 한다. 프레젠테이션의 중요한 요소인 청중에 관한 분석은 다음 장에서 보다 자세하게 살펴보고자 한다.

청중을 분석하는 방법에는 첫째, 결정권자를 분석하는 방법이 있다. 의사결정자의 초점, 의사결정자 또는 의사결정 영향자의 초점이 누구인지 분석하는 것이다. 둘째, 직무활동 분석이다. 재무 담당자의 초점, 실무자의 초점, 인사 담당자나 마케팅 담당자의 초점을 고려해야 한다. 마지막으로 개인 성향 분석이다. 이는 의사결정자의 특성이 무엇인지를 고려하는 것이다.

(4) What - 무엇을 발표할 것인가?

어떤 내용을 다룰 것인가, 즉 주제가 있는 내용을 말한다. 데이터를 정보화하고 이를 논리적으로 배열하는 작업이라고 할 수 있다.

(5) Why - 왜 발표하는가?

목표 달성의 가능성을 높여줄 수 있다. 청중들의 기대치를 충족시켜 주거나 청중들이 목적하는 바를 달성할 수 있도록 동기 마련을 해주기 때문이다. "Why"는 프레젠터가 발표를 하는 목표이자 믿음이고 이유이다.

(6) How - 어떻게 보여줄 것인가?

인사, 복장, 에티켓, 제스처 등의 비언어적인 요소와 질의응답, 유머, 청중을 대하는 태도, 발표자의 열정, 디자인 구성과 시간 분배 등 모든 것을 포함한다. 청중과 공감대를 형성하기 위해서는 모든 것을 미리 구상하고 준비해야 한다.

2) 작업계획서 작성방법

(1) 프레젠테이션 실행계획

① 프레젠테이션 개요 작성

프레젠테이션의 제목과 이를 수행하게 된 배경, 보고 시점과 대상이 누구인지 적는다. 이를 통해 보고의 목적을 명확히 하고 보고 대상자를 분석해서 그에 따른 접근법을 강구한다.

② 프레젠테이션의 목표 정하기

보고의 주제이자 핵심 메시지는 프레젠테이션의 목표와 직결된다. 발표를 위해서는 이를 명확히 하는 것이 매우 중요하다. 예를 들면, 매출신장을 위한 것인지, 조직구성원의 사기 진작을 위한 것인지, 언론의 홍보를 위한 것인지, 혹은 내부의 업무효율화를 위한 것인지 말이다.

목표(주제)는 전략적으로 겉으로 나타나는 것과 달리 실제 추구하는 목적을 한 문장으로 작성한다. 이때 중요한 것은 주어와 서술어가 포함된 '완전한 문장'으로 적는 것이다.

③ 목표 달성을 위한 방법이나 실증적인 논거 찾기

국내외의 유사사례, 통계, 법적 판단 등은 주제의 타당성을 높일 수 있는 근거다. 주제와 논거 사이의 논리적인 접근으로 적합한 방법을 기재한다. 한 번에 전부 기재하려고 하지 말고 생각날 때마다 추가하고 보완한다는 생각으로 적는 것이 유용하다.

④ 보고 내용물의 구조 정리하기

전체적으로 프레젠테이션에서 어떤 구조로 진행할지를 기재한다. 이와 관련해서는 내용 구성법에서 보다 자세하게 설명하기로 한다.

⑤ 외부 제약요건 파악 후 시간 계획 세우기

파워포인트 제작 비용, 사진 및 음악 저작권 사용 문제, 보고 장소 섭외 문제 등이 이에 해당한다. 시간 계획, 자료 수집 기간, 1차 초안 마감, 최종 리허설 일정 등을 계획한다.

그림 1 프레젠테이션 계획서

목차	내용	비고
① 개요	• 제목: • 실시 배경: • 보고 일자: • 대상:	확정 사항
② 목표/주제	목표는 하나의 문장으로 작성한다.	주제 의식
③ 설득 방법/논거	• 사례 수집 내용 및 방법: • 논리 전개 방법: • 팀이라면 역할 분담 사항: • 청중 분석:	계속 보완
④ 구조(프레임)	• 도입: • 본론: • 마무리:	부분별 작성
⑤ 제약 요건 및 시간 계획	• 보고 장소: • 경비: • 저작권: • 외부 용역: • 초안 완성 시점: • 최종 리허설 시점:	

(2) 프레젠테이션 실행 개요서 활용법

① 실행 개요서 작성방법

• 구체적인 아이디어로 주제를 제한하고 핵심 사항(본론)을 먼저 제시한다.

- 제한된 목적 안에서 합당한 자료를 선택한다.
- 자료, 예증, 보기, 사실, 통계 자료를 일관된 순서로 배열한다.
- 서론과 결론에서 말할 내용을 제시해준다.
- 발표의 개요를 작성하는 중간에 새로운 관점이나 새로운 정보를 발견하면 여러 번이라도 계속 수정한다. 정확하게 제시하여야 하는 통계 자료나 인용문과 같 은 소재는 내용을 기록하여 참고한다.
- 서론과 결론은 비교적 상세하게 기록해 두어 프레젠테이션의 처음과 끝에 의미있는 내용을 전달할 수 있도록 한다.
- 임원용 프레젠테이션 자료를 만든다고 생각하고 한 장으로 요약해보는 연습을 하자. 현재의 문제, 미래의 기대 효과, 제안 내용 형식으로 간단히 정리해보면 좋다.
- 핵심 사항별로 각각의 종이에 큰 글씨로 작성하여 빠르고 쉽게 파악할 수 있도록 한다.
- '발표의 개요'에 맞추어 실제로 발표할 내용을 서론, 본론, 결론 등으로 작성한다.

② 실행 개요서 활용법

- 프레젠테이션을 준비하면서 만들었던 개요서를 활용해 실제 발표에 쓸 메모 카드를 만들자. 대개 준비 개요서는 비교적 양이 많아 스피치를 실행하면서 참고하기에는 적합하지 않을 수 있다. 그러니 준비 개요서를 더 요약해서 발표 내용을 기억하는 데 도움이 되는 중요한 단어나 문구를 중심으로 실행 개요서를 만들자.
- 핵심 단어만 기록한다. 다만 서두와 결언, 주요 아이디어들은 표현 방식을 확정하여 완전한 문장으로 표현해 두는 것도 도움이 된다.
- 책의 목차를 적는 형식으로 작성한다. 이때 전체 줄거리가 그림처럼 연상되면 좋다.

- 시작부터 끝까지 순서대로 작성한다(번호 표시).
- 띄어 읽기, 잠시 멈춤, 강조할 부분을 표시한다.
- 시간 관리를 위해 생략 가능한 부분을 표시한다.
- 손에 쥐기 편한 엽서 정도의 크기가 적당하며, 15매 내외로 정리한다.
- 중요한 코멘트나 동작, 강조 사항, 질의응답같이 중요한 부분은 자세히 적어둔다.
- 참고 문헌이나 자료를 기록해둔다.

2. 내용 구성법

프레젠테이션의 목적과 내용에 따라 배열 방식은 각기 다르나, 적절히 혼합할 수 있다.

1) 3단계 구성법

주제에 맞게 전후 앞뒤의 논리적 관계 등을 고려하여 '서론→본론→결론'과 같은 형태인 '도입 → 전개 → 종결'의 3단계 구성이 일반적이다.

일반적 프레젠테이션에서는 도입(서론)에서 배경 및 문제 제기, 전개(본론)에서 해결 방안과 실천 방안, 결론을 내는 것이 대부분이다.

전략적 진행에서는 결론을 더욱 강조하는 쪽으로 진행하기도 하고 시간이 부족할 때에는 서론에서 배경을 생략하고 '문제 제기→해결 방안과 실천 방안–결론'으로 진행할 수도 있다.

수주나 입찰 등의 경쟁 프레젠테이션에서는 '문제 제기(문제 언급, 이유 언급, 상황의 긴박함을 설명)→대안 제시(선결 항목의 대안 제시, 항목 압축)→해결책 제안(최종대안 설명, 최종 대안의 효과, 아이디어의 구체적 실행방법 설명)'으로 활용하면 된다. 이 방법은 제안에 대해 광고주들이 부정적인 견해를 보일 것으로 예상될 때 사용하면 특히 유용하다. 또한, 분석적인 접근이 가능하기 때문에 객관적인 타당성을 보장받을 수 있다.

〈표 1〉 **3단계 구성법**

서론	프레젠테이션의 동기나 목적, 다루는 범위와 성격을 언급하며 흥미를 유발해 관심을 이끌어내는 단계이다. 흥미 유발, 충격, 자극적인 주제 제시, 5~10%
본론	문제 제기와 구체적인 해결 방안을 제시하는 단계이다. 주제를 깊이 있게 설명, 80% 안팎
결론	전개 부분의 내용을 간결하게 다시 요약하고, 청중에게 실제 행동으로 나타나게 하거나 앞으로의 전망 등을 추가할 수 있다. 요약, 핵심 메시지 강조 여운과 감동이 남는 마무리, 5~10%

2) 3-3-3 구성법

'3'이라는 숫자는 어떤 의미를 가지고 있을까? 세상에서 가장 안정된 도형을 지칭할 때 삼각형을 꼽는 이유는 세 개의 꼭짓점에서 나오는 힘의 분배가 가장 잘 이루어지는 형태를 가지고 있기 때문이며, 사람들의 마음 속에서도 삼각형의 형태가 가장 편안한 느낌을 준다고 한다. 이처럼 '3'은 가장 단순하면서도 가장 안정적인 그리고 강력한 숫자다.

'3-3-3 구성법'은 1가지 핵심 메시지(killer message)를 뒷받침해주는 3가지 소주제를 선정하고, 3가지 소주제들 또한 3가지 요점(point)으로 증명해 주는 방식, 그리고 각각의 소주제들을 설명하는 슬라이드 한 장마다 담고 있는 내용들 또한 3가지 정도에 국한시키는 구성방식이 가장 간결하고 단순하며 효과적으로 내용을 담을 수 있는 프레젠테이션의 그릇이 된다는 것이다.

우리의 뇌는 복잡한 것을 싫어하여 상상할 수 있는 모든 가능성 중에 가장 단순한 해석 방법을 선택하는데, 이것을 오컴의 면도날(Occam's Razor 또는

Ockham's Razor)에서는 흔히 '경제성의 원리'(Principle of economy), 검약의 원리(lex parsimoniae), 또는 단순성의 원리라고도 한다.

어렵게 설명하는 방식과 쉽게 설명하는 방식이 있다고 하면 쉽게 설명할 수 있는 방식이 옳은 해답이다. 설명은 단순할수록 뛰어나기 때문에 상대편에게 직관적으로 이해가 되도록 설명해야 한다.

그림 2 3-3-3 구성법

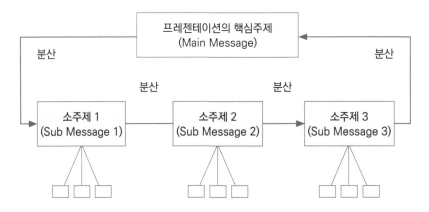

① 첫 번째 섹션

· 첫 번째 항목: 주제 소개 및 배경 설명

· 두 번째 항목: 문제점 혹은 도전 과제 소개

· 세 번째 항목: 발표 내용 및 구성 소개

② 두 번째 섹션

· 첫 번째 항목: 문제점 또는 도전 과제에 대한 해결책 소개

· 두 번째 항목: 구체적인 해결 방안에 대한 설명

· 세 번째 항목: 다른 대안들과의 비교 분석

③ 세 번째 섹션

• 첫 번째 항목: 결과 요약 및 결론
• 두 번째 항목: 발표에서 얻은 교훈 및 배운 점
• 세 번째 항목: 추가적인 질문 또는 토론을 위한 문제 제기

커뮤니케이션 3-3-3 법칙

커뮤니케이션을 잘하기 위해서는 30초 안에 상대의 관심을 유발하고,
이에 따라 3분의 시간을 더 얻어서
보고하려는 내용을 확실하게 전달해 내든가,
아니면 보고받는 사람의 필요에 따라
이후 30분의 시간을 할애받아 충분하게 설명하고 소기의 결정을 얻어내야 한다.

3) 4단계 구성법

(1) 기승전결(起承轉結) 구성법

4단계 구성법은 기승전결(起承轉結) 구성법을 말한다. 기는 도입 부분인 서론(문제제기)을, 승은 사실·관찰·실험 등의 설명(문제해결의 사례 제시)을, 전은 분석과 증명(새로운 화제 및 해결책을 제시)을, 결은 결론(전체의 마무리)을 나타낸다.

프레젠테이션 메시지 구성에서는 서론·설명·증명·결론의 4단계의 구성으로 사용되고 있다.

〈표 2〉 4단계 구성법

기	• 관심 유도 및 문제 제기의 단계이다. 문제 제기는 주제와 목적을 서술하는 부분으로 해당 프레젠테이션이 장·단기적으로 수행해야 할 문제를 제기한다. • 문제는 이를 공유하는 모든 청중에게 명확한 문제의식을 줄 수 있어야 하며 그것이 향후 다수에게 큰 영향을 미칠 수 있어야 한다.
승	• 문제 해결의 단계이다. 문제 제기에 나타난 사항들에 대한 해법을 제시하는 부분이다. • 이 해법은 실행 가능한 것이어야 하며 청중이 해결 방안에 대해 구체적인 내용을 공유하고 그 가능성에 동의하도록 구성하여야 한다.
전	• 해결의 구체화가 이루어지는 단계이다. 사실, 논박, 증거 등 해결 방안에 따른 구체적인 실행 방안을 설계하는 것이다. 여기에서 자신의 주장을 세우고 그 주장에 대한 상세한 실행 방안들을 설계한다. • 주의할 것은 실행 방안 설계 과정은 현실적이고 구체적인 내용이 포함되어야 한다.
결	• 결론을 내리는 단계이다. 결론은 청중에게 가장 민감한 부분이기 때문에 반드시 청중의 이익을 대변해야 한다. • 물론 발표자의 목적과 청중의 목적이 상이하여 설득력 없는 프레젠테이션이 된다고 해도 청중의 이익을 반드시 언급해야 한다. • 또한, 결론은 앞에서 언급했던 모든 내용을 함축하여 요약된 형태로 표현하여야 한다.

4) 결승전(結承轉) 구성법

프레젠테이션의 결론을 먼저 제시하고(結), 결론을 이어가는 이야기들이 지속적으로 제시되며(承), 결론의 의미를 계속 부연하는(轉) 방식으로 구성한다. 단어 그대로 봐도, 마지막 승부를 거는 게임이기 때문에 신중을 기해야 하는 의미도 있다.

결론이 처음 나오고, 중반부에 진행되는 각 단계별로 결론을 지원하는 소주제가 연결되고, 소주제가 나올 때마다 최초에 제시된 결론을 되짚어주면서 프레젠테이션 하는 방법이다.

결승전 구성법은 '2W 1H' 구성법이라고도 한다.

〈표 3〉 결승전 구성법

구분	리더의 질문	당신에게 듣고 싶은 멘트
결론 (So What?)	• 그래서 결국 하고자 하는 이야기가 뭐야? • 당신의 주장이 뭐야? • 중요한 포인트가 뭐야?	• 결론을 한마디로 말씀드리면, 요컨대
이유 (Why so?)	• 왜 그렇게 된 거지? • 이유가 뭐야? • 뭘 근거로 당신이 그렇게 말하는 거지?	• 그러한 결론이 나온 이유는(사실, 경험, 사례, 의견을 바탕으로) 첫째, 둘째, 셋째, …… 입니다.
방법 (So How?)	• 그렇다면, 구체적으로 뭘 어떻게 하면 되는거야? • 어떻게 하면 해결되는 거야? • 내가 뭘하면 돼? • 내가 뭘 지원하면 돼?	• 필요한 사항은 크게 A, B, C로서 A 계획의 실행은…… B 계획의 실행은…… C 계획의 실행은…… 같이 하고자 합니다. (누가, 언제, 어떻게, 얼만큼의 비용으로 등의 내용을 담아서 발표함)

(1) 주제문을 작성하는 방법

프레젠테이션에서의 '주제문'을 작성하는 방법은 다음과 같다.

① 주제문은 한 가지로 분명해야 한다

하나의 프레젠테이션에서 두 가지 주제를 한꺼번에 밝히려 한다거나 하나의 주장을 펼치다가 거기에서 파생한 지엽적인 문제를 거론한다면 논리구조가 허물어진다.

> 예) 1/4분기 매출 증가의 원인으로 해외 시장 개척 사례를 제시하고, 매출 증가 추이에 따른 원가 대책을 통해 2/4분기 매출 실적을 보고한다. (×)
> → 주주에게 2/4분기 매출 실적이 목표치를 초과 달성했음을 알린다.(○)

② 주제문은 직접적이어야 한다

주제 자체를 에둘러 말하거나 간접적인 암시로 표현해서는 안 된다. 발표하는 사람이 희미한 개념을 가지고 있다면 프레젠테이션의 방향 또는 일관되지 않는다.

예) 세계 경영 추이를 진단해 신공법 도입의사를 타진한다. (×)

→ 생산 단가를 줄이기 위한 신공법 도입 의사결정을 받아낸다.(○)

③ 주제문은 한 문장으로 정리해야 한다

주제를 머릿속으로 생각하는 것과 구체적인 글로 작성하는 것은 큰 차이가 있다. 프레젠테이션의 주제를 한 문장으로 정리할 수 없는 프레젠터는 주제에 대한 확신이 없거나 콘셉트를 알지 못하는 것이다.

예) 기업에서 전략적으로 완벽에 가까운 제품이나 서비스를 개발하고 제공하려는 목적으로 현재 수준을 계량화하고 평가한 다음 개선하고 이를 유지 관리하는 경영기법인 6시그마 운동의 이해를 증진시킨다. (×)

→ 전사적으로 6시그마 운동 시행을 건의한다.(○)

(2) 주제문과 핵심 메시지를 구분하라

주제문은 '왜 이 보고를 해야 하나?', '이 프레젠테이션의 목적은 무엇인가?'를 다룬 'Why'에 대한 답이다. Why는 발표를 하는 목표이자 믿음이고 이유이다.

핵심 메시지는 주제를 받쳐주는 논거의 요체다. 'What'과 'How'에 해당한다. 이렇게 주제문과 핵심 메시지는 일맥상통하면서 논리정연해야만 설득력을 강화할 수 있다.

주제문은 청중에게 알려주지 않는다. 알려주는 것이 아니라 청중이 자연스럽게 알게 만드는 것이다. 그리고 주제문은 프레젠터가 프레젠테이션을 이끌어가기 위한 방향타다.

반면, 핵심메시지는 청중에게 노출하여 각인시켜야 한다. 발표가 끝난 뒤 발표장을 나서는 청중의 뇌리에 핵심메시지 하나만 남았어도 성공적인 프레젠테이션이라 할 수 있다.

(3) 핵심문구를 만들어라

핵심문구 또는 핵심메시지는 프레젠테이션의 심장이다. 발표에서 다룬 많은 데이터가 잊히더라고 마지막까지 각인되었으면 하는 한 가지이며, 동시에 청중을 배려하는 프레젠터의 고귀한 선물이다. 핵심문구와 핵심메시지는 같은 내용이며 작성원리도 동일하나, 용어는 구분해서 사용해야 이해하는 데 혼선이 없다. 핵심문구는 글로 된 것을 의미한다. 핵심메시지보다 집약해 정리한 글이고, 기업의 슬로건(slogan)이 이와 유사하다고 할 수 있다. 슬로건은 기업이 추구하는 경영방침이 압축돼 있으며 이를 소비자들에게 각인시키기 위해 많은 광고비를 지출하고 있다.

핵심문구 만드는 방법은 다음과 같다.

① 청중을 중심에 두어야 한다

프레젠터 입장에서 일방적으로 구상해서는 안 된다. 청중은 프레젠테이션이 자신에게 유익하다고 느껴야 프레젠터의 말에 귀를 기울인다.

② KISS(Keep It Short and Simple) 원칙을 지켜라

청중은 복잡한 프레젠테이션을 스스로 정리하지 않는다. 핵심문구 자체가 복잡하고 난해하다면 그 역할과 기능은 이미 상실했다고 봐야 한다. 핵심문구가 반드시 하나일 필요는 없다. 전체를 통합할 핵심문구가 있으면 하나를 사용해도 되지만, 소주제별로 필요한 핵심문구를 다르게 정해 사용해도 된다.

③ 진심이 담겨야 한다

핵심문구가 쉽게 떠오르지 않는다고 해서 남의 것을 모방하거나 건성으로 만들어서는 안 되고, 심사숙고해야 한다. 청중에게 전달되길 바라는 내용을 진솔하게 표현해야 한다.

밀러의 법칙 / 에빙하우스의 망각 곡선

◆ 밀러의 법칙

밀러의 법칙은 밀러의 마법의 숫자로도 알려져 있으며, 1956년 인지 심리학자 조지 A. 밀러가 개발한 개념이다. 밀러는 「마법의 숫자 7, 플러스 또는 마이너스 2: 정보 처리 능력의 한계」라는 논문에서 인간의 단기 기억 용량은 약 7개의 정보 덩어리에서 2를 더하거나 뺀 값으로 제한된다고 제안했다. 즉, 한 번에 약 5~9개의 정보만 효과적으로 기억할 수 있다.

◆ 에빙하우스의 망각 곡선

독일의 심리학자 헤르만 에빙하우스(Hermann Ebbinghaus)는 1880년부터 1885년까지 기억에 대한 일련의 실험을 수행했고, 1885년 그의 가설을 Über das Gedächt-nis(나중에 영어로 Memory로 번역됨)로 발표했다(Memory: A Contribution to Experimental Psychology) 그는 넌센스 음절, 즉 "WID" 및 "ZOF"와 같이 의미가 없는 세 음절 단어를 암기하고 다양한 시간 간격으로 자신을 테스트했다. 그는 이러한 결과를 그래프로 표시하여 망각 곡선을 만들었다. 망각 곡선은 시간이 지남에 따라 학습한 내용을 얼마나 잊는지에 대한 그래프다.

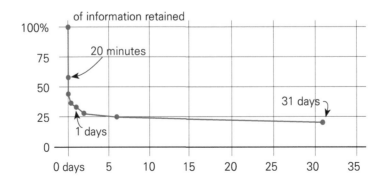

에빙하우스의 연구 결과는 그래프로 정리되어 있는데, 이는 "망각곡선"으로 명명된 인지심리학에서 매우 유명한 그래프다. 그래프를 자세히 살펴보면 실험 참여자들은 학습 직후 20분이 지나면 학습했던 내용의 58%를 기억(42% 망각)하고, 하루가 지나면 33% 기억(67%망각)하는 것을 볼 수 있다.

핵심메시지와 핵심문구를 기억 속에 남을 수 있게 하려면 강력한 인상을 남겨야 한다는 것이다.

5) 귀납법 vs. 연역법

귀납법과 연역법은 차이가 있으면서도 상호보완적인 관계에 있다. 우선 차이를 살펴보면 귀납법은 만일 전제가 진이면, 결론은 확률적으로는 진이나 필연적으로 진은 아니다. 또한 결론의 내용이 전제 속에 포함되어 있지 않다. 반면 연역법은 만일 전제가 진이면 결론도 반드시 진이다. 또 결론에서 진술되는 모든 내용은 이미 전제 속에 포함되어 있다. 귀납 추론이 경험을 필요로 하는 데 반하여 연역 추론은 엄밀한 논리적 규칙에만 의존한다. 연역법과 귀납법의 차이는 〈표 4〉와 같이 나타낼 수 있고, 이를 다시 방법·대상·논증 측면에서 차이를 살펴보면 다음과 같다.

〈표 4〉 **귀납법과 연역법의 차이**

구분	귀납법	연역법
개념	구체적 사실로부터 일반적 사실을 이끌어 내는 것	일반적 사실로부터 구체적 사실을 이끌어 내는 것
추론	경험적 및 관찰적	논리적 규칙에만 의존(3단 논법)
결론	전제가 진이면, 결론은 확률적 진이지 필요적 진은 아님 전제 속에 결론이 포함되어 있지 않음	전제가 진(거짓)이면 결론도 진(거짓) 전제 속에 결론이 포함되어 있음
성격	개연적, 해석적, 투시적, 확장적	필연적, 실증적, 증명적, 분석적

도식화	Bottom Up ↑	Top Down ↓
장점	지식 확장성 → 새로운 지식의 생성 가능	확증성 → 결론이 참을 인증할 수 있음
단점	비확증성 → 일반화한 문장의 참을 인증할 수 없음(모든 대상을 검증할 수 없기 때문임)	지식의 비확장성 → 새로운 지식의 생성 불가능(전제에 결론이 내포되어 있음)

(1) 귀납법

여러 사례를 바탕으로 공통점을 파악해 결론을 내리는 논리 전개 방식이다.

① 특수하고 구체적인 여러 사례를 나열한 뒤, 그에 대한 일반적인 사실 제시로 배열하는 방식이다(특수→ 보통으로 진행).

② 흐름의 사고, 주장, 증거들을 배치하는 방법으로서 사례 + 사례 + 사례 + 〈결과 또는 내가 주장하는 바〉의 순서로 구성된다.

③ 스토리 전개상 결론을 맨 마지막에 배치하는 방법이다.

④ 청중의 집중력은 시간이 지날수록 저하되므로 여러 가지 문제를 먼저 나열하고 각각의 해결 방안은 소결론 상태로 구성하여 마지막에 대결론으로 매듭짓는 형태를 취해야 집중력 저하를 방지할 수 있다.

⑤ 소결론과 소결론 사이에 "다음에는, 이상으로, 여기까지" 등의 연결 표현을 삽입함으로써 소단원의 마무리를 알려주는 것도 효과적인 방법이다.

⑥ 귀납적 구성 논리가 적합한 프레젠테이션은 장시간에 걸친 세미나, 강의 등의 프레젠테이션에 적용 시 효과적이다.

⑦ 설득할 때, 특성상 기술적일 때, 잘 모르는 청중일 때 상호 공감대를 형성하면서 결론을 이끌어내는 것이 타당하다.

⑧ 청중이 프레젠테이션의 목적에 적대적인 반응을 보일 것을 미리 아는 경우에는 귀납적인 접근법을 사용하는 것이 유리하다. 그렇게 하면 청중은 발표자의 주장과 논거를 듣게 될 것이고, 발표에 대한 그들의 저항감을 완화시킬 수 있을 것이다.

(2) 연역법

스토리 전개상 결론을 과제 제시와 함께 서두에 배치하는 형태이다.

① 일반적인 이론을 먼저 제시하고 개개의 사례에 적용하는 논리전개 방식이다(보통→ 특수로 진행).

② 주제가 먼저 제시되고 그에 대한 특수하고 구체적인 것들을 배열하는 방식을 말한다(주제 + 근거, 주장 + 근거, 결론 제시 + 특수한 사례 · 관점 · 결과).

③ 향후 내용(해결 방안, 실행 방안)에 대한 궁금증을 유발함으로써 청중의 집중력을 높일 수 있다.

④ 청중이 의사결정자로 이루어졌을 때 효과적이며 청중의 시선을 프레젠테이션 초기에 잡을 수 있다.

⑤ 연역적 구성 논리법이 적합한 프레젠테이션은 프레젠테이션 시간이 짧을 때, 청중의 태도가 긍정적일 경우 결론부터 강하게 이야기하는 연역적 접근이 타당하다.

6) 찬반 구성법

찬반 구성법은 특정 계획에 대한 찬성과 반대 의견, 혹은 긍정적인 측면과 부정적인 측면을 차례로 서술하는 구성법이다. 찬반 구성의 경우, 신규 투자에 대한 찬반, 그린벨트 지역 해제에 대한 찬반, 법 개정에 대한 찬반 등 이해 관계가 결부된 발표에서 주로 이루어지게 된다.

예시) 찬반 구성법
- 찬성: ○○주제에 대한 찬성 의견, 이유와 근거
- 반대: ○○주제에 대한 반대 의견, 이유와 근거
- 결론

7) 시간적·공간적 구성법

(1) 시간적 구성법

주요 세부 내용이 시간적 속성을 가지고 있을 때는 시간의 흐름에 따라 구성하는 것이 좋다.

① 세부 내용의 골자가 대상의 발전·전개 과정이나 각 단계를 대표하는 경우는 시간의 흐름에 따라 배열하여 정리하는 것이 효과적이다.

② 과거-현재-미래의 순으로 전개한다면 과거의 경험 중에서 성공 체험 위주로 스토리 라인을 구성하는 것이 효과적이다. 사람들은 의외로 자신이 지금까지 쌓아온 성공담보다 오히려 실패담 쪽을 더 잘 기억한다. 그리고 힘든 일에 부딪혔을 때 먼저 머릿속에 떠오르는 기억은 과거의 성공했던 모습보다 실패했던 모습이 더 뚜렷한 법이다.

③ 과거의 성공 체험을 바탕으로 현재에 이르게 된 이야기나 현재의 가치관을 형성하고 미래에 대한 목표와 비전을 제시한다면 미래지향적인 구성이 완성된다. 청중이 현재의 상황에 관심을 가지고 있다면 현재를 먼저 설명한다. 현재에 문제가 발생한 근거를 과거와 연관 지어 설명하고 이것을 해결하기 위한 방안으로 미래의 대비 방안을 제시할 수 있다.

예시) 시간구성법
- '2015년에 개발하고 2017년에 상용화했으며 2021년에 추가 개발이 이루어졌다.'는 방식으로 제품 개발이나 역사적인 사건의 진행을 시간의 흐름에 따라 정리하는 방식
- '과거, 현재, 미래' 등의 단계에 맞추어 순차적으로 배열하는 방식
- '2000년대 이전, 2010년대 이후, 2020년대 들어' 등의 방식으로 연대를 구역화하여 순서대로 정렬하는 방식

(2) 공간적 구성법

모든 것을 한꺼번에 설명하면 청중들의 이해도가 떨어지므로 공간, 지역별로 나누어 설명하는 방식이다. 사건이나 주제도 작은 주제나 사건으로 나누어 접근할 수 있다. 주요 아이디어나 세부내용의 골자들이 공간적·지리적인 관계를 가지고 있을 때 지리적 분포에 따라 내용을 구성할 수 있다.

'A지역 → B지역 → C지역'과 같은 방식으로 배열한다.

'경기도에서는…, 대전광역시에서는…과 같이 지역을 나누어 대륙 간의 차이나 지역의 특성을 설명할 때는 가장 중요한 지역을 먼저 언급한 다음 인접한 지역으로 서서히 이동해 가는 것이 효과적이다.

'거실과 욕실, 안방과 작은방' 등의 공간별로 구분해서 배열할 수도 있다.

공간적 구성법은 회사의 업무 보고, 판매 실적 보고, 설득 프레젠테이션에 활용하면 효과적이다.

8) 소재별 구성법

소개, 구조, 기능, 영향 등 각 소재별로 나열하는 전개 방법으로 입찰, 수주 등의 경쟁 프레젠테이션이나 회사 홍보 프레젠테이션에서 주로 사용되는 구성법이다.

9) 변증법적 구성법

헤겔의 역사철학의 방법론으로 정(正)은 주장 또는 명제, 반(反)은 반대의 주장, 합(合)은 대립된 두 주장의 부정적인 측면을 제거하고 긍정적인 측면을 수용하는 것이다.

예시) 변증법적 구성법
- 정: 고객의 만족 요소　　　• 반: 고객의 불만족 요소
- 합: 불만족의 최소화, 만족의 극대화의 순으로 구조 완성

제4장

프레젠테이션의 내용 구조화 기법

1. 스토리 라인 구조

1) PREST 스토리 라인

비즈니스 프레젠테이션은 기본적으로 'PREST 프레임'을 기본으로 한다.

• Point (결론)

우리 회사의 새로운 마케팅 전략은 올해 매출을 20% 증가시킬 것입니다.

• Range (범주)

이 전략은 소셜 미디어, 이메일 마케팅, 그리고 오프라인 이벤트를 포함합니다.

• Example (예시)

지난 분기에 비슷한 접근 방식을 적용했을 때, 우리는 특정 제품 판매에서 30%의 성장을 경험했습니다.

• Solution (방법)과 Summary(요약)

효과적인 타기팅과 창의적인 캠페인을 통해 이러한 전략을 실행하고, 이는 우리의 전체적인 목표 달성에 기여할 것입니다.

• Thanks (감사와 다짐)

여러분의 지속적인 지원과 팀워크에 감사드리며, 함께 이 목표를 달성하기 위해 최선을 다할 것입니다.

2) FABE 스토리 라인

FABE 스토리 라인은 특정 방법론을 지칭하는 것이 아니라, 보통 프레젠테이션을 준비하고 실행하는 다양한 기술과 전략을 포함하는 넓은 범위의 접근 방식을 의미할 수 있다.

• Feature (기능, 사양)

본 상품은 시장 실세금리를 반영한 확정금리형 상품으로, 약관대출이 가능합니다.

• Advantage (제품이나 서비스의 차별적 특성이나 장점)

이 상품은 현재 예적금 상품 중 가장 높은 금리를 드리는 상품입니다. 특히 이 상품은 지금 행사기간이라 0.5% 의 추가 금리를 드리고 있습니다.

• Benefit (제품, 서비스를 구매한 소비자가 누리는 경제, 사회심리적 혜택)

따라서 5천만원 약정으로 오늘 가입하시면 일반예금보다 585만원의 추가 이익을 얻게 되시는 셈입니다. 그리고 자금이 필요하실 때에는 중도 해지를 하셔도 원금보장이 되니까 전혀 부담이 없습니다.

• Evidence (구체적 근거, 증거)

이 상품은 한국경제신문을 비롯한 주요 경제신문에서도 금리가 높고 안정적인 상품으로 소개되었습니다.

3) OPEC 스토리 라인

• **Overview (개관, 요약)**

이 프레젠테이션은 우리 회사의 신제품 출시 계획과 시장 진입 전략에 대해 다룹니다.

• **Point (결론, 핵심 내용)**

신제품은 혁신적인 기술을 통해 시장에서 경쟁 우위를 확보할 것입니다.

• **Example (예시 및 사례)**

비슷한 전략을 적용한 경쟁사는 지난해 30%의 매출 증가를 보였습니다.

• **Conclusion (결론, 프레젠터의 의견)**

적절한 마케팅 전략과 제품 우수성을 바탕으로, 우리 제품도 시장에서 성공할 것으로 확신합니다.

4) PREP 스토리 라인

• **Point (결론, 핵심 내용)**

이 상품 디자인은 시장에서 선풍적인 인기를 끌 것입니다.

• **Reason (근거)**

왜냐하면 이 상품은 최근 전세계적으로 열풍을 불러일으키고 있는 유럽풍 디자인 요소를 도입했기 때문입니다.

• **Example (예시)**

현재 시장에서도 젊은 여성들에게 유럽풍 상품이 잘 팔리고 있습니다. 예를 들면 A라는 유럽풍 상품은 전년 동기 대비 250%의 매출 신장을 보이고 있으며, 올해 출시한 유럽품의 B상품도 매월 45.6%의 급속한 매출 성장률(최근 6개월 평균)을 보이고 있습니다.

· Point (결론, 제안)

그러므로 이 디자인도 시장에서 인기를 끌 것으로 판단합니다.

5) POSST 스토리 라인

· Punch line: 첫 마디에 관심을 집중시켜라

"코이카는 봉사단체가 아닙니다

이것은 청중들이 기존에 갖고 있던 개념을 벗어난 문구이므로, 청중의 관심을 집중시키기에 충분할 것이다. 왜냐하면 코이카는 해외봉사단체나 NGO단체로 생각하는 국민들이 대다수이기 때문이다. 실제로 코이카가 추진하는 사업은 보통 사람들이 생각하는 것 이상으로 활동범위가 다양하며, 코이카가 지원하는 44개국에 대해 한국은 외교전략을 가지고, 원조를 제공하는 선진공여국이나 UN기구들과의 협력관계도 긴밀하게 만들어 가고 있으므로 봉사단체라기보다는 중요한 공공외교 활동을 하고 있는 단체인 셈이다. 그러므로 코이카는 '도와주는 것이 아니라 개도국 주민들과의 상생발전을 추구하는 단체이다. 이처럼 자극적인 첫 마디는 청중의 주의를 집중시키는 데 성공적이지만, 이것이 발표하고자 하는 주제와 어울리지 않는다면 오히려 역효과가 날 수 있으므로 주의해야 한다. 청중이 납득할 수 있도록 전체 내용과의 연관성을 고려한다.

· Overview: 내용을 미리 알려줘라

'무엇을 말할 것인지'에 대한 내용을 미리 말하게 되면 청중들은 들을 준비를 하고 머릿속에 이정표를 그리게 된다. 그래야 실제로 들은 내용이 체계적으로 정리된다. 오버뷰가 없다면 청중들은 이정표가 없는 밤길을 처음 운전하는 기분일 것이다. 오버뷰는 목차에 나와 있는 것을 주로 다루는 것이 좋다. 단, 목차를 읽듯 하지 않고 서로를 연결시켜서 말한다는 차이점만 있다.

> "오늘 저는 우리 회사의 지난 10년간 걸어온 발자취와 현재의 위상에 대해 말씀드리겠습니다. 그것만 말씀드린다면 회사의 미래에 대해 궁금해하시겠지요? 그래서 회사의 장래비전도 함께 말씀드리겠습니다"
> 이렇게 이야기하는 것이 "회사의 과거와 현재, 미래에 대해 말씀드리겠습니다"라고 하는 것보다 머릿속에 쉽게 그림이 그려진다.

● Story-line: 스토리를 만들어라

본론에 해당한다. 본론을 가장 먼저 작성하고 결론, 서론 순으로 작성하는 경우가 많다. 핵심을 전달하기 위해서 본론의 중요성이 더욱더 부각되고 있기 때문이다. 요즘에는 입찰 프레젠테이션에서도 서론을 한 장으로 압축해서 간단하게 표현하고 본론에 비중을 많이 두고 있다. 그만큼 본론에서의 자연스러운 흐름은 중요하다고 할 수 있다. 그러므로 본문은 가급적 스토리가 있는 내용으로 구성하는 것이 바람직하다. 왜냐하면 사람들은 의미 있는 스토리를 가장 잘 기억하기 때문이다. 설교를 할 때 예화를 많이 이용하는 것도 같은 이유이다. 여기서 이용하는 스토리는 가능하면 3가지 이내가 좋다. 그리고 이 3가지의 스토리는 등가관계에 있어야 이상적이다. 가장 대표적인 등가관계는 장기적, 중기적, 단기적 같은 시간을 축으로 하는 것이다.

● Summary: 요약 및 결론

요약은 결론으로 이어지기 때문에 가장 중요한 부분이다. 요약에서 주의할 점은 새로운 내용을 추가하지 않는 것이다. 따라서 처음 오버뷰에서 말하고자 기획한 내용만 요약하고, 결론을 내려주면 된다.

● Touch-line: 감동적인 끝맺음

감동적인 끝맺음이 있어야 사람들은 메시지를 기억하게 된다. 감동 또는 충격이 있어야 듣는 사람들이 화자가 요구하는 행동(실천)을 할 가능성도 높아진다.

2. 스토리텔링 기법

스토리텔링은 청중의 관심을 끌고, 메시지를 기억에 남게 하며, 복잡한 정보를 쉽게 이해할 수 있도록 돕는다.

1) 스토리텔링 프레임워크

(1) 4가지 지표

① 배경

모든 위대한 스토리에는 배경이 있다. 유명한 스토리 중에는 첫 줄을 배경으로 시작하는 경우가 많다.

배경은 청중이 즉각적으로 파악할 수 있는 맥락을 제공한다. 비즈니스 스토리텔링에서의 배경은 시장환경이나 기업의 전반적인 상태와 같은 현재 상황을 나타낸다.

배경은 중요한 것에 초점을 맞춘다. 초점을 맞춘다는 것은 설정할 아이디어의 명확한 범위를 정하는 것이다.

② 등장인물

등장인물은 스토리에서 중요한 역할을 한다. 즉 등장인물은 감정적 요소를 형성한다. 청중은 어떤 상황에 대한 등장인물의 감정적 반응 또는 행동을 관찰하면서 그들을 이해하게 된다.

비즈니스 스토리텔링에서 등장인물은 주로 고객, 공급업체, 파트너, 직원 또는 주요이해관계자와 같은 비즈니스 관계자들이다.

③ 갈등

가장 설득력 있는 커뮤니케이터는 '현재 상태(what is)'와 '이상적인 상태

(what could be)'를 나란히 제시함으로써 갈등을 만들어 낸다는 것이다. 다시 말해 현상과 더 나은 방향 사이를 오가면서 긴장감을 조성했다가 해소시키는 과정을 반복하는 것이다.

갈등은 청중에게 관심을 가져야 할 이유, 나에게 기댈 이유를 제공한다.

갈등은 주로 현재의 상황이나 더 나은 미래에 대한 가능성과 기회들을 가로막기 때문에 발생한다. 다시 말해, 현 상태를 타개하고자 하는 과정이 갈등이고 갈등은 현상 유지를 종식시킨다.

갈등을 고조시키는 전략은 작은 갈등을 연속적으로 소개하여 점점 더 큰 갈등을 쌓이게 한다.

④ 해결책

등장인물이 갈등을 무사히 극복하게 해줘야 한다.

(2) Why-What-How 방법

① Why는 배경, 등장인물, 갈등이다

청중이 프레젠터의 해결책에 관심을 가져야 할 이유를 설명하는 아이디어, 데이터, 그리고 통찰이 들어갈 곳이다. 이 상황이 왜 문제인지, 왜 지금 바꿔야 하는지를 공감가는 인물을 내세워 갈등을 고조시킨다.

② What은 핵심 아이디어다

해결책으로 넘가가기 전에 설득력 있는 스토리라면 절대 빠질 수 없는 그리고 반드시 해결책보다 먼저 나와야 할 또 하나의 핵심메시지가 필요하다.

갈등을 극복하고 프레젠터가 제시하는 해결책을 수용하게 할 또 하나의 정신적 매개가 필요하다.

핵심 아이디어는 맥락과 해결을 매개하는 인상적인 문장으로 만들 수 있다.

③ How는 해결책이다

프레젠터가 Why를 확실하게 구축했다면, 재빨리 해결책으로 가야한다. How는 바로 프레젠터의 새로운 서비스, 솔루션 또는 제품이다.

(3) 핵심 아이디어의 특징

① 핵심 아이디어는 스토리의 갈등을 해결한다. 첫 3가지 지표는 스토리의 매우 중요한 토대이다. 이 요소들가 설정되고 나면, 그 문제를 해결할 수 있다는 것으로 청중을 안심시켜야 한다. 이것이 핵심 아이디어다.
　핵심 아이디어와 갈등은 분리될 수 없다. 핵심아이디어가 명확하지 않다면, 스토리의 뚜렷한 갈등이 없다. 스토리 구축 초기에 중요한 신호를 챙겨야 한다.

② 핵심 아이디어는 통찰을 제공한다. 청중의 생각과 사고방식을 프레젠터가 원하는 곳으로 이끌어가야 한다.

③ 핵심 아이디어는 실행 가능해야 한다. 청중은 그들이 무엇을 알아야 하고 무엇을 해야 하는지를 간결한 한 문장만으로 알 수 있어야 한다. 그렇게 된다면, 프레젠터의 해결책의 세부사항까지 호기심을 가지고 지켜볼 것이다.

④ 핵심 아이디어는 전적으로 청중에게 초점을 맞춰야 한다. 핵심 아이디어에 절대로 회사 또는 제품명을 넣어서는 안 된다. 강력한 핵심 아이디어는 결코 하나의 제품이나 회사에 국한된 것이 아니다.

(4) 핵심 아이디어 작성 방법

핵심 아이디어는 스토리의 What과 함께 궁극적인 몇몇 Benefit을 요약한 간결하고 구체적인 대화문이다. 중요한 것은 프레젠터의 핵심 아이디어가 청중의 영감을 불러일으키고, 스토리의 갈등을 직접적으로 해결한다는 것이다.

그리고 Benefit은 프레젠터가 앞으로 제시할 해결책에 대한 프리뷰(preview)가 되어야 한다. Benefit은 최대 3개 이하가 적당하다.

핵심 아이디어는 사운드 바이트(soundbite, 인상적인 문구나 짧은 코멘트. 마치 음악에서 입에 착착 붙는 후렴구와 같은 것)로 만들 수 있다. 핵심 아이디어의 사운드 바이트는 거기 쓰인 단어들을 간결하게 축약해서 전형적인 What+Benefit 문장보다 한층 더 대화체에 가깝게 만드는 것이다. What은 포함하되, Benefit은 포함하지 않는다. 또한 사운드 바이트는 입에서 술술 나오기 때문에 말로 하기에서 좋다. 일상적인 대화체와 친숙한 단어를 사용하므로, 발표가 끝난 후에도 청중이 쉽게 따라 할 수 있어 더욱 좋다.

다만, 자연스러운 메시지 전달을 위해 '문어체'가 아닌 '구어체'를 사용한다는 점이다.

〈표 5〉 **핵심 아이디어 예문**

예문1	비즈니스 성과 향상을 위해 실적 현황판을 설치해야 합니다.
예문2	현상 유지 정책을 수용하면, 고객의 니즈를 충족하고, 경영권을 보호할 수 있습니다.
예문3	더 나은 ○ ○ ○을 구축하기 위해 ○ ○ ○ 할 때 입니다.
예문4	비즈니스를 확장하고 ○ ○ ○을 유치하려면, ○ ○ ○에 집중해야 합니다.
예문5	○ ○ ○을 달성하기 위해서는 ○ ○ ○을 만들어야 합니다.

(5) 핵심 아이디어 체크리스트

핵심 아이디어를 요약하면, 강한 핵심 아이디어와 일반적(약한) 아이디어 사이에는 근본적인 차이가 있다.

〈표 6〉 **핵심아이디어 체크리스트**

약한 아이디어	핵심 아이디어
짧지 않음	간결함
전문용어/약어가 포함	대화체(일상 언어) 사용
스토리의 WHAT을 포함하지 않음	스토리의 WHAT을 포함
BENEFIT 뚜렷하지 않음	BENEFIT이 명확함(3개 이하)
기억하기 어려우며, 타인과 공유 불가능	기억하기 쉬워서 타인과 공유 가능
청중에게 '어떻게' 또는 '자세히'라고 묻게 하지 않음	청중이 '어떻게' 또는 '자세히'라고 물으며 프레젠터에게 기대도록 함
배경/등장인물/갈등으로부터 해결책으로 스토리를 진전시키지 않음	배경/등장인물/갈등으로부터 해결책으로 원활하게 흘러감

3. 에피소드 활용

발표자가 공감할 만한 에피소드로 이야기하면 청중은 자신을 에피소드의 주인공처럼 생각한다. 발표가 끝날 때쯤에는 청중은 앞으로 뭘 해야 할지 스스로 해답을 찾는다.

발표자가 굳이 강요하고 주장하지 않아도 자신의 상황에 맞게 에피소드들을 이해하고 받아들인다. 스스로 검증하고 설득하고 결심할 기회를 주는 것이야말로 에피소드의 최대 장점이 아닐까 싶다.

세상의 모든 것이 에피소드의 소재가 된다. 책 속의 감동적인 부분, TV, 라디오에서 나온 사연, 광고, 뉴스, 신문, 잡지에서 본 사례 등등 좋은 소스가 생길 때마다 기록해두면 좋다. 친구와 가족, 주변 사람들의 이야기도 좋은 에피소드가 되는데, 가장 좋은 에피소드는 발표자 자신의 이야기다. 그러기 위해서는 직·간접적인 경험이 많이 필요하다. 에피소드를 선택함에 있어서는 알고 있는 많은 자료 중에서 자기가 말하고 있는 목적에 들어맞는 것을 뽑아 내는 센스가 무엇보다도 중요하다.

에피소드는 그 자체가 주가 되는 것이 아니라 이해시키거나 느끼게 하거나 의욕을 불러일으키게 하는 등의 목적을 위한 수단임을 잊지 말아야 한다. 에피소드가 주제나 이야기의 목적과 완전히 동떨어져 있다면 에피소드의 재미 때문에 모두 경청하고 있지만, 나중에 생각해 보면 무엇 때문에 그 이야기를 꺼냈는가 하고 고개를 갸웃거리게 된다.

1) 많은 청중이 공감할 수 있는 에피소드의 요건

① **보편성:** 많은 사람들이 함께 느낄 수 있는 폭넓은 이야기가 좋다.

② **공감성:** 신변의 일이나 친근감을 느낄 수 있는 이야기가 목적 달성의 지름길이다.

③ **신선미:** 말하는 사람이 감동을 갖고서 이야기할 수 있는 새로운 것이어야 한다.

④ **단순성:** 단순 명쾌하게 그 목적을 달성할 수 있는 심플한 화제가 좋다. 설명이 필요한 복잡한 화제는 다시 부가적인 설명이 필요하게 된다.

⑤ **명랑성:** 비극적인 이야기를 길게 늘어놓으면 숨이 막힐 것 같은 답답함을 느끼게 된다.

⑥ **인간성:** 듣는 사람들의 가슴을 울리게 하는 감동적인 것, 의욕을 불러일으킬 수 있는 동기 유발 이야기가 좋다.

⑦ **품위성:** 부드럽고 우아한 이야기가 좋다. 또한, 에피소드의 효과를 위해 흥미가 지속되도록 해야 하고 의성어, 의태어 등을 활용하여 이야기를 입체적으로 만들면 더욱 좋다.

2) 에피소드의 개발과 구성

에피소드는 단순히 이해를 돕는 수단이 될 뿐만 아니라 의욕을 불러일으켜 행동을 유발하는 자극제로서도 중요한 의미가 있다. 추상적인 이야기일수록 구체적인 실례를 들어주어야 한다. 흔히 발표자가 청중에게 '좀 더 문제의식을 가져야 한다.'라고 말하면서 주의를 환기시키는 경우를 자주 볼 수 있다. 그러나 그런 식의 말만으로는 진지하게 '문제의식을 어떻게 가져야 하는지 그 방법을 가르쳐 주십시오.'라는 질문이 날아올 수 있다.

따라서 발표 내용을 강조하거나 추상적인 이야기를 구체화하기 위해서는 그에 적절한 사례나 에피소드가 있어야 한다.

(1) 에피소드를 개발하는 방법

• 생각하게 하는 에피소드의 개발

대부분의 사람은 자신의 인식 범주 내에서 살고 있다. 고정된 인식은 생각을 바꾸거나 새로운 사실을 받아들이려 하지 않는다. 따라서 발표 중간마다 청중이 새로운 관점으로 인식을 전환할 수 있도록 에피소드를 제시하는 것이 필요하다. 우리가 일상에서 흔히 듣는 말 중에서도 쉬우면서 유익한 가르침이 될 수 있는 좋은 말이 많다. 특히 이러한 에피소드는 격언, 명언, 속담, 우화, 방송, 신문, 잡지, 책 등에서 많이 찾아볼 수 있다.

• 사실적인 에피소드의 개발

프레젠터가 직·간접적으로 체험한 것이 있다. 직접 체험에는 독특한 예를 제시하는 것이 무기가 될 수 있다. 예컨대 영업에서 상품을 출시하여 성공하기까지의 스토리를 자신의 예로 설명하는 것이다. 이처럼 실례를 들 수 있다면 생생한 프레젠테이션 효과를 거둘 수 있다.

간접 체험에는 역사적 사실, 외국의 예, 일반적인 예 등이 포함된다.

(2) 에피소드 구성 시 유의사항

• 생략한다

복잡한 내용을 좋아하는 사람은 거의 없다. 고리타분한 미사여구로는 청중의 관심을 끌기 힘들다. 에피소드도 역시 간결하고 스피디한 것이 좋다. 불필요한 부분은 과감하게 잘라내면서 가다듬어야 한다. 에피소드가 너무 길어서 그것이 이야기 전체가 되어버리면 예화로서의 가치가 퇴색해 버린다. 에피소드는 내용 구성과 시간 안배를 고려해야 한다. 이때 주의할 점은 남길 것과 자를 것을 잘 판단해서 결정하는 일이다.

• 확대한다

필요에 따라서 어떤 부분을 확대해서 이야기해야 한다. 단순한 화제를 맛깔나게 하는 것이 에피소드를 요리하는 핵심이다. 확대한다는 것은 어떤 부분을 강조하거나 인상 깊게 하는 것을 의미한다.

고객 만족의 예를 들어, 고객은 기업이 신뢰성, 신속성, 지속성에 관심을 두기를 원한다고 할 때, 이 세 가지 가운데 발표자가 신뢰성을 강조하고 싶다면, 이 부분에 대하여 자사의 사례나 발표자 개인적인 경험을 심화하여 설명하는 것이다. 다만, 너무 과장하면 이야기의 품위를 떨어뜨릴 염려가 있으므로 주의를 해야 한다.

• 심화한다

하나의 에피소드만으로 목적을 달성하기에 미흡하거나 불충분할 때에는 두세 가지 예화를 병렬식으로 조합하여 구조화하는 작업이 필요하다. 에피소드를 심화시키거나 구조화할 때 유사한 내용을 반복하기보다는 시간(Time), 장소(Place), 경우(Occasion)를 다르게 구성하여 하나의 정리된 주제로 만들면 매우 효과적이다.

예를 들어, 첫 번째 예화는 우리나라 기업의 친절 서비스 사례를 든다. 주로 발표자 자신의 체험을 사용하여 구체적, 사실적으로 묘사한다. 두 번째 예화는 일본이나 미국 기업의 친절 서비스 사례를 꺼낸다. 핵심은 두 예화가 동일한 주제라 하더라도 시간이나 장소를 다르게 하여 교육생의 주의와 흥미를 불러일으킬 수 있어야 한다.

잊지 못할 순간을 만들자

빅 아이디어를 납득시키려면 프레젠테이션에 청중이 결코 잊지 못할 순간을 넣어야 한다. 발표가 끝난 뒤에 청중의 이야깃거리가 되는 것은 바로 이 순간이다. 이는 소셜 미디어와 뉴스를 통해 주제를 급속도로 확산시키는 데도 효과적이다. 인상적인 순간을 만들어 사람들이 현재 상태에 불편함을 느끼거나 이상적인 상태에 이끌리게 하라. 이러한 순간을 만들어 청중의 마음을 사로잡고 반향을 일으키는 방법에는 네 가지가 있다.

① 충격적인 통계
시선을 끌 만한 통계가 있다면 슬쩍 지나치지 말고 자세히 설명하라. 2010년 국제 가전제품 박람회 프레젠테이션에서 당시 인텔 CEO 폴 오텔리니(Paul Otellini)는 깜짝 놀랄 만한 수치를 제시해 자사 최신 기술의 속도와 영향력이 얼마나 대단한지 전달했다. "현재 우리 회사는 업계 최초로 32나노미터 공정 기술을 가지고 있습니다. 32나노미터 마이크로프로세서는 우리 회사가 처음에 만든 4004프로세서보다 5000배 빠르고 트랜지스터는 10만 배나 저렴합니다. 자동차 업계에서 이 같은 혁신을 이뤘다면 오늘날 자동차는 시속 47만 마일로 달릴 겁니다. 1갤런당 10만 마일을 달리면서 비용은 고작 3센트밖에 들지 않겠지요"

② 인상적인 시각 자료
청중은 강렬한 감정을 일으키는 시각 자료에 영향을 받는다. 국제보호협회는 기부자들에게 170만 달러 모금에 동참하기를 부탁하면서 몽환적으로 빛나는 초현실적인 해저 사진("우리 산소의 90퍼센트" 같은 문구를 자막으로 넣어 인간이 얼마나 바다에 의존하고 있는지 묘사했다)과 해변으로 떠내려온 쓰레기 사진("140억 파운드의 쓰레기"가 파도를 타고 밀려들었다고 썼다)을 대비시켰다. 인상적인 시각 자료와 충격적인 통계를 이용하는 이 방식은 청중으로 하여금 지갑을 열고 싶게 만들었다.

③ 시선을 끄는 퍼포먼스
주제를 극적으로 표현해 생명력을 불어넣자. 2009년 테드TED 강연에서 빌 게이츠(Bill Gates)는 말라리아 근절의 중요성에 대해 연설했다. 그는 강당에다 모기 한 통을 풀며

"가난한 사람만 감염되라는 법은 없다"고 말했다. 그는 이 한마디로 청중의 이목을 집중시키고 말라리아를 퇴치하는 데 필요한 자금이 충분치 않다는 요점을 효과적으로 전달했다. 물론 그 모기들은 말라리아를 옮기지 않는 모기였지만 그는 사람들이 1~2분 정도 움찔하게 내버려 둔 다음에야 비로소 그 사실을 알렸다.

④ 감동적인 일화

인상적인 순간은 개인적인 경험담에서 나오기도 한다. 인터넷 보안 기업 시만텍 그룹(Symantec.cloud group)의 대표 로원 트롤로프(Rowan Trollope)는 2012년 5월 조직의 혁신을 도모하는 자리에서 다음과 같은 일화를 전했다.

"어느 날 두 친구와 함께 동부 시에라산맥의 로럴산으로 등반을 갔습니다. 저도 등반 경험이 많지 않지만 두 친구는 저보다 초보였습니다. 우리는 19시간 정도 산을 올랐습니다. 1만 1000피트에 다다랐을 무렵 날이 시시각각 어두워졌습니다. 우리는 산 중턱을 타고 재빨리 내려와야 했습니다. 앞장서서 내려오던 저는 가장 먼저 바위 턱에 이르렀고, 로프를 준비했습니다. 등반가들은 이런 경우에 대비해 비상 피톤(암벽 등반에 이용하는 쇠못) 두 개를 준비합니다. 저는 한 번도 피톤을 사용해 본 적이 없었지만 원리는 알고 있었습니다. 저는 망치를 꺼내 바위에 피톤 한 개를 박기 시작했습니다. 지침서에 따르면, 피톤이 '들어가면' 망치를 내리쳤을 때 소리가 달라진다고 했습니다. 망치를 내리칠 때마다 '핑' 소리가 크게 났기에 저는 피톤이 충분히 들어갔다고 판단했습니다.

지침서에는 반드시 두 개의 피톤을 사용하라고 쓰여 있었습니다. 저는 그대로 따랐습니다. 두 번째 피톤을 내리칠 때 끝부분에서 날카로운 고음이 들렸습니다. 그래서 매듭을 묶고 로프를 준비했습니다. 그 무렵 친구들이 바위 턱에 다다랐습니다. 저는 고리를 연결했습니다. 그런데 어쩐 일인지 개운치가 않았습니다. 피톤 사이의 매듭을 보니 이런 모습이었습니다(피톤 두 개가 연결돼 있는 로프를 보여 줌). 매듭을 이렇게 묶으면 피톤 하나가 빠졌을 때 사람이 밑으로 떨어지는 불상사가 생길 수 있습니다. 그래서 매듭은 이렇게 묶어야 합니다(매듭을 다시 묶음).

두 친구는 클립을 끼웠고, 출발하려 했습니다. 날은 점점 어두워지고 있었습니다. 제가 묶은 매듭은 괜찮아 보였지만 무의식의 무언가가 멈추라고 했습니다. 그래서 멈추었습니다. 우리는 모두 클립을 풀었고, 저는 매듭을 다시 묶었습니다. 그다음 클립을 다시 끼우고 하강했습니다. 그런데 로프에 몸을 싣는 순간, 첫 번째 피톤이 튕겨 나와 헬멧의 정중앙을 강타했습니다. 클립을 풀고 매듭을 다시 묶지 않았다면 저는 그 자리에서 죽었을 겁니다.

십년감수했다는 생각이 퍼뜩 들었고 '괜찮다'는 생각이 얼마나 위험한지를 깊이 깨달았습니다. 첫 번째 피톤을 박아 넣었을 때 저는 그 정도면 괜찮다고 판단했습니다. 처음에 매듭을 묶었을 때 괜찮지 않다고 판단했고, 매듭을 풀어 다시 묶었습니다.

저는 지금도 튕겨져 나온 그 피톤을 가지고 있습니다. 여러분이 궁금해하실 것 같아서 오늘 그 피톤을 가지고 왔습니다(피톤을 보여 줌). 그렇다면 나머지 하나는 어디 있을까요? 제 생명을 구해 준 그 피톤 말입니다. 그건 로럴 절벽 틈에 그대로 박혀 지금도 임무를 다하고 있습니다.

저는 일상으로 돌아왔습니다. 그런데 모든 것이 새롭게 다가왔습니다. 매듭을 다시 묶는 일은 일종의 은유가 되었습니다. 이제 저는 무슨 일을 하든, 어떤 프로젝트에 참여하는 매번 피톤을 살핍니다. 그리고 정말 괜찮은지 점검합니다.

오늘 제가 이 이야기를 하는 것은, 한 기업으로서 우리도 그와 비슷한 등반을 하고 있다고 생각하기 때문입니다. 우리는 매일 피톤을 점검하고 있습니다. 그날 로럴 절벽에서 제 발아래로 보인 것은 하늘뿐이었습니다. 그리고 지금 여러분과 제가 함께 내려다보고 있는 것은 급박하게 변화하고 있는 컴퓨터 산업입니다. 물리적인 요소들이 클라우드로 전송되고 있습니다. 우리는 인터넷이 더 이상 안전하지 않다 는 사실에 동의합니다. 안타깝게도 이러한 위험에 대처하려면 피톤 하나로는 부족할 것입니다. 우리는 우리를 위대한 기업으로 탄생시켰던 특성들을 일깨우는 일부터 시작해야 합니다. 그리고 그러기 위해서는 업무 방식을 바꾸어야 합니다"

출처: 낸시 두아르테(2016), 하버드 비즈니스 리뷰 가이드: 경쟁력을 높이는 프레젠테이션

| 제5장 |

프레젠테이션 기획력

1. 창의적 사고

정형화된 문제를 빠르게 해결했다고 해서 그 사람을 창의적이라고 할 수는 없다. 여간해서는 안 풀리는 문제, 해답이 많은 문제, 때로는 정답이 없는 문제를 해결하는 사람이야말로 창의적인 사람이라고 할 수 있다. 이렇듯 창의적인 사고란 당면한 문제를 해결하기 위해 이미 알고 있는 경험지식을 해체하여 새로운 아이디어를 다시 도출하는 것으로, 개인이 가지고 있는 경험과 지식을 통해 새로운 가치 있는 아이디어로 다시 결합함으로써 참신한 아이디어를 산출하는 힘으로, 다음과 같은 의미를 포함한다.

• 창의적인 사고는 발산적(확산적) 사고로서, 아이디어가 많고, 다양하고, 독특한 것을 의미한다.
• 창의적인 사고는 새롭고 유용한 아이디어를 생산해 내는 정신적인 과정이다.
• 창의적인 사고는 통상적인 것이 아니라 기발하거나, 신기하며 독창적인 것이다.
• 창의적인 사고는 유용하고 적절하며, 가치가 있어야 한다.
• 창의적인 사고는 기존의 정보(지식, 상상, 개념 등)들을 특정한 요구조건에

맞거나 유용하도록 새롭게 조합시킨 것이다.

또한 창의적 사고는 다음과 같은 세 가지 특징을 보인다.

첫째, 창의적 사고란 정보와 정보의 조합이다. 여기에서 말하는 정보에는 주변에서 발견할 수 있는 지식(내적 정보)과 책이나 밖에서 본 현상(외부정보)의 두 종류가 있다. 이러한 정보를 조합하고 그 조합을 최종적인 해답으로 통합해야 하는 것이 창의적 사고의 첫 걸음이다.

둘째, 창의적 사고는 사회나 개인에게 새로운 가치를 창출한다. 창의적 사고는 개인이 갖춘 창의적 사고와 사회적으로 새로운 가치를 가지는 창의적 사고의 두 가지로 구분된다. 아이들의 창의적 사고는 어른들이 보기에는 보잘것없어 보일 수도 있다. 하지만 아이들에게는 새로운 가치가 될 수 있는 것이다. 그리고 개인이 갖춘 창의력은 계발을 통해서 그 능력을 키울 수 있다. 따라서 단순히 사회에 대한 영향력이라고 하는 것 외에도 개인이 창의적 사고를 얼마나 발전시킬 수 있는가 하는 점도 생각할 필요가 있다.

셋째, 창의적 사고는 창조적인 가능성이다. 이는 "문제를 사전에 찾아내는 힘", "문제해결에 있어서 다각도로 힌트를 찾아내는 힘", 그리고 "문제해결을 위해 끈기 있게 도전하는 태도"등이 포함된다. 다시 말해서 "창의적 사고"에는 사고력을 비롯해서 성격, 태도에 걸친 전인격적인 가능성까지도 포함된다.

이러한 창의적인 사고는 창의력 교육훈련을 통해서 개발할 수 있으며, 모험심, 호기심, 적극적, 예술적, 집념과 끈기, 자유분방적일수록 높은 창의력을 보인다.

1) 창의적 사고 계발방법

창의적으로 사고하기 위해서는 문제에 대한 다양한 사실이나 아이디어를 창출할 수 있는 발산적 사고가 필요하다.

(1) 자유연상법

연상이란 어떤 특정한 이론에 구애받지 않고 시간과 공간을 자유롭게 넘나들면서 새로운 이미지를 떠올리는 것이다. 이때 사물이나 문제를 언어적으로 제시하는 것은 물론 형태(형색, 입체)나 소리 그리고 몸동작 등을 제시하고, 여기서 연상되는 것들을 찾게 하는 기법이 자유연상법이다.

자유연상법은 어떤 생각에서 다른 생각을 계속해서 떠올리는 작용을 통해 어떤 주제에서 생각나는 것을 계속해서 열거해 나가는 방법이다. 예를 들어 "신차 출시"라는 주제에 대해서 "홍보를 통해 판매량을 늘린다", "회사 내 직원들의 반응을 살핀다", "경쟁사의 자동차와 비교한다" 등 자유롭게 아이디어를 창출하는 것으로 이는 다음 그림과 같다.

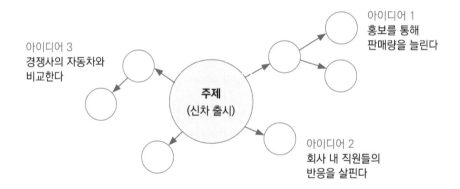

자유연상법의 종류 및 적용을 유사연상, 연속연상(접근연상), 대비연상으로 구분할 수 있다.

- **유사연상**: 유사한 대상이나 과거의 경험을 떠올리는 것을 의미한다. 즉 유사연상은 색깔, 형태, 기능, 감촉, 이미지 그리고 오감(시각, 청각, 후각, 미각, 촉각)에 대한 반응 등에서 비롯된 기준에 의해 유사점을 떠올리는 것이다.

• **연속연상(접근연상)**: 관련이 있는 대상이나 과거의 경험을 떠올리는 것을 의미한다. 첫 번째 관점은 어떤 대상을 보고 과거의 경험을 떠올리는 것이다. 이를테면, 길에 떨어진 머리핀을 보고 먼 곳으로 이사를 간 친구를 떠올리는 것이다. 두 번째 관점은 어떤 사건이나 대상을 차례로 떠올리는 것을 의미한다. 이를테면, 동물원을 구경한 후 무엇을 보았는지 물어보는 것이다. 그러면서 그곳에서 본 것을 차례대로 이야기하도록 독려한다. 또한 낱말과 형용사가 줄줄이 엮인 노랫말 등이 그 예라고 할 수 있다.

• **대비연상**: 반대가 되는 대상이나 과거의 경험을 떠올리는 것을 의미한다. 즉, 활활 타오르는 불을 보고 차가운 얼음물을 생각하는 것이다.

① 브레인스토밍

자유연상법에서 가장 대표적인 방법이 브레인스토밍(Brain Storming)이다. 미국의 알렉스 페이크니 오스본(Alex Faickney Osborn)이 고안한 그룹 발산기법으로, 창의적인 사고를 위한 발산방법 중 가장 흔히 사용되는 방법이다. 브레인스토밍은 집단의 효과를 살려서 아이디어의 연쇄반응을 일으켜 자유분방한 아이디어를 내고자 하는 것으로, 진행 방법은 다음과 같다.

(가) 진행방법

(a) 주제를 구체적이고 명확하게 정한다.

논의하고자 하는 주제는 구체적이고 명확하게 주어질수록 많은 아이디어가 도출될 수 있다. 예를 들어 "현장 사고를 줄이기 위해서는"이라는 주제보다는 "구성원 전원에게 안전헬멧을 착용하는 방법"이라는 주제가 주어졌을 때 좋은 아이디어가 나오기 쉽다.

(b) 구성원의 얼굴을 볼 수 있는 자석 배치와 큰 용지를 준비한다.

구성원들의 얼굴을 볼 수 있도록 사각형이나 타원형으로 책상을 배치해야 하고, 칠판에 모조지를 붙이거나, 책상 위에 큰 용지를 붙여서 아이디어가 떠오를 때마다 적을 수 있도록 하는 것이 바람직하다.

(c) 구성원들의 다양한 의견을 도출할 수 있는 사람을 리더로 선출한다.

브레인스토밍 시에는 구성원들이 다양한 의견을 제시할 수 있는 편안한 분위기를 만드는 리더를 선출해야 한다. 직급이나 근무경력에 따라서 리더를 선출하는 것은 딱딱한 분위기를 만들 수 있기 때문에 분위기를 잘 조성할 수 있는 사람을 직급에 관계없이 리더로 선출해야 한다. 특히 리더는 사전에 주제를 잘 분석하고 다양한 아이디어를 산출할 수 있도록 하는 방법들을 연구해야 한다.

(d) 구성원은 다양한 분야의 사람들로 5-8명 정도로 구성한다.

브레인스토밍을 위한 적정한 인원은 5-8명 정도가 적당하며, 주제에 대한 전문가를 절반 이하로 구성하고, 그 밖에 다양한 분야의 사람들을 참석시키는 것이 다양한 의견을 도출하는 지름길이다.

(e) 발언은 누구나 자유롭게 할 수 있도록 하며, 모든 발언 내용을 기록한다.

브레인스토밍 시에는 누구나 무슨 말이라도 할 수 있도록 해야 하며, 발언하는 내용은 요약해서 잘 기록함으로써 내용을 구조화할 수 있어야 한다.

(f) 아이디어에 대한 평가는 비판해서는 안 된다.

제시된 아이디어는 비판해서는 안 되며, 다양한 아이디어 중 독자성과 실현가능성을 고려해서 아이디어를 결합하여 최적의 방안을 찾아야 한다.

(나) 4대 원칙

(a) 비판엄금(Support)

브레인스토밍의 특징은 개방에 있다. 비판은 커뮤니케이션의 폐쇄와 연결된다. 평가 단계 이전에 결코 비판이나 판단을 해서는 안 되며 평가는 나중까지 유보한다.

(b) 자유분방(Silly)

무엇이든 자유롭게 말한다. 이런 바보 같은 소리를 해서는 안 된다는 등의 생각은 하지 않아야 한다.

(c) 질보다 양(Speed)

질과는 관계없이 가능한 많은 아이디어들을 생성해내도록 격려한다. 양(量)이 질(質)을 낳는다는 원리는 많은 아이디어를 생성해 낼 때 유용한 아이디어가 들어있을 가능성이 더 커진다는 것을 전제로 한다. 브레인스토밍 활동을 할 때는 시간을 정해주거나 아이디어의 개수를 정해주기도 한다. 이는 두뇌를 긴장시켜 빠른 시간에 많은 아이디어를 생성하도록 유도하는 것이다.

(d) 결합과 개선(Synergy)

다른 사람의 아이디어에 자극되어 보다 좋은 생각이 떠오른다. 서로 조합하면 재미있는 아이디어가 될 것 같은 생각이 떠오른다. 서로 조합하면 재미있는 아이디어가 될 것 같은 생각이 들면 즉시 조합시킨다. 얻은 힌트를 헛되게 해서는 안 된다.

(다) 브레인스토밍 종류

(a) Free Wheeling

회의에 참가한 모든 구성원이 일정한 순서에 구애 받지 않고 아이디어가 떠오르는 대로 동시다발적으로 의견을 내는 방식

(b) Round Robin

리더의 진행으로 구성원들이 한 사람씩 순서대로 돌아가며 아이디어를 내는 방식이다. 마땅한 의견이 없을 경우 구성원은 'Pass'를 외쳐 자신의 순서를 지나 보낼 수 있으며 모든 구성원이 'Pass'를 외칠 때까지 진행하도록 한다.

소극적인 구성원들도 모두 참여시킬 수 있는 장점을 가지고 있는 반면 순서에 따라 의견을 개진하게 되므로 Brainstorming의 자유분방함의 취지를 완

전히 살릴 수 없다.

(c) Slip Method

회의를 시작하기 전 작은 쪽지에 주제와 관련된 아이디어를 기술하고 이를 참고로 Brainstorming을 진행하는 방법이다.

터무니없는 아이디어의 남발을 방지하고 보다 신뢰 있고, 활용 가능한 아이디어를 얻을 수 있다는 장점이 있어 다소 시간적인 제약이 있는 경우 활용할 수 있는 장점이 있으나 아이디어를 사전에 문장으로 표현하여야 하므로 위와 같이 시간적 제약이 있는 경우 유용하다.

② 마인드 맵

마인드맵(mind map)은 마치 지도를 그리듯이, 줄거리를 이해하며 정리하는 방법이자 '생각을 정리하는 기술'이다. 즉 시각적 형태와 그림을 통해서 개념을 조직화하는 창의적인 방법이다.

토니 부산(Tony Buzan)이 주장하여 유럽에서 선풍을 일으킨 이론이다. 성공의 비결로 기록하는 습관을 가져야 한다는 이론이 유럽의 여러 기업에서 각광을 받았다.

마인드맵은 개념이나 목적을 더 잘 이해할 수 있도록 하는 조직적인 기술이며 두뇌의 기능들을 정확히 파악한 후, 그 기능들을 효과적으로 활용할 수 있도록 고안된 학습방법이다. 마인드맵의 중심 사고는 방사사고이며, 방사사고는 중심체로부터 사방으로 뻗어나가는 구조로 창의적인 사고가 도출될 수 있으며 매우 개방적이다.

마인드맵의 구조는 몇 가지의 기본 기법을 바탕으로 구성된다. 첫 번째는 강조기법을 이용한다. 마인드맵은 주제를 중심으로 나뭇가지처럼 뻗어나가는데 이때 중심일수록 시각적으로 강조되게 한다. 두 번째인 연상결합 기법은 기억과 창조력 향상에 있어서 하나의 중요한 요소로 우리의 두뇌가 육체적인 경험을 지각하기 위해서 사용하는 통합 장치이고 기억과 이해를 돕는 열쇠이다.

(가) 마인드 맵 장점

- 짧은 시간 동안 많은 아이디어를 발상
- 논리적인 순서나 세부 사항의 정리 및 체계화가 가능
- 많은 양의 정보를 한 장으로 효율적으로 정리
- 전체 내용을 보다 오랫동안 기억

(나) 마인드 맵 작성 원칙

마인드맵을 그리는 순서는 '중심 이미지 → 주요 가지 → 세부 가지' 순이다. 마인드맵을 그릴 때 중요한 것은 '시각화와 분류'다. 우선 종이 중앙에 주제와 관련된 '중심 이미지'를 그린다. 가지를 작성하는 방법은 크게 세 가지다. 연상 가지는 단어에 대해 떠오로는 말들을 나열하는 것이다. 분류 가지는 기준을 정하고 성격별로 구분해서 전개하는 방법이다. 질문 가지는 육하원칙 등 질문을 통해 가지를 뻗어나가는 방식이다.

활용 목적에 따라서는 크게 다섯 가지로 나눌 수 있다. 첫째, 내부 생각 정리, 둘째, 외부정보 정리, 셋째, 아이디어 발굴 및 문제 해결, 넷째, 기획, 다섯째, 계획 수립. 이 다섯 가지 유형은 독립된 것이 아니라 유기적으로 연결돼 있다. 마인드맵을 작성할 때는 활용 목적을 분명히 해야 한다.

ⓐ 적어도 3가지 색상을 사용하며, 중심 이미지를 중앙에 그린다.

ⓑ 마인드맵 전체에서 이미지, 기호, 코드를 사용한다.

ⓒ 키워드를 선택하고 대·소문자를 사용하여 작성한다.

ⓓ 주제별로 가지 위에 한 단어(이미지)만 나타내는 것이 가장 좋다.

ⓔ 선은 중앙 이미지에서 시작하여 연결되어야 하고, 선들이 가운데에서 멀어짐에 따라 선들은 얇게 나타낸다.

ⓕ 선은 그들이 연결된 단어(이미지)와 같은 길이로 작성한다.

ⓖ 시각적 표시 또는 그룹화를 위해 마인드맵 전체에서 여러 색상을 사용한다.

ⓗ 자신의 개인적 스타일의 마인드 매핑을 개발한다.

ⓘ 강조 표시를 사용하고 마인드 맵에 연관성을 표시한다.

ⓙ 방사형 계층 구조 또는 가지에 포함된 요점은 일관성을 유지한다.

(2) 강제 연상법

강제 연상법은 각종 힌트에서 강제적으로 연결지어서 발상하는 방법이다. 예를 들어 "신차 출시"라는 동일한 주제에 대해서 판매방법, 판매대상 등의 힌트를 통해 사고 방향을 미리 정해서 발상을 하는 방법이다. 이때 판매방법이라는 힌트에 대해서는 "신규 해외 수출 지역을 물색한다"라는 아이디어를 떠 올릴 수 있을 것이다. 이러한 강제 연상법은 다음 그림과 같다.

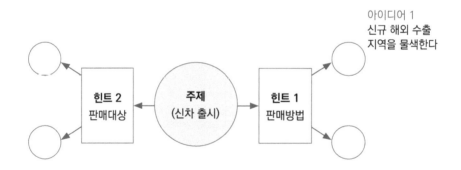

① 체크리스트 기법

체크리스트 기법은 창의성 개발의 대가인 알렉스 페이크니 오스본(Alex Faickney Osborn)이 고안했다. 체크리스트 기법은 개인이 집단의 브레인스토밍 등에서 새로운 아이디어를 개발하기 위해서 많이 사용되는 기법 중 하나다. 체크리스트의 내용에 따라 하나씩 순차적으로 생각함으로써 아이디어를 창출하게 된다는 것이다.

질문은 문제해결을 위한 전략은 물론 상상력을 유도한다. 이때 질문은 구체적이면서도 특수적이어야 하며, 해결하려는 문제와 직접적인 관련이 있어야 한다.

오스본의 체크리스트 기법은 이처럼 아이디어를 도출하는 절차상의 점검 기준(check point)으로서 사전에 질문 목록을 준비한 후 각 질문마다 개별적인 해답을 도출하는 방식이다.

(가) 전용한다면?

• 다른 방법은 없는가?: 지금까지 알고 있던 방식과 전혀 새로운 방식으로 접근하는 것을 생각해 볼 수 있다.

(나) 차용한다면?

• 합성해 보면 어떨까?: 아이디어를 가져올 수는 없는지, 또 흉내 낼 수 있는 것은 없는지 생각해 보는 것을 의미한다.

• 다른 것을 가져다가 사용할 방법은 없을까?: 과거에 유사한 것이 없었을까? 변용 여부를 생각해 더욱 발전시키는 방법이다.

(다) 변경한다면?

• 변화를 모색해 볼까?: 의미, 색, 소리, 움직임, 형태, 양식 등을 변화시키는 것을 의미한다.

• 색, 맛, 향, 모양, 냄새, 방향 등을 변화시켜 본다. 그 사물을 약간 바꿔 본다.

(라) 확대한다면?

• 크게 해 볼까?: 크게, 강하게, 빠르게, 높게, 길게, 넓게, 추가, 빈도, 가치, 재 료 등을 확대하고 과장하는 것을 의미한다.

(마) 축소한다면?

• 작게 해 볼까?: 작게, 농축, 낮게, 짧게, 생략, 분할하는 것을 의미한다.

(바) 대용한다면?

• 다른 것으로 대체하면 안 될까?: 다른 재료, 공정, 동력, 방법, 사람, 물건, 소재, 장소 등의 다양한 요소에 변화를 주는 것을 의미한다.

(사) 대체한다면?

• 위치나 순서를 바꿔 보면 달라질까?: 위치, 순서, 스케줄, 요소, 패턴 등을 바꿔 본다.

(아) 역전한다면?

• 반대로 뒤집어 보면 어떨까?: 상하, 좌우, 전후, 역할, 입장까지 반대로 뒤집어 본다.

(자) 결합한다면?

• 여러 아이디어를 조합해 보면 어떨까?: 목적이나 단위, 아이디어, 브랜드를 결합해 보는 것을 의미한다.

② SCAMPER 기법

SCAMPER 기법은 체크리스트법을 보완하여 1971년에 발전시킨 것으로 사고영역을 일정하게 제시함으로써 구체적인 안이 도출될 수 있도록 유도하는 아이디어 발상법이다.

(가) SCAMPER 기법 실습

ⓐ 아이디어를 창출하기 위해 참여자를 조직한다.

ⓑ SCAMPRER의 질문을 참여자들에게 하나씩 차례로 보여준다. 이때 참여자들은 분석해야 하는 주제나 안건 또는 해결할 문제에 대한 지식을 사전에 습득해야 한다.

ⓒ 참여자들은 SCAMPER의 각각의 질문에 대해 토의해 아이디어를 구상한 다음, 모든 질문이 끝나면 자신의 생각들을 기록한다.

〈표 7〉 SCAMPER기법의 주요내용

구분	내용
Substitute(대체하기)	– 기존의 것을 다른 것으로 대체함으로써 고정적인 시각을 새롭게 바라볼 수 있도록 하는 질문 – 어떤 것을 대신 사용할 수 있을까?
Combine(결합하기)	– 두 가지 이상의 것을 결합하여 새로운 것을 도출할 수 있도록 하는 질문 – 조건이나 목적에 맞게 수정할 수는 없을까?
Adapt(응용하기)	– 어떤 것을 다른 목적과 조건에 맞게 응용해 볼 수 있도록 하는 질문 – 색, 모양, 형태 등을 크게, 강하게, 작게, 가볍게 바꿀 수는 없을까?
Modify-Magnify-Minify (수정-확대-축소하기)	– 어떤 것의 특성이나 모양을 변형하고 확대, 축소하여 새로운 것을 생각해볼 수 있도록 하는 질문 – 지금과 다른 방식으로 하면 어떤 결과가 나올까?
Put to other uses (용도 변경하기)	– 어떤 것을 전혀 다른 용도로 생각해 볼 수 있도록 하는 질문 – 다른 용도로 사용할 수 없을까?
Eliminate(제거하기)	– 어떤 것의 일부 또는 제거가 가능한 기능들을 찾아보는 질문 – 제거할 수는 없을까?
Rearrange-Reverse (재배치하기-거꾸로하기)	– 어떤 것의 순서, 위치, 기능, 모양 등을 바꾸거나 재정렬하여 새로운 것을 생각해볼 수 있도록 하는 질문 – 순서, 위치, 기능, 모양을 바꾸거나 거꾸로 할 순 없을까?

(나) SCAMPER 기법 규칙

(a) **주제설명**: 회의 시작 전에 주제에 관한 배경 설명을 한다.

(b) **비판금지**: 공감되지 않는 아이디어라 할지라도 비판하거나, 무시하지 않고 수용한다.

(c) **다다익선**: 최대한 많은 아이디어를 모으고 서로 다른 아이디어들을 합쳐가며 새로운 아이디어를 도출한다.

(d) 함께 선택: 아이디어 수집 후 리더와 참여자 모두가 함께 최종 아이디어를 선택한다.

(e) 적극적 태도: 참여자는 적극적인 태도로 회의에 참여하고, 회의 진행자는 참여자들을 주제에 집중할 수 있도록 진행하며 기본 규칙서를 제작하여 인식할 수 있도록 배포한다.

③ 결점제거법

결점제거법은 모든 결점을 나열하고, 이들을 제거할 수 있는 아이디어를 발상하는 기법을 의미한다. 이에 대해 드 보노(De Bono)는 사고나 창조력은 하나의 기본적인 기능 이라고 주장한다. 그러면서 "우리가 그러한 기능에 신경을 쓰고 또 의도적으로 연습을 한다면, 얼마든지 직접적으로 향상시킬 수 있다. 이때 결과보다는 아이디어에 이르는 과정과 새로운 대안을 생성하고, 새로운 형태로 변화시키는 과정이 중요하다"고 강조한다.

④ 강제결합법

강제결합법은 겉으로 보기에는 전혀 상관없는 것처럼 보이는 두 개 이상의 아이디어나 사물을 강제로 연계한다. 이로써 아이디어를 도출할 수 있도록 유도하는 기법을 의미한다. 이는 유아는 물론 성인에 이르기까지 다양한 연령층에서 사용할 수 있으며, 기본적인 접근방법 및 절차를 익히면 비교적 손쉽게 적용할 수 있는 유용한 기법이다.

강제결합법을 적용한 대표적인 사례는 '연필+고무지우개 달린 연필'이라고 할 수 있다. 이처럼 창의성이 뛰어난 사람은 다른 사람들이 연관시키지 못하는 물건이나 아이디어를 통해 독특한 관계를 만들기도 한다. 우리가 익히 알고 있는 수많은 발명품도 이런 정신적 활동을 통해 개발된 것이다. 다른 사람들은 연필과 고무 사이의 적절한 관계를 생각하지 못했지만, 누군가는 연필 끝에 고무를 붙이는 아이디어를 통해 많은 사람이 편리한 생활을 즐길 수 있도록 했다.

⑤ 희망열거법

희망사항들을 열거하고 적극적으로 개선책을 찾아 나가는 방법이다. 희망사항을 열거할 때에는 기술적인 것이나 실현가능성 같은 것들은 고려하지 않아도 된다. 결점열거법이 현상에 초점을 두어 혁신적인 해결책을 생각하기 어려울 수 있다는 단점이 있는데 희망열거법은 새로운 관점을 발견하게 되는 경우가 많으므로 이러한 단점을 보완할 수 있다.

⑥ 카탈로그 기법

카탈로그 기법은 앞에서 목록표를 작성하는 기술과 매우 흡사하다. 이때도 문제를 진술하는 과정이 선행되어야 한다. 그리고 문제해결책과 연관 지어 생각해 볼 사물을 카탈로그에 무작위로 선정해 그 관계를 구성해 보는 기법이다.

(3) 비교 발상법

비교 발상법은 주제와 본질적으로 닮은 것을 힌트로 하여 새로운 아이디어를 얻는 방법이다. 이때 본질적으로 닮은 것은 단순히 겉만 닮은 것이 아니고 힌트와 주제가 본질적으로 닮았다는 의미이다. 예를 들어 "신차 출시"라는 주제에 대해서 생각해 보면 신차는 회사에서 새롭게 생산해 낸 제품을 의미한다. 따라서 새롭게 생산해 낸 제품이 무엇인지에 대한 힌트를 먼저 찾고, 만약 지난달에 히트를 친 비누라는 신상품이 있었다고 한다면, "지난달 신상품인 비누의 판매 전략을 토대로 신차의 판매 전략을 어떻게 수립할 수 있을까"하는 아이디어를 도출할 수 있을 것이다. 이러한 비교 발상법은 다음 그림과 같다.

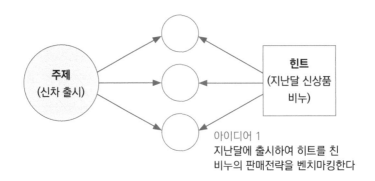

아이디어 1
지난달에 출시하여 히트를 친
비누의 판매전략을 벤치마킹한다

① NM 기법

발상프레임워크로 알려진 NM 기법은 창조공학연구소 소장인 나카야마 마사카즈의 이니셜을 이용해 이름을 붙였다. 이는 창조적인 인간이 자연적으로 거쳐 가는 숨겨진 사고의 프로세스를 시스템화해 그 순서에 따라 이미지를 착상하는 발상법을 의미한다.

(가) NM 기법의 특징

NM 기법은 유추를 통해 아이디어 발상의 순서가 명확함은 물론 쉽게 사용할 수 있다는 장점이 있다. 이는 단순히 문제를 해결한다는 차원에서 벗어나 무의식이나 이미지와 관련된 우반구를 우선적으로 기능하게 만들기 위한 매뉴얼이다. 따라서 도구, 참가자 참가자의 구성, 진행자의 유무, 회의장 등의 조건도 필요하지 않다.

(나) NM 기법의 전개

업무 개선이나 새로운 서비스를 개발하는 데 활용되며, 대략적인 기획을 발상하는 데 효율적이다.

ⓐ 대상 과제를 설정한다.

ⓑ 과제를 표현하는 키워드를 정한다(KW-Keyword).

ⓒ 키워드로부터 아날로지 · 유추를 발상한다(QA-Question Analogy).

(d) QA의 배경을 알아본다(QB-Question Backround).

(e) QB와 과제를 연결해 아이디어를 발상한다(QC-Question Concept).

(f) 해결안으로 정리한다.

(다) 사례

Hand와 Animal의 합성 신조어인 HANIMAL 시리즈 광고가 있다. 이 광고는 검은색 바탕의 손에 핸드 페인팅 수법을 이용해 동물의 형태를 시리즈로 나타냈다. 이로써 제품의 인지도를 향상시킨 유명한 광고로 알려져 있다.

② 시네틱스 기법

시네틱스(sysnetics)는 "관계가 없는 것들을 결부시킨다"는 의미의 그리스어로부터 유래되었다. 이는 시네틱스사를 창립한 W. 고든이 개발한 기법인데, 여러 가지 유추로부터 아이디어나 힌트를 얻고자 할 때 사용되는 방법이다. 이때 유추(analogy) 사고라는 것은 대상이 되는 것과 유사한 것을 착상하는 발상법이다.

(가) 의인적 유추: 참가자가 과제 혹은 문제의 대상에 완전히 일치한다(이미지 속에서)는 발상이다. 즉 카메라의 개량에 관한 주제라면, 참가자 중 한 명이 직접 카메라가 된 것처럼 발언하는 것이다. 이를 통해 지금까지 미처 생각하지 못했던 것을 도출하는 경우가 흔하다.

(나) 직접적 유추: 주변의 사상과 사물을 과제와 연결하는 발상이다. 이를 통해 과제의 힌트가 될 만한 것을 우연히 발견하기도 한다. 이때 동물, 식물, 자연현상 등이 모두 힌트가 된다. 즉 옷에 달라붙는 엉겅퀴 열매를 통해 매직 파스너의 아이디어를 도출했으며, 벌레의 유충을 통해 문자 그대로 캐터필러와 탱크를 개발했다.

(다) 상징적 유추: 동화나 이야기 속의 상징적 인물이나 사건을 통해 힌트를 얻는 발상이다. 이를테면, 동화 「파랑새」로부터 '파랑새 증후군'이라

는 말이 생겼다. 이는 치르치르와 미치르가 파랑새를 찾아 헤매는 모습에 비유해, 좀 더 자신에게 맞는 일이 있을 것이라고 생각한 나머지 정착하지 못하고 떠돌기만 하는 젊은이들을 빗댄 말이다. 또한 '백설공주 콤플렉스', '피터팬 신드롬', '신데렐라 콤플렉스' 등 다양한 발상이 존재한다.

③ PMI 기법

PMI 기법은 아이디어의 장점(Plus), 단점(Minus), 관심(Interesting)을 면밀히 검토한 후 그 아이디어를 평가하는 기법이다. 이는 하나의 아이디어를 집중적으로 분석할 때 간단하면서도 효율적으로 활용할 수 있다는 장점이 있다. 즉, 특정 문제의 긍정적인 면(좋은 점, 장점), 부정적인 면(나쁜 점, 단점), 흥미로운 점을 각각 기록한 후 문제해결자의 역량이나 취향에 따라 각각 진단해 이익이 되는 점을 찾는 기법을 의미한다.

우선, PMI는 그 의미를 집단 구성원들에게 설명한 후 적용해야 한다. 그리고 각 영역별로 아이디어를 생성한다. 그 후 PMI 결과를 발표하고, PMI 결과를 논의한다.

④ 연꽃 기법

연꽃 기법은 MY법이라고도 하는데, 일본의 클로버 경영 리서치의 마츠무라 야쓰오(Matsumura Yasuo) 소장이 개발했다. 마인드맵의 자유로움과 스토리보드의 구조가 결합된 이 기법은 미래의 시나리오를 만드는 데 유용하게 사용된다.

(가) 적용 절차

ⓐ 각 참가자들에게 연꽃 도표를 나누어 준다. 이 도표의 중앙에는 문제나 중심주제를 적는다.

ⓑ 참가자들은 중심에 적힌 말과 관련된 아이디어, 응용방법, 해결안 등을

생각한 후 그 주위에 있는 원 안에 적는다.

ⓒ 참가자들은 원 안의 아이디어를 주위에 들어갈 아이디어에 대한 중심 주제로 이용한다.

ⓓ 참가자들은 각 중심 주제에 대해 아이디어를 8가지씩 생각한 후 그 주 위의 8개의 칸 안에 적는다.

ⓔ 더 이상 아이디어가 나오지 않을 때까지 계속한다.

ⓕ 도출된 아이디어들을 통해 토의하고 평가한다.

2. 논리적 사고

1) 논리적 사고의 개념

논리적 사고는 직장생활 중에서 지속적으로 요구되는 능력이다. 논리적인 사고력이 없다면 아무리 많은 지식을 가지고 있더라도 자신이 만든 계획이나 주장을 주위 사람에게 이해시켜 실현시키기 어려울 것이며, 이때 다른 사람들을 설득하여야 하는 과정에 필요로 하는 것이 논리적 사고이다.

논리적 사고는 사고의 전개에 있어서 전후의 관계가 일치하고 있는가를 살 피고, 아이디어를 평가하는 능력을 의미한다. 이러한 논리적 사고는 다른 사 람을 공감시켜 움직일 수 있게 하며, 짧은 시간에 헤매지 않고 사고할 수 있게 한다. 또한 행동을 하기 전에 생각을 먼저 하게 하며, 주위를 설득하는 일이 훨씬 쉬워진다.

2) 논리적 사고의 구성요소

논리적인 사고를 하기 위해서는 다음 그림과 같이 생각하는 습관, 상대 논리 의 구조화, 구체적인 생각, 타인에 대한 이해, 설득의 5가지 요소가 필요하다.

(1) 생각하는 습관

논리적 사고에 있어서 가장 기본이 되는 것은 늘 생각하는 습관을 들이는 것이다. 생각할 문제는 우리 주변에 쉽게 찾아볼 수 있으며, 특정한 문제에 대해서만 생각하는 것이 아니라 일상적인 대화, 회사의 문서, 신문의 사설 등 어디서 어떤 것을 접하든지 늘 생각하는 습관을 들이는 것이 중요하다. "이것은 조금 이상하다", "이것은 재미있지만, 왜 재미있는지 알 수 없다"라는 의문이 들었다면, 계속해서 왜 그런지에 대해서 생각해보아야 한다. 특히 이런 생각은 출퇴근길, 화장실, 잠자리에 들기 전 등 언제 어디에서나 의문을 가지고 생각하는 습관을 들여야 한다.

(2) 상대 논리의 구조화

상사에게 제출한 기획안이 거부되었을 때, 자신이 추진하고 있는 프로젝트를 거부당했을 때 '왜 그럴까', '왜 자신이 생각한 것처럼 되지 않을까', '만약 된다고 한다면 무엇이 부족한 것일까' 하고 생각하기 쉽다. 그러나 이때 자신의 논리로만 생각하면 독선에 빠지기 쉽다. 이때에는 상대의 논리를 구조화하는 것이 필요하다. 상대의 논리에서 약점을 찾고, 자신의 생각을 재구축하다면 분명히 다른 메시지를 전달할 수 있다. 자신의 주장이 받아들여지지 않는 원인 중에 '상대 주장에 대한 이해가 부족하다'가 있을 수 있다.

(3) 구체적인 생각

상대가 말하는 것을 잘 알 수 없을 때에는 구체적으로 생각해 보아야 한다. 업무 결과에 대한 구체적인 이미지를 떠올려 본다든가, 숫자를 적용하여 표현을 한다든가 하는 방법을 활용하여 구체적인 이미지를 활용하여 단숨에 논리를 이해할 수 있는 경우도 많다.

(4) 타인에 대한 이해

상대의 주장에 반론을 제시할 때에는 상대 주장의 전부를 부정하지 않는 것이 좋다. 동시에 상대의 인격을 부정해서는 안 된다. 예를 들어 "당신이 말하고 있는 것의 이 부분은 이유가 되지 못한다"고 하는 것은 주장의 부정이지만, "이런 이유를 설정한다면 애당초 비즈니스맨으로서는 불합격이다"라고 말하는 것은 바람직하지 못하다. 반론을 하든 찬성을 하든 논의를 함으로써 이해가 깊어지거나 논점이 명확해지고 새로운 지식이 생기는 등 플러스 요인이 생기는 것이 바람직하다.

(5) 설득

논리적인 사고는 고정된 견해를 낳는 것이 아니며, 더구나 자신의 사상을 강요하는 것도 아니다. 자신이 함께 일을 진행하는 상대와 의논하기도 하고 설득해 나가는 가운데 자신이 깨닫지 못했던 새로운 가치를 발견하고 생각해 낼 수가 있다. 또한 반대로 상대에게 반론을 하는 가운데 상대가 미처 깨닫지 못했던 중요한 포인트를 발견할 수 있다.

설득은 공감을 필요로 한다. 설득은 논쟁을 통하여 이루어지는 것이 아니라 논증을 통해 더욱 정교해진다. 이러한 설득의 과정은 나의 주장을 다른 사람에게 이해시켜 납득시키고 그 사람이 내가 원하는 행동을 하게 만드는 것이며 이해는 머리로 하고 납득은 머리와 가슴이 동시에 공감되는 것을 말하고 이 공감은 논리적 사고가 기본이 된다.

3) 논리적 사고의 강점

현대인들은 매일매일 중복되는 업무를 처리하며 다양한 상황에 놓이게 된다. 사소한 일은 물론 중대한 결정이 필요한 일, 새로운 기획에 대한 제안이나 급박한 문제에 대한 해결책 제시 등에 이르기까지 정말 다양하다. 그만큼 논리적 사고가 필요하다는 의미다. 평소에 논리적으로 사고하는 습관을 들인다면, 언제 어디서나 어떤 상황에 놓이게 되더라도 그에 맞는 능력을 발휘할 수 있다.

(1) 상대방을 쉽게 이해시키는 능력

무척 바쁜 상사에게 핵심 사항을 보고해야 한다고 가정해 보자. 이때 논점을 분명히 선별해 가장 하고 싶은 말을 명확하고 간결하게 전달하기 위해 어떤 방법으로 접근해야 할까? 이때 논리적 사고를 익히고 있다면, 상대방이 처한 입장과 상황을 인식한 후 매우 적절한 시나리오를 쉽게 구성할 수 있다.

(2) 핵심을 파악하는 날카로운 시각

고객에게 기획 제안을 하려고 한다고 가정해 보자. 고객이 당면한 문제를 해결하기 위해 많은 정보를 수집했으나, 상식적인 결론 외에 그렇다 할 만한 해법을 찾지 못하고 있다. 좀 더 날카로운 해결책을 찾으려면 어떻게 해야 할까? 이때도 논리적 사고가 필요하다. 그럼으로써 기존과는 다른 시각으로 정보를 바라볼 수 있게 되고, 예전에는 생각하지 못했던 가설을 세울 수 있다.

(3) 속도의 향상

시간이 제한된 회의에서 의사결정을 내려야 한다고 가정해 보자. 사람들과 신속하게 합의하기 위해 어떤 방법을 구사해야 할까? 물론 제한된 시간 안에 기획안을 작성해 프레젠테이션을 하는 것이 중요하다. 그렇다면 효율적인 정보들을 수집해 고객의 기대를 능가하는 기획안을 작성하는 방법은 무엇일까? 이때 논리적인 사고로 접근하면 불 필요한 생각을 줄일 수 있어 사고의 속도가 향상된다. 또한 가설을 통해 검증할 수 있으므로, 각 단계에서 필요한 일과 다음에 해야 할 일을 파악해 바로 실행할 수 있다.

4) 논리적 사고의 계발방법

(1) 피라미드 구조화 방법

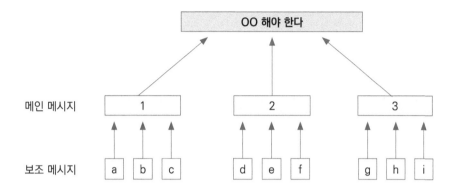

피라미드 구조는 보조 메시지들을 통해 주요 메인 메시지를 얻고, 다시 메인 메시지를 종합한 최종적인 정보를 도출해 내는 방법이다. 예를 들어 현재 제품 판매 업무를 맡고 있는 한 부서에서 발견할 수 있는 현상(보조 메시지)이 제품 A의 판매 부진(a), 고객들의 불만 건수 증가(b), 경쟁사의 제품 B의 매출 증가(c)가 발견되었다고 한다면, 메인 메시지로 우리 회사의 제품 A에 대한 홍보가 부족하고, 고객의 만족도가 떨어지고 있다(1)라는 메인 메시지를 도출할 수 있을 것이다. 이러한 메인 메시지들을 모아서 최종적으로 결론을 도출하는 방법이 피라미드 구조이다. 이러한 피라미드 구조를 사용함으로써 주변 사람들과 논리적인 이해를 할 수 있다는 점이다.

(2) so what 방법

"so what?" 기법은 "그래서 무엇이지?" 하고 자문자답하는 의미로, 눈앞에 있는 정보로부터 의미를 찾아내어, 가치 있는 정보를 이끌어 내는 사고이다. 예를 들어 다음과 같은 상황이 발생하였을 때 어떻게 "so what?"을 사용하여 논리적인 사고를 하는지를 알아보자.

[상황]
① 우리 회사의 자동차 판매대수가 사상 처음으로 전년 대비 마이너스를 기록했다.
② 우리나라의 자동차 업계 전체는 일제히 적자 결산을 발표했다.
③ 주식 시장은 몇 주간 조금씩 하락하는 상황에 있다.

[so what?을 사용한 논리적 사고의 예]
a. 자동차 판매의 부진
b. 자동차 산업의 미래
c. 자동차 산업과 주식시장의 상황
d. 자동차 관련 기업의 주식을 사서는 안 된다.
e. 지금이야말로 자동차 관련 기업의 주식을 사야 한다.

a – e는 세 가지 상황으로부터 그 의미나 내용을 사고한 예이다. 이 중 a는 자동차 판매가 부진하다고 말하는 데 그치고 있다. 그러나 상황의 ②, ③에 제시된 자동차 판매대수가 줄어들고, 자동차 업계 전체적인 실적이 악화되고 있으며, 이로 인해 주식 시장도 악화되고 있다는 점은 a의 메시지에 포함되어 있지 않다. 즉 a는 상황의 ①만 고려하고 있는 것으로 세 가지의 정보를 빠짐없이 고려하고, 또 모순이 없는 정보를 이끌어 내는 "so what?"의 사고에 해당하지 않는다. b의 자동차 산업의 미래는 상황 ③의 주식시장에 대해서는 고려하고 있지 못하다. c는 주식 시장에 대해서도 포함하고 있으며, 세 가지의 상황 모두 자동차 산업의 가까운 미래를 예측하는 데 사용될 수 있는 정보이기 때문에 모순은 없다. 그러나 자동차 산업과 주식시장이 어떻게 된다고 말하고 싶은 것인지는 전달되지 않는다. "so what?"의 사고에서 중요한 점은 "그래서 도대체 무엇이 어떻다는 것인가?"라는 것처럼, 무엇인가 의미 있는 메시지를 이끌어 내는 것이다. d나 e는 "주식을 사지 말라" 혹은 "주식을 사라"라는 메시지가 있어 주장이 명확하며, 상황을 모두 망라하고 있으므로, "so what?"을 사용하였다고 말할 수 있다.

이상에서 살펴본 바와 같이 "so what?"은 단어나 구만으로 표현하는 것이 아니라, 주어와 술어가 있는 글로 표현함으로써 "어떻게 될 것인가?", "어떻게 해야 한다"라는 내용이 포함되어야 한다.

(3) MECE 기법

MECE(Mutually Exclusive Collectively Exhaustive)는 글로벌 경영 컨설팅 회사 맥킨지에서 처음 사용하기 시작한 기법이다. 바바라 민토(Barbara Minto)가 문제 해결을 위해 정보를 논리적으로 구조화하는 프레임워크를 개발한 이후, 현재는 맥킨지, BCG, 베인앤드컴퍼니 같은 유수의 컨설팅 회사는 물론 다양한 분야의 기업에서 널리 사용되고 있다.

MECE, "미씨"라고 읽고, 뜻은 "상호배제 및 전체 포괄"이다. 구성하고 있는 항목들이 상호 배타적이면서, 함께 모았을 때는 하나의 완전체를 이루는 것을 의미한다.

MECE는 일반적으로 대비 개념(남/여, 양/질, 공급/수요, 외부/내부), 기간(단기/중기/장기), 시기(전/중/후, 과거/현재/미래), 프로세스(Plan/Do/See) 등이 기준이 되어 활용된다.

기획서 작성 시 자주 활용되는 비즈니스 프레임워크(3C, 4P, PEST 등)도 MECE의 개념이 적용된 툴이다.

MECE가 중요한 이유는 무엇인가? MECE는 어떠한 사항을 하나의 기준에 의해 분류하기 때문에 머리가 복잡하거나 정리가 쉽게 되지 않을 경우 전체를 명료하게 이해할 수 있게 도와 준다. 또한 상황을 파악하거나 해결 방안을 도출할 때 한쪽에 편향되지 않고, 전체를 파악하여 문제를 바라볼 수 있게 한다.

5) 논리적 사고의 향상방법

(1) 관찰에 익숙해야 한다

논리적 사고를 향상하기 위해 가장 먼저 잘 관찰하는 능력이 필요하다. 잘 관찰하지 않으면 어떠한 경우에도 만족할 만한 결과를 얻을 수 없다. 새로운 것을 만들 수도 없다는 것을 염두에 두고, 다양한 시각을 통해 꼼꼼하게 관찰하는 습관을 들여야 한다. 즉, 세상의 모든 것이 어떠한 유기적 관계를 통해 연계되고, 서로 어떤 영향을 미치면서 발전하는지 그 모든 과정을 면밀히 관찰해야 한다.

(2) 정보를 분석하는 습관을 기른다

세상 모든 일에 '왜?'라는 질문을 해볼 필요가 있다. 그리고 나름대로 결론을 내려 보자. 내가 바라보는 세상은 그렇게 만들어 가는 것이다. 또 지금까지 자신이 관찰한 모든 것을 섞어 보고, 나눠 보고, 붙여 보는 자세도 필요하다. 그러면서 이렇게 질문해 보자. '왜 이렇게 되는 것일까?', '왜 이렇게는 안 되는 것일까?', '이렇게 하면 될 수 있지 않을까?' 이처럼 스스로 질문하고, 그 질문에 답을 하는 것이다. 그러면서 많은 것을 정의내리고 세상에 존재하는 보이지 않으면서 보이는 다양한 원리를 터득할 수 있게 된다. 이러한 분석과정을 통해 나름대로 세상을 바라보는 시각이 비로소 형성될 수 있다.

(3) 정보의 가치를 이해하고 비교하는 능력을 기른다

관찰과 분석과정을 통해 얻은 정보는 나름의 가치를 지닌다. 이때 비교는 선택의 바로 전 과정이다. 따라서 비교과정이 올바르지 못하면 올바른 선택 역시 기대하기 어렵다. 그러므로 모든 과정에서 신중을 기하는 일이 가장 중요하다. 관찰과 분석이라는 각 과정에 충실하다면 다양한 비교대상을 만나게 된다. 이는 곧 선택의 폭이 넓다는 것을 의미하며, 가능성 역시 높아진다.

(4) 추리를 통해 가치를 세운다

일반적으로 같은 일을 여러 차례 경험하게 되면 그 일에 가장 적합한 순서를 가늠할 수 있다. 사람들은 대부분 가치의 최대화 및 효율화를 도출할 수 있는 능력을 가지고 있기 때문이다. 이는 곧 인간에게는 논리적으로 사고하는 기술이 있다는 것을 의미한다. 논리를 완성할수록 원리의 추리가 가능하며, 다양한 자연적 원리를 논리적으로 체계화하는 것이 바로 과학이다. 이러한 논리적 사고 즉, 추리하는 능력은 인간의 사고능력 중에서 가장 기본적이면서도 중요한 요소로 작용한다.

6) 논리적 사고의 오류

(1) 권위나 인신공격에 의존한 논증

정치인들이 활용하는 전형적 수법이다. "제정신을 가진 사람이라면 그런 주장을 펼 수 있겠는가"라는 말처럼 상대방의 주장이 아니라 상대방의 인격을 공격하는 게 대표적 사례다. 위대한 성인이나 유명한 사람의 말을 활용해 자신의 주장을 합리화하는 것도 오류가 될 개연성이 높다. 어떤 사람이 "대한민국 최고 권위자인 ○○○박사도 이런 말을 했습니다"라고 말한다면 자신의 논리적 취약점을 덮으려는 것이 아닌지 의심해 볼 필요가 있다. 같은 맥락에서 동정이나 연민에 의존하는 논증도 오류로 빠질 수 있다.

(2) 허수아비 공격의 오류(strawman's fallacy)

상대방의 주장과는 전혀 상관 없는 별개의 논리를 만들어 공격하는 경우도 있다. 법정에서 많이 활용되는데 일례로 "피의자는 평소 사생활이 문란했고 마약을 복용한 전력도 있습니다. 따라서 살인 혐의로 기소돼야 합니다"란 주장을 살펴보자. 얼핏 '사생활 문란−마약−살인'은 연관성이 있어 보이지만 개별적 인과관계를 입증해야 설득력을 얻을 수 있다. 자칫 논리가 빈약한 경우 이렇게 엉뚱한 다른 문제를 공격해 이익을 취하는 경우가 많다. 토론에서 이런 오류를 능수능란하게 활용하는 사람이 많은데, 당하지 않으려면 원래 논점과 완전히 다른 주제라는 점을 분명히 지적해 줘야 한다.

(3) 무지의 오류

"담배가 암을 일으킨다는 확실한 증거는 없다. 따라서 정부의 금연 정책은 잘못이다" 얼핏 들어 보면 그럴 듯해 보이지만 증명되지 않았다고 해서 그 반대의 주장이 참인 것은 결코 아니다. 실제 '신이 존재하는가'란 문제처럼 증명할 수 없거나 증명이 어려운 경우도 부지기수다. 수많은 사이비들이 애용하는 논리적 오류다.

(4) 결합·분할의 오류

"머리카락 하나가 빠지면 대머리가 되지 않는다. 두 개가 빠져도, 100개가 빠져도 그렇다. 따라서 1만 개가 빠져도 대머리가 되지 않는다" 이는 대표적인 결합 오류의 사례다. 하나의 사례에는 오류가 없지만 이처럼 여러 사례를 잘못 결합하면 완전히 오류에 빠지게 된다. 반대로 한 트럭에 실린 모래가 무겁기 때문에 한 알의 모래도 무겁다고 주장하는 것은 분할의 오류다. 논리적 주장을 확대하거나 반대로 쪼개서 적용할 경우 흔히 오류에 빠질 수 있다.

(5) 성급한 일반화 오류

"한국인은 노예 근성이 있다. 남자는 늑대다. 흑인은 지능이 떨어진다" 이런 식의 주장은 성급한 일반화 오류에 빠진 경우다. 특정한 몇몇 사례만을 토대로 일반화했기 때문이다. 돌팔이 약장수들이 질병 치료에 성공한 몇몇 사례를 토대로 물건을 팔 때 사용하는 전형적 논리도 성급한 일반화 오류에 기반한다.

(6) 복합 질문의 오류

형사가 피의자에게 "또다시 이런 죄를 지을 것인가"라고 묻는 경우가 있다. 하지만 이 질문은 '예'나 '아니요' 어떤 답을 하더라도 피의자에게는 불리해진다. '예'라고 대답하면 말할 것도 없고 '아니요'라고 답해도 이미 죄를 지었다는 것을 인정해 버리는 셈이기 때문이다. 이런 공격에서 자신을 방어하려면 복합 질문으로 인한 오류가 생겼음을 지적하고, '죄를 지었는가?'란 질문과 '또 이런 죄를 지을 것인가?'란 질문을 반드시 분리해야 한다고 주장해야 한다.

(7) 과대 해석의 오류

문맥을 무시하고 과도하게 문구에만 집착할 경우 논리적 오류에 빠지게 된다. 성경에 나오는 '이웃을 사랑하라'는 말을 문구대로 과대 해석할 경우 도피 중인 중범죄자까지 보호해 주는 오류를 범할 것이다. 일상생활에서 "퇴근길에 조심하세요"라는 가족의 말을 '퇴근길 말고는 조심하지 말라'는 의미로 받아들이는 것도 이런 오류에 빠진 것이다.

(8) 애매성의 오류

'여자는 남자보다 약하다. 따라서 여자는 오래 살지 못한다.' 여기서 '약하다'는 말은 지극히 애매하다. 힘이 약하다는 것인지, 질병에 잘 걸린다는 것인지 수백 가지 해석이 가능하다. 이런 애매함으로 이후 주장은 논리적 오류에 빠지게 된다. 또 "살인자는 벌을 받아야 한다. 사형 집행관도 살인자다. 따라서 사형 집행관도 벌을 받아야 한다"는 주장은 명확한 언어로 표현한 것 같지만 불법적 살인자와 공무상 사형을 집행해야 하는 입장을 명확히 구분하지 않았기 때문에 애매한 언어를 사용한 오류에 포함된다.

(9) 연역법의 오류

연역법은 'A=B, B=C, so A=C'와 같은 삼단 논법을 칭하는 말이다. 그런데 자칫 논리적으로 완벽해 보이는 삼단 논법도 오류에 빠질 수 있다. 일례로 'TV를 자주 보면 눈이 나빠진다. 철수는 TV를 자주 안 본다. 따라서 철수는 눈이 나빠지지 않는다'는 논법의 오류를 보자. TV를 자주 보면 눈이 나빠진다는 대전제와 'TV를 자주 보지 않는 사람은 눈이 나빠지지 않는다.'는 주장은 별개이기 때문이다.

3. 비판적 사고

1) 비판적 사고의 개념과 필요성

비판적 사고는 해석, 분석, 평가 및 추론을 산출하는 의도적이고 자기 규제적인 판단이다. 이와 동시에 판단에 대한 근거가 제대로 되어 있는가, 개념적, 방법론적·표준적·맥락적 측면들을 제대로 고려하고 있는가에 대한 설명을 산출하는 의도적이고 자기 규제적인 판단이라고 할 수 있다. 여기서 자기 규제는 텍스트나 다른 사람의 진술에 대해 이루어지는 비판적 사고과정을 자신의 사고과정에 적용하는 것이다.

또 비판적 사고는 목적을 통해 판단하는 행위다. 따라서 비판적 사고의 대상인 일정한 주제나 주장을 적극적으로 해석·분석·평가·추론한 후 이를 종합적으로 평가하는 능동적인 사고인 것이다. 이때 판단의 근거가 되는 증거, 개념, 방법, 준거, 맥락을 고려할 필요가 있다.

비판적 사고를 통해 주어진 자료에 제시된 다양한 주장에 정당성이 부여된 이유를 판단하는 것은 물론 그 이유의 정당성까지 판단한다. 이때 그 판단이 적용되는 사고의 모든 과정에서 증거를 적절히 사용했는지, 개념을 제대로 사용했는지, 방법을 제대로 적용했는지, 다양한 관련 준거를 제대로 적용했는지, 맥락을 올바르게 고려했는지 등 여러 측면을 고려해 판단하는 것이 중요하다. 또한 비판적 사고는 주어진 자료의 내용까지 다루는 '형식·내용의 통합 논리'라는 것을 염두에 두고, 주어진 자료의 형식만을 다루는 '형식 논리'라는 오류에 빠지지 않도록 주의해야 한다. 다시 말해, 비판적 사고는 타인의 진술이나 기타 표현에 대해 판단할 때는 물론 자신의 사고과정에도 적용할 수 있다. 자신의 사고과정에 이 사고를 적용한다는 것은 곧 자신의 사고를 자기 규제적으로 평가하는 것이다. 이에 비판적 사고는 객관적 시각이 중심이 되어 주관적 사고와 판단을 검토·검증한다. 즉, 비판적 사고는 올바른 세계관과 가치관을 정립하고자 하는 자아창조적 사고라고 할 수 있다.

2) 비판적 사고의 요소

비판적 사고의 개념을 이해하기 위해 비판적 사고에 영향을 미치는 다양한 요소를 살펴볼 필요가 있다.

비판적 사고의 과정에는 사고기능, 사고성향, 관련 지식이라는 3가지 요소들이 상호 작용을 한다. 이는 비판적 사고의 과정에는 성향 및 인지적 사고기능과 더불어 지식의 역할도 중요하다는 점을 시사한다. 인지적 사고기능을 제대로 사용하려면 사고의 대상인 진술 및 다른 형태의 표현이나 행위와 관련된 내용과 구조를 이해하는 데 필요한 지식이 있어야 하며, 사고기능을 적용하는 규칙과 관련된 지식을 습득하고 있어야 한다. 한편, 비판적 사고는 주장의 구조나 논리적 규칙과 관련해 이해도의 중요성이 제기된 논리적 사고와는 상반되는 개념이다. 비판적 사고에서는 주장의 내용까지 판단해야 하므로, 지식이 중요한 작용을 한다. 또한 각 개인의 다양한 배경지식은 텍스트를 다르게 해석하거나 평가해 다양한 판단을 내릴 수도 있다. 이처럼 개인의 지식은 비판적 사고를 통한 판단의 질과 방향을 가늠하는 데 중요한 역할을 한다. 그러나 지식 자체를 비판적 사고력이라고 단정할 수는 없다. 따라서 비판적 사고력을 평가할 때는 개인의 배경지식에 따라 판단의 수준이 다르게 나타날 수 있거나, 판단의 방향까지 변형할 수 있는 문항은 최대한 배제하는 것이 중요하다.

3) 비판적 사고력의 하위 사고기능

비판적 사고력은 크게 3개의 범주와 하위 사고기능영역으로 구분할 수 있다. 분석적 사고, 논증적 사고, 변증적 사고로 3개의 범주를 규정한다. 또 분석적 사고(개념적 이해, 텍스트 분석, 자료 해석), 논증적 사고(연역, 귀납), 변증적 사고(논리퍼즐, 상황 추리, 발상 전환-재정의)로 하위 영역을 세분한다.

(1) 분석적 사고: 이해·분석력

분석이란 ①하나의 전제를 여러 부분으로 나누는 것, ②그 분석을 결정하기 위해 상세하게 고찰하는 것, ③쟁점이나 상황을 심도 있게 조사하는 것이다. 또 분석력은 이해력보다 조금 높은 수준에 있는 기능이라고 할 수 있다. 자료를 그 구성 성분으로 분해하고, 그 부분 간의 관계와 그것을 조직하고 있는 방식을 발견하는 능력이라고 정의할 수 있다. 따라서 분석적 사고는 이해력과 분석력을 모두 포함하는 사고기능인 것이다.

즉, 분석적 사고는 의미 파악능력, 번역능력, 해석능력, 외삽능력 등을 포함하는 이해력과 자료를 그 구성 성분으로 분해하는데, 그 부분 간의 관계와 그것이 조직되어 있는 방식을 발견하는 능력인 분석력이 필요하다. 이 범주는 ①개념적 이해, ②텍스트 분석, ③자료 해석의 3개 하위 사고기능 영역으로 구성되어 있다. 이때 '개념적 이해' 영역은 개념 중심의 이해와 분석 작업을 주로 수행하며, '텍스트 분석' 영역은 글의 흐름과 구조 분석 작업을 주로 수행하며, '자료 해석' 영역은 통계자료를 분석하고 해석하는 작업을 주로 수행한다.

(2) 논증적 사고: 추론·논증력

논증(argument)이란 서로 일정한 관계에 놓인 각 명제들의 묶음으로 볼 수 있다. 즉, 논증이란 명제들의 집합이다. 하지만 각 명제를 단순히 모아 놓는다고 논증이라고 볼 수 있는 것은 아니다. 논증을 구성하고 있는 여러 명제가 주장하는 것과 그 주장에 정당성을 부여하기 위해 제시된 근거가 명확할 때만 그 명제들의 집합을 논증이라고 할 수 있는 것이다.

논증은 크게 연역 논증과 귀납 논증으로 구분된다. 연역 논증은 여러 전제 속에 암묵적으로 내포되어 있는 내용을 결론을 통해 명확히 드러낸다는 점을 고려할 때 그 가치를 발휘하며, 귀납 논증은 여러 전제 속에 귀속되지 않은 새로운 지식을 결론으로 도출해 지식을 확장한다는 점을 고려할 때 그 가치를 발휘한다.

(3) 변증적 사고: 종합. 대안력(대안적 사고력)

변증적 사고(dialectical thinking)는 둘 이상의 관점을 놓고 사고(대화하는 사고)하는 것을 전제로 한다. 즉, 대립하는 다양한 관점의 강점과 약점을 시험하기 위해 변증적 사고를 수행한다.

따라서 변증적 사고에서는 다양한 요소 및 부분을 모두 포괄해 하나의 개체가 되도록 묶는 능력인 종합력이 필요하다. 또한 어떤 사태에 대한 발상 전환적 접근, 문제에 대해 시야 및 지평의 확대를 통한 접근, 더 나은 대안을 마련할 줄 아는 능력인 대안력도 갖추어야 한다. 이 범주는 ①논리 퍼즐, ②상황 추리,③발상 전환(재정의)의 3개 하위 사고기능 영역으로 구성되어 있다.

'논리 퍼즐' 영역에서는 복합적인 조건에 따라 연역적 문제해결 작업을 수행하며, '상황 추리' 영역에서는 복합적인 상황에 따라 귀납적 판단과 결정 작업을 수행하며, '발상 전환(재정의 영역)에서는 발상 전환적 문제해결과 논증 평가 작업을 수행한다.

4) 비판적 사고를 위한 태도

(1) 문제의식

주변에서 발생하는 사소한 일을 보면 그냥 지나치지 않는 자세가 비판적인 사고를 위한 중요한 요소로 작용한다. 따라서 사소한 것을 발견할 때도 의문을 갖고 지속적인 관심을 기울여야 한다.

다음은 우리가 알고 있는 위대한 인물들을 대상으로, 이들이 사소한 의문을 갖고 위대한 발견을 한 사례를 제시하고 있다. 이 사례를 통해 비판적 사고를 위해 무엇이 필요한지 고민해 보는 기회로 삼아 보자. 비판적인 사고를 위해 가장 중요한 것은 바로 문제의식이다. 다음 사례를 통해 그 이유를 알아보자.

> 평범한 샐러리맨이었던 다나카 코이치는 2002년에 노벨상을 수상하며 세간의 관심을 한 몸에 받았다. 그는 아세톤에 금속 분말을 녹여야 하지만, 글리세린에 녹여 버리는 실수를 저질렀다. 그는 잘못 녹인 금속 분말이 아깝다는 생각을 했다. 그래서 그는 레이저에 대고 측정치를 계속 관찰하는 활동을 했고, 그 결과 고분자의 질량 분석이 가능한 현상을 발견했다. 이는 결국 노벨상 수상으로 이어졌다.
> 어찌 보면, 다나카의 발견은 우연일지도 모른다. 하지만 '글리세린에 녹인 금속 분말은 어떻게 될까?'라는 끊임없는 문제의식을 통해 가능한 일이었다.

위 사례에서 볼 수 있는 것처럼 문제의식이 있다면, 주변에서 발생하는 사소한 일을 통해서도 정보를 수집할 수 있다. 또 이러한 정보를 활용해 새로운 아이디어를 지속적으로 도출할 수도 있다. 그리고 답을 얻기 위해 진지하게 접근하는 것이 무엇보다 중요하다. 이렇듯, 비판적 사고는 자신의 문제와 목적을 확실하고 정확하게 파악하는 것으로부터 시작된다.

(2) 고정관념 탈피

비판적인 사고를 위한 문제의식이 있다면, 이제 지각의 폭을 넓히는 과정에 집중해야 한다. 지각의 폭을 넓힌다는 것은 고정관념에서 탈피하는 것이다. 즉, 개방적인 시각으로 정보를 바라보고 또 편견을 갖지 않는 자세가 중요하다. 고정관념은 사물을 바로 보는 시각에 그릇된 영향을 끼칠 수 있음은 물론 일방적인 평가를 내리기 쉽기 때문이다. 다음은 우리 주변에서 흔히 볼 수 있는 물건을 통해 고정관념을 탈피한 다양한 사례다.

5) 비판적 사고의 계발방법

비판적 사고는 어떤 주제나 주장 등을 적극적으로 분석·종합·평가하는 능동적인 사고로 정의할 수 있다. 따라서 비판적 사고는 어떤 논증·추론·증거·가치를 표현한 사례를 타당한 것으로 수용할 것인지, 아니면 불합리하다고 인지한 후 이를 거절할 것인지를 결정하는 데 중요한 작용을 한다. 그러므로 문제의 핵심을 중요한 대상으로 여기는 자세가 필요하다. 이때 문제의 핵심을 낱낱이 파헤쳐 불필요한 문제를 노출하는 오류를 범하지 않도록 주의해야 한다. 비판적 사고는 제기된 주장을 바탕으로 오류를 찾아내기 위해 개별적인 부분까지 확대해, 이른바 '트집'을 잡고 '물고 늘어지며' 문제로 삼는 것이 아니라는 점을 염두에 두어야 한다. 다시 말해, 비판적인 사고는 지식과 정보에 초점을 맞춰 합당한 근거에 기초해 현상을 분석하고 평가하는 사고라는 것을 유념해야 한다.

비판적 사고의 계발방법에는 악마의 주장법, 토의법 등이 있다.

(1) 악마의 주장법

악마의 주장법은 집단 의사를 결정하는 방법 중 한 가지로, 악마의 주장(Devil's Advocacy) 또는 '지명 반론자법'이라고 일컫는다. 이는 천주교에서 성인(saint)으로 추대된 각 후보를, 엄격한 심사를 거친 후 실증적 자료를 통해 부적격 사유를 주장하는 데서 유래된 것이다. 이때 부적격 사유를 주장하는 사람을 '악마(devil)'라고 일컫는다. 악마는 타 구성원의 의견을 비판하고 반박하는 역할을 한다.

일반적 토의에서 이 '악마의 주장법'을 활용하고 있는데, 이를 통해 이미 제시된 안의 약점이나 단점을 토의한 후 특정한 안의 여러 문제점을 최대한 파악할 수 있다. 이때 집단으로부터 공식적으로 지명된 사람이 악마의 역할을 담당하며, 그 역할을 충실히 수행하는 과정에서 불이익을 받지 않도록 주의해야 한다.

(2) 토의법

① 토의법의 기원

토의법은 소크라테스의 산파법에서 유래되었다. 산파법이란 산모가 아이를 출산할 때 아무 탈 없이 아기가 나올 수 있도록 산파가 모든 과정을 도와주듯, 구성원들이 안건을 지속적으로 도출하며, 또 스스로 답을 찾을 수 있도록 도움을 주는 방법이다. 또한 미국의 듀이(Dewey)가 실용적 진보주의를 주장했다. 그는 "진리란 절대적인 것이 없고 또 사람마다 상대적"이라고 주장했다. 또 "그렇기 때문에 자신이 알고 있는 지식을 선행으로 새로운 지식을 받아들인다"는 논리를 밝혔다. 여기에서 토의법이 유래되었다.

이후 듀이의 영향을 받은 파커(Paker)가 '회화법'이라고 논했는데, 이내 '토의법'으로 일컫는다. 1970년대 초반, 학습의 결과보다는 과정을 중요하게 여기는 인지심리학이 등장하면서 그 중요성이 부각되었다.

② 토의법의 장점

• 토의법은 토론자들과 함께 고민하고 문제를 해결하는 과정을 통해 공동체 의식, 사회적 기능 및 태도를 향상시킨다.
• 토의를 통해 의식이 활발하게 전개됨으로써 문제해결능력·창의력·적응능력 등 고차원적 사고능력을 증진시킨다.
• 선입견과 편견은 집단 구성원의 비판적 탐색에 의해 수정된다. 서로 대화하고 문제를 해결하는 과정을 통해 노력하며, 학습 의욕을 고취시키고 또 재미를 느끼며 학습 동기, 흥미, 자율성을 향상시킬 수 있다.

③ 토의법의 단점

- 토의법은 시간 소비량이 많다는 한계가 있다.
- 사전 준비를 철저히 하고, 체계적으로 관리해도 예측하지 못한 상황이 발생할 가능성이 높다.
- 토의의 허용적 특성은 참여자의 이탈을 자극한다. 또한 주도하는 참여자 외의 다른 참여자들이 방관하거나 무관심한 상태에 놓일 가능성이 높다.
- 알려지지 않거나, 어느 정도 완전하게 이해하지 못한 사실과 개념을 효과적으로 토의하기 어렵다.
- 집단의 규모가 크면 원활하게 토론할 수 없으므로, 집단 구성원의 수에 한계가 있다.
- 평가 불안(evaluation comprehension)이나 사회적 태만(social loating)으로 흐를 가능성이 있으며, 토의 참여자의 자발적이고 적극적인 행위를 자연스럽게 하락시킨다. 평가 불안이란 자신의 생각에 대해 '다른 사람이 부정적인 반응을 보이면 어떻게 하나' 하는 두려움을 의미한다. 또 사회적 태만은 '내가 아니면 남들이 하겠지' 하는 방관적인 태도를 의미한다.

④ 토의법의 절차

- **사전 준비**: 토의 주제의 선택, 토의 목적의 설정, 토의 방식 선택, 시간 계획, 토의에 필요한 자료 준비, 집단의 규모를 결정한다. 토의 주제로는 학습자의 능력 · 흥미 · 관심을 고려하고, 교과 내용이나 수업 목표에 부합하도록 선정해야 한다.
- **토의 장소의 환경 정비**: 토의 유형에 따라 토의 장소, 좌석의 배치 등 세심한 배려가 필요하다. 좌석은 서로 얼굴을 마주 보면서 토론 분위기를 조성할 수 있도록 배치해야 한다.
- **토의 진행**: 명확한 토의의 목적과 주제 제시, 토의 규칙이나 방법 제시, 사회자나 기록자 결정, 자유로운 분위기에서 토의를 진행해야 한다. 그러나 필요할 때 교사가 적절히 개입하는 것이 바람직하다.

- **토의 결과 종합**: 정리된 토의 결과를 발표, 본래 토의 목적과의 관계를 검토하며 토의 진행에 따른 전반적인 과정을 평가한다.

6) 비판적 사고의 향상 방법

비판적 사고를 개발하기 위해 지적 호기심, 객관성, 개방성, 융통성, 지적 회의성, 지적 정직성, 체계성, 지속성, 결단성, 다른 관점에 대한 존중과 같은 태도가 필요하다.

(1) 지적 호기심

다양한 질문이나 문제에 대한 해답을 탐색하고 또 사건의 원인과 설명을 찾기 위해 왜, 언제, 누가, 어디서, 어떻게, 무엇을 등에 관한 질문을 제기한다.

(2) 객관성

결론에 도달하는 데 있어 감정적·주관적 요소를 배제하고, 경험적 증거나 타당한 논증을 근거로 한다.

(3) 개방성

다양한 신념이 진실일 수 있다는 가능성을 열어 둔다. 따라서 편견이나 선입견에 의해 결정을 내리지 않도록 주의해야 한다.

(4) 융통성

개인의 신념이나 탐구방법을 변경할 수 있다. 특정한 신념의 지배를 받는 고정성, 독단적 태도, 경직성을 배격한다. 이때 "우리는 모든 해답을 알고 있지 않다"는 것을 이해하는 것이 바람직하다.

(5) 지적 회의성

모든 신념을 의심해 보는 것이다. 이때 적절한 결론이 도출되지 않는 한, 그 결론이 "참"이라는 해석을 삼간다.

(6) 지적 정직성

어떤 진술이 우리가 바라는 신념과 대치되는 경우가 있다. 하지만 충분한 증거가 있으면 그것을 진실로 받아들인다.

(7) 체계성

결론에 이르기까지 논리적 일관성을 유지한다. 논의하고 있는 문제의 핵심에서 벗어나지 않도록 주의한다.

(8) 지속성

쟁점의 해답을 얻을 때까지 인내심을 갖고 끈질기게 탐색해야 한다. 끝까지 증거나 논증을 추구하며, 특정 관점을 지지한다.

(9) 결단성

증거가 타당할 때는 결론을 맺는다. 그러나 필요한 모든 정보를 얻을 때까지 불필요한 논증이나 속단을 피하고 또 모든 결정을 유보한다.

(10) 다른 관점에 대한 존중

내가 틀릴 수 있으며, 내가 거절한 아이디어가 옳을 수 있다는 것을 항상 유념해야 한다. 따라서 타인의 관점을 경청하고, 그것에 대해 정확하게 반응해야 한다.

청중의 거부반응에 대비하자

① 논리적인 거부

당신의 견해를 논리적으로 반박하는 주장에는 어떤 것들이 있는가? 당신의 입장과 상반되는 기사와 블로그 게시글, 보고서를 철저히 연구해 상반되는 논리를 파악하라. 이런 식으로 준비하면 회의적인 질문과 의견을 적절히 받아넘길 수 있을 뿐만 아니라 발표 주제를 더욱 깊이 있게 이해해 논리를 훨씬 치밀하게 정리할 수 있다.

② 감정적인 거부

청중이 굳게 고수하는 어떤 심리적 경향이나 교리, 도덕률을 위배하는가? 민감한 부분을 건드리면 청중을 자극할 수 있으니 조심스럽게 진행하라.

③ 실용적인 거부

물리적인, 또는 지리적인 면에서 청중이 당신의 요구를 실천하기 어려운 상황인가? 재정적으로 그럴 만한 여유가 없는가? 예를 들어 경기 침체기를 무사히 넘기기 위해 잠정적으로 임금을 동결하더라도 참고 견뎌 달라고 부탁한다거나, 팀원들이 밤낮으로 주말까지 일해야 맞출 수 있는 마감 시한을 제시하는 상황이라면 주의를 기울여야 한다. 사람들이 치러야 할 희생을 인정하고 당신도 함께 부담을 짊어지고 있다는 사실을 보여라. 대형 프로젝트가 끝날 때까지 당신도 팀원들 곁에서 24시간 근무할 것이며 나중에 보상으로 근무 시간을 줄여 주겠다고 설명하라.

이 모든 종류의 거부에 대비하라. 그러면 완강한 청중의 마음을 얻을 가능성이 한층 높아질 것이다. 정신적인 걸림돌이 생기기 전에 주의를 환기시키고 대처할 수도 있다. 이를테면 프레젠테이션을 시작하기에 앞서 당신도 자료를 세심하게 살펴보기 전까지는 회의적이었다고 털어놓는 것이다. 껄끄러운 비판가들에게 당신의 아이디어를 미리 보여 줄 수도 있다. 청중에게 이미 반대 의견도 고려했다고 밝힘으로써 개방적인 자세를 보여 주고, 청중도 개방적인 자세로 반응하도록 유도하자.

상반되는 관점을 예측하기 쉽지 않은 경우라면 다른 사람에게 당신의 빅 아이디어를 들려주고 시험하라. 자신의 관점에 지나치게 몰입하다 보면 가장 단순하고 명백한 거부조차 예측하기 어려울 수 있다. 주요 이해 관계자에게 발표하는 경우라면 그 집단의 다른 관리자들에게 현실 점검을 부탁하라.

출처: 낸시 두아르테(2016), 하버드 비즈니스 리뷰 가이드: 경쟁력을 높이는 프레젠테이션

| 제6장 |

프레젠테이션의 시각화

1. 슬라이드 활용

1) 슬라이드의 이해

청중은 한 번에 한 가지 정보만 처리할 수 있다. 발표자의 말을 듣든 슬라이드를 읽든 하나만 하는 것이다. 만일 동시에 두 가지를 한다면 핵심을 놓칠 것이다. 그러니 발표자는 청중이 시각 자료를 이해했는지 확인한 다음에 그들의 주의를 돌려야 한다.

그래서 슬라이드도 단순하게 만들어야 한다. 글자로 가득한 슬라이드를 보면 사람들은 글자 읽기에 급급한 나머지 발표 내용을 듣지 못할 것이다. 게다가 어느 연구에 따르면 사람은 전혀 상관없는 단어, 그래픽, 애니메이션, 소리가 없을 때 멀티미디어를 더욱 효과적으로 받아들인다고 한다. 이러한 요소들은 사람의 정신을 분산시켜 의미를 빼앗아 간다. 청중의 인지에 부담을 주는 것이다.

모든 슬라이드는 '한눈 시험(glance test)'을 통과해야 한다. 사람들이 한 눈에 보고 3초 만에 이해할 수 있는 슬라이드를 만들어야 하는 것이다. 슬라이드를 도로 위의 광고판이라고 생각하자. 운전자들은 도로에 시선을 두고 가다가 아주 잠시 눈을 뗄 때 광고판을 보고 정보를 처리한다. 이와 마찬가지로 청중은 발표자의 말을 듣다가 슬라이드가 나오면 아주 잠깐 쳐다본 뒤 다시 발표자의 말에 열중해야 한다.

시험에 통과할 슬라이드를 만드는 방법은 다음과 같다.

(1) 빈 슬라이드에서 시작한다

'제목을 입력하시오' 칸과 '부제목을 입력하시오' 칸을 모두 지워 슬라이드를 비운 뒤 타당한 이유가 있는 요소만 넣는다. 회사 로고는 슬라이드를 넘길 때마다 꼭 보여줘야 하는가? 그 로고가 프레젠테이션에 의미를 더하는가? 그렇지 않다면 넣지 말자.

(2) 글자 수를 제한한다

글은 한눈에 훑어보기 쉽게 간략하게 쓴다. 글자 크기는 뒤쪽 자리에 앉은 청중도 볼 수 있도록 최대한 키우자.

(3) 시각적으로 단순화한다

모든 슬라이드에 하나의 서체만 사용한다(최대 두 가지까지만 사용한다). 전체적으로 통일된 색감을 유지한다(삼보색인 주황색, 초록색, 보라색으로 제한하고 회색, 연한 파란색 같은 충성색 한두 가지만 더한다). 한 사람이 찍은 사진들, 또는 그렇게 보이는 사진들만 사용하고, 그림도 하나의 스타일로 통일한다.

(4) 요소들을 가지런하게 배열한다

슬라이드를 영사하면 노트북 화면으로 볼 때보다 몇 배는 더 커 보이므로 각종 요소를 깔끔하게 정리해야 한다(요소들이 흐트러져 있으면 확대했을 때 확실히 산만해 보인다). 그래픽과 글자의 위치를 가지런하게 맞추고, 크기도 적당하게 조정하자. 만일 어떤 요소가 다른 요소보다 크면 청중은 그것이 더 중요하다는 뜻으로 해석할 것이다.

2) 슬라이드 유형과 기능

모든 슬라이드는 다음 유형들로 분류할 수 있다. 슬라이드의 유형과 기능을 살펴보자.

(1) 워크-인(Walk-in) 슬라이드

청중이 발표 장소로 들어서는 동안에 영사되는 슬라이드로, 프레젠테이션의 첫인상을 심어 주는 기능을 한다. 회사 브랜드를 노출시킬 수도 있고, 사진을 이용해 프레젠테이션의 분위기를 조성할 수도 있다.

(2) 제목 슬라이드

발표 제목(외부인에게 발표하는 경우)과 발표자의 이름, 직급, 회사 이름을 보여 주는 슬라이드다. 제목을 따로 언급하지 않을 경우 포함시킨다. 청중에게 프레젠테이션의 방향과 초점을 제시한다.

(3) 내비게이션(Navigation) 슬라이드

청중에게 프레젠테이션의 진행 상황을 알려 준다. 이를테면 요점을 전환할 때마다 섹션 슬라이드를 보여주거나 발표가 진행되고 있는 상황을 강조하기 위해 발표 일정 슬라이드를 보여주는 것이다.

(4) 글머리 기호 슬라이드

글머리 기호를 이용해 관련 아이디어를 하나의 목록으로 묶은 슬라이드다. 모든 글머리 기호를 한꺼번에 보여주지는 말자. 전체 내용을 훑어본 청중이 지루해할 것이다. 대신 애니메이션 효과를 넣어 속도를 조절하라. 글머리 기호를 단 아이디어들이 서로 관련이 없다면 하나의 슬라이드에 묶지 말고 해당 내용이 담긴 슬라이드에 각각 넣자.

(5) 빅 워드(Big-word) 슬라이드

그 순간 전달하려는 이야기의 핵심이 담긴 단어나 짧은 문구를 커다랗게 넣은 슬라이드다.

(6) 명언 슬라이드

전문가의 명언이나 중요한 문서에서 문장을 발췌해 넣은 슬라이드다. 프레젠테이션의 신뢰도를 높여준다. 단 출처는 명확히 밝혀야 한다. 인용한 문장은 따옴표로 표시하고, 한 번에 하나씩 보여주자. 그렇지 않으면 초점이 흐려질 것이다. 너무 긴 문장은 넣지 말자. 그러면 가독성을 높일 수 있다.

몇몇 발표자들이 효과적으로 이용하는 기법을 채택할 수도 있다. 유명 인사의 목소리 녹음 파일에 시각 자료를 보충하는 것이다. 이 방법이 여의치 않으면 명언 슬라이드에 보이스 오버를 더해 청중이 명언의 주인공과 함께 있는 것처럼 느끼게 하자.

(7) 데이터 슬라이드

연구 내용을 설명하거나 부서의 성과를 보고할 때, 반박 주장을 펼칠 때 등 수치를 제시해야 하는 경우가 있다. 이때 사람들을 숫자에 질리지 않게 하려면 몰라도 되는 수치들은 빼서 자료의 양을 조절해야 한다. 차트를 제시할 땐 보여주고 싶은 부분만 시각적으로 강조하고 다른 부분은 회색으로 처리하자.

(8) 도표 슬라이드

도표는 눈에 보이지 않는 추상적인 개념을 볼 수 있는 것으로 바꿔 준다. 도표 슬라이드를 이용해 개념 간의 관계나 어떤 일의 절차 등을 설명하자. 글머리 기호 슬라이드를 도표로 바꿔 요점과 하위 요점 사이의 관계를 명확히 보여 줄 수도 있다.

(9) 개념을 시각화한 슬라이드

때로는 보여 주는 것이 말하는 것보다 효과적이다. 사진이나 그림을 이용해 개념을 전달하거나 개념들끼리 결합하라.

(10) 비디오 슬라이드

비디오 슬라이드를 이용하면 정적인 슬라이드들로부터 멋지게 벗어날 수 있다. 이를테면, 인터뷰 영상을 이용해 보충 설명을 하거나 애니메이션 인포그래픽으로 개념 설명을 하는 것이다.

(11) 워크아웃(Walk-Out) 슬라이드

발표 장소를 떠나는 사람들에게 쓸모 있는 무언가를 전하자. 발표자의 연락처를 보여주거나, 상표를 근사하게 넣은 슬라이드를 비추거나, 멋진 음악을 틀어 분위기를 고조시킬 수 있다.

3) 슬라이드 만드는 방법

(1) 개념을 단순화하자

간단하고 명확한 단어와 그림으로 표현한다.

(2) 하나의 슬라이드에 하나의 요점만 담자

여러 요점을 하나의 슬라이드에서 모두 다룰 필요가 없다. 하나의 슬라드에는 하나의 요점만 다루어야 한다.

(3) 프레젠테이션에서는 상투적인 표현을 피해야 한다

개념	상투적인 표현	독특한 표현
목표	과녁의 중심	미로, 문턱
동업자 관계	지구본 앞에서 악수를 나누는 모습	암초 생태계
안전	자물쇠와 열쇠	호신용 스프레이

4) 슬라이드 요소를 배열하는 원칙

(1) 흐름

배치는 흐름, 즉 시선의 이동을 제어한다. 청중의 시선을 슬라이드의 어떤 지점으로 이끌어 중요한 요점을 재빨리 이해하게 할 수 있다. 청중은 발표자가 의도한 대로 시선을 앞뒤로 움직이며 정보를 처리할 것이다.

(2) 대비

우리의 눈은 도드라진 것에 이끌린다. 그래서 대비를 이용해 관심을 집중시킨다. 슬라이드에 넣을 요소들의 크기, 모양, 색상, 그리고 거리감을 이용해 대조한다.

(3) 여백

여백이란 요소들을 둘러싸고 있는 빈 공간이다. 발표자들은 흔히 관심을 끌 만한 내용으로 이 공간을 채우고 싶어한다. 하지만 여백을 적당히 두면 고급스러운 느낌이 들고, 요소들을 고립시켜 시선이 집중된다.

(4) 서열

시각적으로 서열을 뚜렷하게 나누면 어떤 요소가 가장 중요한지 바로 알 수 있다.

(5) 통일성

통일성 있는 슬라이드를 보면 주제에서 응집력이 느껴진다. 슬라이드 전체의 글자 모양, 색상, 영상 처리, 요소 배치를 통일성 있게 처리함으로써 그러한 효과를 거둘 수 있다.

5) 슬라이드 만들 때 주의할 점

프레젠테이션에서 통계를 제시할 때는 무엇보다 잘 보이게 해야 한다. 청중은 발표자가 영사하는 도표를 시간을 두고 보거나 가까이 당겨서 자세히 확인할 수 없기 때문이다. 게다가 슬라이드가 넘어가기 전에 통계의 의미까지 파악해야 한다.

사람들은 처음에 제목을 읽고, 자료의 모양을 확인하고, 축을 본다. 번거로운 과정을 거쳐야 하는 것이다. 따라서 슬라이드에 있는 정보가 시각적으로 복잡하면 청중은 굳이 시간을 내서 해석하려 하지 않을 것이다.

(1) 중요한 것만 부각하자

스스로에게 질문을 던져라. '나는 사람들이 이 통계를 보고 무엇을 기억하길 바라는가'

그리고 이 질문에 대한 답을 시각화하라.

(2) 사실대로 전달하자

발표자가 예를 들어 도표를 대충 보여주고 지나가는 것은 사실성을 왜곡하는 것이다.

(3) 목적에 맞는 형식을 선택하자

기업에서 일반적으로 이용하는 도표는 원형, 막대, 행렬, 선 그래프다.

(4) 숫자에 담긴 뜻을 분석하자

단순히 통계만 제시하지 말고 '왜'와 '어떻게'를 설명하라. 수치가 올라갔다면 무엇이 수치를 올라가게 만든건지, 사람들은 그러한 변화에 어떤 영향을 미쳤는지, 그로부터 또 어떤 영향을 받을지 분석해야 한다.

(5) 비교를 통해 규모를 표현하자

수치가 클수록 규모를 실감하기 어렵다. 청중이 규모를 짐작할 수 있도록 구체적으로 비교해서 설명한다.

2. 슬라이드 사용 여부

얼마나 많은 슬라이드를 준비해야 할까? 이는 청중의 특성, 사용하는 기술, 발표 환경, 발표자의 속도감, 숙련도에 따라 달라진다. 한 시간 동안 슬라이드 세 장을 보여주는 발표자도 있고, 200장 이상 보여주는 발표자도 있을 것이다. 프레젠테이션을 구상하면서 슬라이드 수에 영향을 미칠 변수를 고려하라.

1) 슬라이드를 사용하지 않는 경우

청중과 매우 개인적인 관계를 맺어야 하거나 편안한 분위기에서 간단한 발표를 하는 경우라면 슬라이드를 쓰지 말자. 슬라이드가 모든 상황에 효과적인 것은 아니다.

대중 연설 전문 블로그 '60분(Sixty Minutes)'에서 앤드루 들루건(Andrew Dlugan)이 말한 것처럼 졸업식, 송사, 결혼식 축배, 정리 해고 발표 자리에서 슬라이드 사용은 금물이다. 슬라이드를 쓰는 게 적절할지 확신이 서지 않는다면 슬라이드를 가지고 가되 슬라이드 노트 출력물을 준비한다.

현장에 가서 보면 노트북을 꺼 놓는 게 최선이라고 판단되는 경우가 있다. 청중은 말로만 들을 때보다 내용을 눈으로 볼 때 더 빨리, 더 정확하게 이해하며, 더 오래 기억한다. 프레젠테이션에서 시각자료로 활용할 수 있는 대상은 다양하며 실물을 직접 보여 줄 수도 있으며 모형이나 사진, 그림을 사용할 수도 있다.

2) 적당한 수의 슬라이드를 사용하는 경우

분당 한두 개, 다시 말해 한 시간에 30~60개의 슬라이드를 사용하라고 권하는 전문가들이 있다. 이는 기업 프레젠테이션에서 사용하는 슬라이드의 평균적인 개수인데, 대부분은 각 슬라이드에 지나치게 많은 정보를 쑤셔 넣는다. 슬라이드 하나당 하나의 아이디어로 내용을 나누면, 60개가 훨씬 넘을 것이다.

3) 많은 수의 슬라이드를 사용하는 경우

분당 5개의 슬라이드를 사용하는 발표자도 있다. 이처럼 속사포로 말하면 청중은 정신을 바짝 차리게 된다. 슬라이드를 클릭할 때마다 새로운 정보를 봐야 할 테니 말이다. 발표자는 여러 번 예행연습을 하면서 세심하게 속도를 조절해야 한다.

40분짜리 발표에 14.5개의 슬라이드를 사용한다(글머리 기호를 여는 횟수까지 세면 최대 300회까지 클릭한다). 그러나 청중에게 몇 개의 슬라이드를 사용한 것 같으냐고 물으면 대개 30~50개라고 답한다.

다만, 슬라이드 수에는 신경 쓰지 마라. 슬라이드 그 자체를 중요한 것으로 만들어라.

3. 시각화 방법

비즈니스 프레젠테이션에서 시각화는 복잡한 정보를 간단하고 이해하기 쉬운 형태로 전달하는 효과적인 방법이다. 다음 표는 파워포인트 이용할 때 시각화하는 방법이다.

〈표 8〉 맥킨지의 파워포인트 시각화 방법

구분	주요내용	비고
컬러	• 한 슬라이드에 전혀 다른 세 가지 색상 초과 금지 • 동일한 계열의 그라데이션 색상화 권장	• 그라데이션: 색상의 단계적 차이를 두는 것
폰트	• 한 슬라이드에 세 가지 이상의 폰트 사용 금지 • 각 폰트별 배율이 구분되어야 함을 강조	• 비즈니스에 어울리는 폰트 - 슬라이드 제목: 헤드라인 서체 - 내용: 고딕체 - 바탕, 샘물, 궁서체는 적합하지 않음
이미지	• 세 가지 인포그래픽 이미지 적용 - 차트 - 다이어그램 - 일러스트레이션	• 인포그래픽 활용
내용 구성	• 세 개의 핵심 메시지 전달 강조 • 세 개의 카테고리 내용 구조화	

여기에는 사진, 다이어그램, 데이터 시각화, 텍스트, 그리고 비디오가 포함될 수 있다. 각각의 시각화 방법은 특정한 목적과 청중에 맞게 적절히 사용되어야 한다. 아래 내용은 A4 기준 약 2페이지 분량으로 각 시각화 방법을 구체적으로 설명한다.

1) 사진

사진은 프레젠테이션에 생동감을 더하고, 관련 주제나 아이디어를 즉각적으로 전달할 수 있는 강력한 도구이다. 사진을 사용할 때는 다음 사항을 고려해야 한다.

- **관련성**: 주제와 직접적으로 관련 있는 사진을 선택하여 청중이 내용을 더 쉽게 이해할 수 있도록 한다.
- **고화질**: 고화질의 사진을 사용해 프레젠테이션의 전문성을 유지한다.
- **저작권 고려**: 저작권에 문제가 없는 이미지를 사용하거나 적절한 라이선스를 구입한다.

2) 다이어그램

다이어그램은 프로세스, 구조, 관계 등을 명확하게 설명하기 위해 사용한다. 다이어그램을 효과적으로 사용하기 위한 팁은 다음과 같다.

- **단순성**: 복잡성을 최소화하고 주요 포인트에 집중하여 청중이 쉽게 이해할 수 있도록 한다.
- **컬러 사용**: 다양한 요소를 구분하기 위해 색상을 사용하지만, 과도한 색상 사용은 피한다.
- **레이블링**: 모든 요소가 명확하게 레이블링되어 있어야 한다.

3) 데이터 시각화

데이터 시각화는 통계, 추세, 패턴 등을 그래프, 차트, 맵 등으로 표현한다. 데이터를 시각화할 때는 다음을 고려한다.

- **적절한 유형 선택**: 데이터의 성격에 맞는 차트(막대 그래프, 선 그래프, 파이 차트 등)를 선택한다.
- **간결성**: 정보를 간결하게 전달하며, 불필요한 정보는 제거한다.
- **인터랙티브 요소**: 가능한 경우, 인터랙티브 차트나 그래프를 사용하여 청중의 참여를 유도한다.

4) 텍스트

텍스트는 중요한 정보를 전달하는 데 사용되지만, 과도한 텍스트 사용은 청중의 관심을 분산시킬 수 있다. 텍스트를 효과적으로 사용하기 위해 다음과 같이 고려한다.

- **핵심 포인트 강조**: 중요한 정보는 굵은 글씨나 색상 변화를 통해 강조한다.
- **간결한 문장 사용**: 긴 문장보다는 간결하고 명확한 문장을 사용한다.
- **목록 활용**: 항목 목록이나 불릿 포인트를 사용하여 정보를 체계적으로 제시한다.

5) 비디오

비디오는 복잡한 개념을 설명하거나, 감정적인 연결을 만들 때 유용하다. 비디오를 사용할 때는 다음 사항을 고려한다.

- **짧고 명확하게**: 비디오는 길어야 몇 분을 넘지 않도록 하며, 주제와 직접적으로 관련되어야 한다.

- **프로페셔널 퀄리티**: 가능하다면 고품질의 비디오를 사용하여 프레젠테이션의 전문성을 유지한다.
- **적절한 타이밍**: 비디오는 프레젠테이션의 흐름을 방해하지 않도록 적절한 시점에 배치한다.
- 각각의 시각화 도구는 프레젠테이션의 다른 부분을 강화하고, 청중의 이해를 돕기 위해 서로 보완적으로 사용될 수 있다. 명확하고 일관된 시각적 스타일을 유지하며, 청중의 관심을 끌고 정보를 효과적으로 전달하기 위한 전략적인 결정을 내리는 것이 중요하다.

최근 비즈니스 프레젠테이션에서 각광받는 시각 자료에는 인공지능(AI) 기반의 프레젠테이션 도구, 동적인 온라인 프레젠테이션 플랫폼, 라이브 스트리밍, 그리고 인플루언서와의 장기 파트너십을 활용한 콘텐츠가 있다.

읽을 거리   **파워포인트 디자인 유용한 사이트**

[추천 고딕체]

– 수트

  다운로드: https://sun.fo/suit/

– 프리텐다드

  다운로드: https://cactus.tistory.com/306

– 에스코어드림

  다운로드: https://s-core.co.kr/company/font2/

– 나눔스퀘어 네오

  다운로드: https://hangeul.naver.com/font/nanum

– 페이북

  다운로드: https://paybooc.co.kr/app/paybooc/RPa...

[컬러 조합]

– Pigment (두 가지 색 조합 추천 사이트)

  링크: https://pigment.shapefactory.co/

– ColorSpace (지정 색과 어울리는 색 추천 사이트)

  링크: https://mycolor.space/

– FLATICON (아이콘 사이트)

  링크: https://www.flaticon.com/

– Pixabay (고화질 이미지 사이트)

  링크: https://pixabay.com/ko/

– Unsplash (고화질 이미지 사이트)

  링크: https://unsplash.com/ko

– FREEPIK

  링크: https://www.freepik.com/

제 **3** 부

프레젠테이션의 요소

| 제 7 장 |

청중의 이해

1. 청중의 이해

청중은 당신의 아이디어를 받아들여 널리 퍼트릴지, 그냥 묻을지 결정하는 장본인이다. 주도권을 쥐고 있는 쪽은 청중이므로 프레젠테이션을 할 때는 발표자가 낮은 자세로 임해야 한다.

발표 주제가 무엇이든 청중의 소망과 목표를 여과 장치 삼아 내용을 걸러야 한다. 발표자들은 대개 자기중심적이다. 그들에게는 전하려는 말이 있고 이를 효과적으로 전하고 싶어 하지만 준비 시간은 부족하다. 이런 압박감 때문에 청중에게 중요한 것이 무엇인지 잊어버리기 쉽다. 잠시라도 청중의 입장에서 생각하라.

청중이 프레젠테이션에 참석하는 이유는 발표자를 위해 무엇을 하기 위해서가 아니라 발표자가 청중을 위해 무엇을 할지 확인하기 위해서다. 이 사실은 프레젠테이션의 주가 무엇이든, 청중이 누구든 결코 변하지 않는다. 당신이 제시한 아이디어의 주인공은 청중이며 발표자는 그들의 멘토다. 발표자는 청중이 스스로의 모습을 머릿속에 그리며 발표자의 아이디어에 동참하도록 이끌어야 한다.

1) 청중 분류

만일 청중을 개성 없는 동질적인 사람들의 집단으로 생각한다면 그들과 관계를 맺고 그들을 행동하게 만들기 어려울 것이다. 그러니 청중을 상상할 때는 당신과 대화를 나누기 위해 줄 서서 기다리는 개별적인 사람들을 떠올려야한다.

청중은 사람들의 혼합체로, 대개 조직에서 맡은 역할과 의사결정의 권한, 근무 부서가 각각 다른 개인들로 구성된다. 이들은 저마다 다른 이유로 당신의 발표를 듣고 싶어 한다. 그러므로 프레젠테이션을 할 때는 청중을 특성별로 분류하고 그중 어떤 집단이 당신에게 가장 중요한지 판단한 뒤 그 집단의니즈를 중점적으로 다루어야 한다.

청중을 분류할 때는 다음 요소들을 고려하라.
• 정치적 특성 권력, 영향력, 의사결정과정
• 인구 통계학적 특성 연령, 교육 수준, 민족, 성별, 지역
• 심리적 특성 성격, 가치관, 태도, 관심사, 커뮤니티, 생활 방식
• 기업의 특성 직원 수, 총매출, 산업 분야, 지사 개수, 본사 위치
• 인종적 특성 사회적, 문화적 니즈

청중을 분류한 뒤에는 어떤 집단의 구성원이 의사결정 과정에 가장 중대한 영향을 미치는지 파악한다. 도움을 청할 경영진이 있는가? 업계에 지대한 영향력을 행사하는 고객이 참석했는가?

그다음에는 당신에게 가장 소중하고 유력한 이해 관계자들을 매료할 콘텐츠의 큐레이터가 되어야 한다. 영향력이 가장 큰 집단을 찾고 그들을 위한 프레젠테이션이라고 생각하며 내용을 채우는 것이다. 단 지나치게 전문적인 내용으로 다른 사람들을 소외하는 것은 금물이다. 많은 사람의 마음을 끌 만한 내용으로 하되 세부요소는 당신이 겨냥한 집단에 맞춰 구성해야 한다.

정치적, 인구 통계학적, 지역적, 심리적 특성 등에 따라 청중을 분류했다면 훌륭한 출발점을 마련한 셈이다. 하지만 청중과 관계를 맺으려면 좀 더 개인적인 면에서 그들을 이해해야 한다. 청중의 공감을 얻을 콘텐츠를 개발하려면 청중에 대한 깊이 있는 통찰을 얻기 위해 노력해야 한다는 뜻이다. 먼저 다음과 같이 자문해 보자.

(1) 그들은 어떤 사람인가?

청중의 하루를 생각해 보라. 당신이 그들을 파악하고 있다는 사실을 전달하기에 충분할 만큼 자세히 청중의 모습을 머릿속으로 묘사한다.

(2) 그들은 왜 여기에 있는가?

그들은 당신의 발표에서 무엇을 얻고자 하는가? 프레젠테이션에 자발적으로 참석했는가, 아니면 의무적으로 참석했는가? 그들이 원하는 내용이 담긴 부분을 강조하자.

(3) 그들은 무엇 때문에 밤잠을 설치는가?

누구에게나 두려움과 고민, 해묵은 아픔이 있다. 당신이 그들의 고민에 공감한다는 것, 그들을 도우러 왔다는 것을 알려 주자.

(4) 그들의 문제를 어떻게 해결할 것인가?

청중의 삶을 어떻게 개선할 것인가? 그들이 원하는 혜택에 해당되는 부분을 확실히 짚어 주자.

(5) 당신은 그들에게 무엇을 원하는가?

당신의 계획에서 청중이 맡은 역할은 무엇인지 파악하고, 청중이 해야 할 역할이 있음을 명확히 밝히자.

(6) 그들은 어떤 식으로 거부할 수 있는가?

청중이 당신의 아이디어를 채택해 콜 투 액션(call to action)[1]을 수행하지 않을 이유가 있다면 무엇인가? 최대한 모든 장애물을 제거하자.

(7) 어떻게 하면 효과적으로 그들에게 닿을 수 있는가?

청중은 어떤 정보 전달 방식을 선호하는가? 발표 장소를 어떤 방식으로 꾸미고 싶어 하는가? 자료를 프레젠테이션에 앞서 검토하고 싶어 하는가, 아니면 프레젠테이션이 끝난 뒤에 검토하고 싶어 하는가? 요점을 가장 효과적으로 전달해 줄 분위기나 미디어는 무엇인가? 청중이 원하는 것을 청중이 원하는 방식대로 전달하자.

2) 청중이 원하는 것은 무엇인가?

발표자는 청중에게 행동이나 믿음을 크게든 작게든 바꾸라고 요청하기 마련이다. 프레젠테이션 슬라이드를 작성하려면 우선 그 변화의 경로(출발 지점과 도착 지점)를 상세히 설계해야 한다. 이 단계는 대단히 중요하다. 당신이 원하는 도착 지점이야말로 프레젠테이션을 시작한 목표이며, 청중 스스로는 닿지 못할 지점이기 때문이다. 이렇게 자문해 보자. 청중이 어떤 믿음을 얻기를

---

1   마케팅에서 콜 투 액션은 사용자의 반응을 유도하는 행위 혹은 요소를 말한다. 웹사이트 또는 모바일앱에서 우리가 흔히 보는 '배너', '버튼', '링크' 등이 이런 요소에 해당된다. 본 책에서는 잠재 고객에게 어떤 행위를 유도하기 위해 신호를 보내는 행위로 이해할 수 있다.

원하는가, 그들의 행동을 어떻게 바꾸고 싶은가, 행동을 바꾸려면 그들의 태도나 감정을 어떻게 바꾸어야 하는가?

발표 장소에 들어서기 전의 청중은 어떤 사람인지, 당신은 그들이 어떤 모습으로 그곳을 나서기 바라는지 곰곰이 생각해 봄으로써 당신이 원하는 그들의 변화를 정의하자.

예를 들어 당신이 대학 개발부에 근무하는데 기부할 가능성이 있는 청중에게 기부제로 발표한다고 하자. 이때 청중이 경험하는 변화는 다음과 같을 것이다.

〈표 1〉 **청중의 변화**

출발지점	도착지점
학교에서 기부금을 제대로 활용할지 의심함	교수진, 학생, 동문의 혁신적인 연구에 대한 기대감과 기부하고 싶은 욕구가 생김

아무런 갈등 없이 일어나는 변화는 없다. 너무나 익숙한 생각, 많은 사람이 진리로 하는 견해에서 탈피시키거나 이미 규범이 된 행동 방식을 바꾸기는 녹록지 않다. 그럼에도 당신은 청중에게 오랜 믿음과 습관을 버리고 새로운 믿음과 습관을 취하라고 설득할 것이다. 일단 청중이 경험하게 될 변화를 이해하면 당신의 아이디어를 전개하기 위해 그들이 치러야 할 희생에 당신이 얼마나 공감하는지도 전달할 수 있다.

3) 공통점을 찾아서 공명을 일으켜야 한다.

발표자의 이야기를 듣는 청중의 반응은 광적으로 열광하거나, 어리둥절한 표정을 짓거나, 초점 없는 눈으로 따분해하는 등 다양하게 나타날 수 있다. 이러한 반응은 발표자기 청중과 얼마나 공명을 일으키느냐에 따라 달라진다.

공명은 물리적인 현상이다. 어떤 물체의 자연적인 진동 속도, 즉 공명 주파수를 건드리면 물체가 움직이는데 이를 공명이라고 한다. 공명을 일으킨 물체는 진동할 수도, 마구 흔들릴 수도, 마음을 움직이는 음을 낼 수도 있다. 소리굽쇠를 생각해 보라. 프레젠테이션은 이 소리굽쇠에 비유할 수 있다. 청중의 공명 주파수를 건드리면 그들을 움직일 수 있다.

그런데 어떻게 해야 청중의 마음을 움직일 만큼 깊은 공명을 일으킬 수 있을까? 당신과 청중의 공통점을 찾아 그 주파수를 토대로 소통하라. 당신과 청중이 공통적으로 가진 것이 무엇인지 찾아보라. 공통점을 찾으면 청중을 억지로 밀어붙이거나 잡아당기지 않아도 된다. 그들이 이미 믿고 있는 무언가를 건드리면 자발적으로 움직일 테니 말이다.

청중의 공명 주파수를 다음과 같은 요소로 찾을 수 있다.

(1) 공통 경험

당신과 청중이 공통적으로 겪은 경험은 무엇인가? 같은 기억, 역사적 사건, 관심사가 있는가?

(2) 공통 목표

어떤 미래를 향하고 있는가, 어떤 결과를 원하는가?

(3) 자질

청중을 이끄는 전문가로서 당신이 갖춘 독특한 자질은 무엇인가, 청중이 겪은 시련과 비슷한 일에 직면했을 때 당신은 무엇을 배웠는가, 그 통찰은 청중에게 어떻게 도움이 되는가?

당신이 얼마나 많은 공통점을 발견하느냐에 따라 청중과 맺는 관계의 깊이가 달라질 것이다.

ㆍ공통점이 많은 경우

가족, 친구, 동호회 회원, 종교 단체 등을 대상으로 발표할 때는 그들을 잘 알고 있을 뿐만 아니라 공유하고 있는 경험도 많고 관심사와 가치관도 잘 맞아서 공통점을 찾기가 쉽다.

ㆍ공통점이 적은 경우

동료에게 발표하는 경우라면 공통점을 찾기가 조금 힘들 것이다. 어느 정도 아는 사이지만 친한 친구나 가족만큼 잘 아는 것은 아니다. 공통된 관심사가 있기는 해도 한두 가지에 지나지 않을 수 있다. 그래도 그런 교차점을 진입로로 삼아라.

ㆍ공통점이 거의 없는 경우

다양한 청중, 이를테면 다양한 조직과 업계에 몸담고 있는 사람들로 구성된 집단이라면 여러 유형의 사람을 고려해야 한다. 사람마다 관점과 배경이 다르다 보니 겹치는 부분이 쉽게 눈에 띄지 않을 것이다. 공통점을 찾거나 만들어 내려면 다분히 노력해야겠지만, 찾기만 하면 그만한 보상이 따른다.

2. 고위 경영진에게 발표하는 법

실무지에게는 자신이 발표나 보고하고 있는 각각의 항목이 소중하고 중요하게 느껴지며, 모든 항목들이 의미있고, 서로 간의 연결성이 높게만 느껴지기 때문에 내용이 좀 많아 보인다 하더라도 내용을 줄이거나 버리는 것을 주저하기 마련이다.

〈표 2〉 실무자와 고위 경영진의 프레젠테이션 차이

실무자가 하는 프레젠테이션의 내용	고위 경영진이 관심있어 하는 내용
부분에 충실	전체와 개략을 중시
시간 흐름 순으로 보고	핵심 내용 먼저
배경, 필요성, 문제점을 우선	결혼, 해결, 효과, 효율에 관심
내용은 두껍고 많아야 설득력이 있음	내용은 얇고, 짧아야 경쟁력이 있음
실무에서 사용하는 전문용어와 약어 사용	알아들을 수 있는 일반용어 선호

고위 경영진은 다가가기 어려운 집단이다. 그들의 일정표에서 당신에게 내어 줄 시간을 찾기는 무척 어렵다.

다른 청중도 마찬가지지만 고위 경영진은 그 집단만의 특성이 있다. 바로 짧은 시간 안에 전달받은 정확한 정보를 토대로 중대한 결정을 내리는 사람들이라는 것이다. 그러므로 결말에 이르러서야 중요한 정보를 터트리는 장황한 발표는 이들에게 효과적이지 않다. 이들은 결론만 알고 싶어 한다. 당신이 자기만의 필살기를 동원할라치면 중간에서 끊어 버리기 일쑤다.

따라서 고위 경영자로 구성된 청중에게 발표할 때는 그들이 좀 더 쉽고 효율적으로 결정할 수 있게 유도하는 다음과 같은 방법을 동원해야 한다.

(1) 요점을 제시하자

프레젠테이션 분량을 배정된 시간보다 짧게 잡는다. 예컨대 배정된 시간이 30분이 라면 5분 동안 발표한다고 생각하고 내용을 구성하라. 그러면 청중의 관심사, 즉 고급 정보, 결론, 제안, 콜 투 액션을 중심으로 간결하게 전개할 수밖에 없다. 요점을 명확하게 전달한 뒤에 이를 뒷받침하는 자료나 중요하다고 판단되는 다른 분야의 이야기로 과감하게 넘어가자.

(2) 청중이 요구한 것을 제시하자

주제에서 벗어나지 말자. 그들이 당신을 선택한 것은 새로운 정보를 전달할 만한 사람이라고 판단했다는 의미이므로 그 특정한 요구를 재빨리 충족시켜야 한다.

(3) 기대치를 설정하자

청중에게 전체 30분 가운데 5분 동안 개요를 전달하고 나머지 시간에는 토론하겠다는 사실을 처음에 알려라. 그러면 대부분의 경영자는 5분 동안 잠자코 있다가 질문해도 된다고 판단될 때 당신에게 요지를 전달할 기회를 줄 것이다.

(4) 개요 슬라이드를 만들자

핵심 논점을 명확하고 간결하게 정리해 개요 슬라이드를 만들고 발표 순서대로 놓는다. 나머지 슬라이드는 부록으로 활용한다. 이때 개요와 부록의 비율은 '10퍼센트 법칙'을 따른다. 다시 말해 전체 50개 슬라이드를 만들 경우 초반 5개 가량을 개요 만드는 데 쓴다. 개요를 발표한 다음에는 청중에게 대화의 주도권을 넘긴다. 대부분의 경영진은 의사결정에 도움이 되는 논점을 심층적으로 이해하고 싶어 할 것이다. 경영진이 질문을 하면 해당 슬라이드를 부록에서 재빨리 꺼내 설명해야 한다.

(5) 연습하자

경영진을 설득해 자신의 아이디어를 통과시킨 적이 있는 경험자들에게 슬라이드를 보여준다. 주제를 명확하고 신속하게 전달하는지 개요 슬라이드만 봐도 모든 요소가 한 눈에 파악되는지 청중이 기대할 만한 무언가가 빠지지는 않았는지 점검한다.

3. 청중의 성향

1) 성격구조

성격은 '개인의 환경에 대한 적응을 결정짓는 특징적인 행동패턴과 사고양식'으로 정의하고 있다. 이 정의에서 보면 '행동과 사고'라는 용어가 나오는데 인간의 성격은 눈으로 직접 볼 수 있는 것이 아니라 외부로 드러난 행동과 사고유형을 통해 역으로 추론하는 것이다.

프로이트의 구조 모델에 따르면, 성격은 행동을 지배한 3가지 시스템인 원초아(id), 자아(ego), 초자아(super-ego)로 구성되어 있으며 이것들은 서로 상호작용한다. 출생과 동시에 나타나는 원초아는 성격의 가장 원초적인 부분으로 자아와 초자아도 여기에서 발달한다. 원초아는 가장 기본적인 생물학적 충동으로 구성되어 있다.

그림 1 **프로이트의 심리 역동 원리**

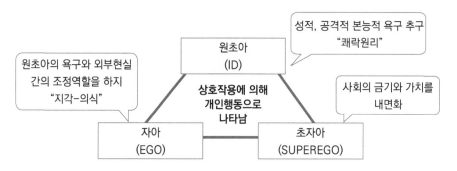

아이가 성장할 때, 자아가 발달하기 시작한다. 아이는 자신의 충동이 언제나 즉각적으로 충족될 수 없다는 것을 알게 된다. 성격의 한 부분인 자아는 아동이 현실의 요구를 고려하는 것을 배우면서 발달한다. 자아는 현실원리에 따르기에 충동의 만족은 그 상황이 적절할 때까지 지연되어야 한다는 것을 아이에게 말해준다. 따라서 자아는 본질적으로 성격의 집행자로 원초아의 요구,

현실 그리고 초자아의 요구 간을 중재한다.

초자아는 행위가 옳고 그른지를 판단한다. 초자아는 사회의 가치와 도덕에 관한 내면화된 표상으로 개인의 양심과 도덕적으로 이상적인 사람에 관한 이미지이다. 프로이트에 의하면, 초자아는 아동 중기 동안 부모가 주는 상과 처벌에 대한 반응 그리고 동일시 과정을 통해 형성된다.

성격의 이러한 세 가지 성분은 종종 갈등을 일으킨다. 자아는 원초아가 원하는 충동의 즉각적 만족을 지연시킨다. 초자아는 원초아와 자아 두 성분 모두와 싸우는데, 이는 원초아와 자아의 행동에 도덕적 요소가 부족하기 때문이다. 매우 잘 통합된 성격의 경우, 자아는 안정적이면서 융통성 있는 통제를 유지하고 현실원리가 지배한다. 프로이트는 원초아의 전부와 자아와 초자아의 대부분이 무의식에 있고, 자아와 초자아의 작은 부분만이 의식적이거나 전의식적이라고 제안하였다.

2) 호나이의 성격 이론

프로이트의 동료들 중 몇몇은 성격이 본능적이고 성적이라는 프로이트의 생각에 동의하지 않고, 대신에 사회적 관계가 성격형성과 발달에 기본이라고 믿었다. 이런 신 프로이트 학파의 성격이론들 중에서 소비자 영역에 잘 적용되는 카렌 호나이(Karren Horney)의 이론에 대해 간략히 언급하고자 한다.

호나이는 불안에 흥미를 두었고, 특히 불안한 감정을 극복하려는 개인의 욕망에 관심을 두었다. 이는 순응, 공격, 이탈의 3가지 성격 집단으로 분류될 수 있다.

- **순응적(compliant) 성격:** 이에 해당하는 개인은 타인을 향해 움직이는 사람으로, 사랑받고 인정받기를 바라는 경향이 강하다.
- **공격적(aggressive) 성격:** 이에 해당하는 개인은 타인에게 대항해 행동하는 사람으로, 남보다 우위에 서려 하고 칭찬을 들으려는 경향이 강하다.

• **이탈적(detached) 성격:** 이에 해당하는 개인은 타인으로부터 멀어지려는 사람으로, 독립적이고 자기충족적이며 자유로워지려는 경향이 강하다.

3) 특질론

특질론은 사람들을 그들의 지배적인 특성 또는 특질에 따라 분류하는 것이다. 심리학자에 의하면, 특질(trait)은 '한 개인을 다른 사람과 비교적 영속적이며 일관되게 구분해 주는 어떤 특성'이다. 특질론은 사람들의 성향을 형용사로 기술하며, 사람들의 성격은 형용사로 표현된 특정한 특질들의 결합으로부터 나타난다. 예를 들어 사람은 자신의 성격이 어떠냐는 물음에 '보수적인', '외향적인', '침착한', '사교적인'등의 형용사를 사용하여 답하곤 하는데, 이것이 바로 특질이며, 이러한 특질들의 결합(안정적이고, 외향적이며, 사교적인 등)이 성격으로 나타난다.

〈표 3〉은 다양한 평가 도구를 사용해 요인분석한 결과 신뢰성 있게 나타나는 5개의 특질요인(Big-5요인)을 나타낸다. 제시된 형용사 쌍은 각 요인을 잘 나타내는 특질 척도의 예들이다(McCrae & Costa, 1987).

〈표 3〉 대표적인 5개 특질요인

특질요인	대표적인 특질척도
개방성	인습적인-창의적인, 무사안일한-대담한, 보수적인-자유로운
성실성	부주의한-조심스러운, 믿을 수 없는-믿을 만한, 게으른-성실한
외향성	위축된-사교적인, 조용한-말 많은, 억제된-자발적인
친밀성	성마른-성품이 좋은, 무자비한-마음이 따뜻한, 이기적-이타적
신경증	침착한-걱정 많은, 강인한-상처를 잘 입는, 안정된-불안정한

4) MBTI(Myers & Briggs Type Indication)

Jung의 심리유형론에 근거하여 Myers와 Briggs가 개발한 MBTI(Myers & Briggs Type Indication)[2] 성격유형 검사 도구는 자기이해와 타인이해 및 수용에 효과적이며 상대방을 이해하는 데 활용할 수 있는 성격의 선호유형을 찾는 검사 도구이다.

그림 2 MBTI 선호지표

외향(E) Extroversion	에너지의 방향(주의 초점) ←→	내향(I) Introversion
감각(S) Sensing	정보수집(인식의 기능) ←→	직관(N) Intuition
사고(T) Thinking	판단과 결정(판단의 기능) ←→	감정(F) Feeling
판단(J) Judging	이해 양식(생활 양식) ←→	인식(P) Perceiving

[그림 2]와 같이 각 선호지표에 대해 자세히 살펴보면 다음과 같다.

---

2   캐서린 쿡 브릭스(Katharine C. Briggs)와 그의 딸 이사벨 브릭스 마이어스(Isabel B. Myers)가 칼 융의 성격 유형 이론을 근거로 개발한 성격유형 선호지표이다. 이 검사는 제2차 세계 대전 시기에 개발되었다. MBTI를 활용한 검사는 좋고(효율적) 나쁜(비효율적) 성격을 구별하는 것이 아니라 환경이라는 변수를 개입함으로써 사람들의 근본적인 선호성을 알아내고 각자의 선호성이 개별적으로 또는 복합적으로 어떻게 작용하는지의 결과를 예측하여 실생활에 도움을 얻고자 하는 개인의 어떤 특성을 나타내는 제시도(indicator)이다(김정택·심혜숙, 2000). MBTI 활용은 개인의 심리적 특성인 성격유형의 차이를 이해하고 수용하는 역동을 통하여 대인관계 능력을 향상시킬 수 있다고 보았다. MBTI 활용으로 성격과 잠재력을 발견, 개발함으로써 건강한 자아 정체감이 형성될 수 있다.

(1) 외향성(Extroversion) – 내향성(Introversion)

외향성과 내향성의 지표는 개인의 주의집중과 에너지의 방향이 인간의 외부로 향하는지 내부로 향하는지를 나타내는 지표이다.

외향성인 사람들은 주로 외부세계를 지향하고 인식과 판단에 있어서도 외부의 사람이나 사물에 초점을 맞춘다. 또한 바깥에 나가 활동을 해야 활력을 얻는다. 이들은 행동 지향적이고, 때로는 충동적으로 사람들을 만나며, 솔직하고 사교성이 풍부하며 대화를 즐긴다.

내향성인 사람들은 내적 세계를 지향하므로 바깥 세계보다는 자기 내부의 개념(concept)이나 생각 또는 이념(idea)에 더 관심을 둔다. 관념적 사고를 좋아하고, 자기 내면세계에서 일어나는 것에 의해 에너지를 얻으며 주로 생각하는 활동을 좋아한다.

(2) 감각형(Sensing) – 직관형(Intuition)

감각형과 직관형의 지표는 정보를 인식하는 방식에서의 경향성을 반영한다. 감각기능을 선호하는 사람들은 모든 정보를 자신의 오감에 의존하여 받아들이는 경향이 있다. 이들은 현재 이 상황에 주어져 있는 것을 수용하고 처리하는 경향이 있으며 실제적이고 현실적이다. 또한 자신이 직접 경험하고 있는 일을 중시하며 관찰능력이 뛰어나고 세세한 것까지 기억을 잘하며 구체적이다.

직관기능을 선호하는 사람들은 오감보다는 통찰, 소위 말하는 육감이나 영감에 의존하여, 구체적인 사실이나 사건보다는 이면에 감추어진 의미, 관계 가능성 또는 비전을 보고자 한다. 이들은 세부적이고 구체적인 사실보다는 전체를 파악하고 본질적인 패턴을 이해하려고 애쓰며 미래의 성취와 변화, 다양성을 즐긴다.

(3) 사고형(Thinking) – 감정형(Feeling)

사고와 감정기능은 인식된 정보를 가지고 판단을 내릴 때 쓰는 기능이다.

사고형은 객관적인 기준을 바탕으로 정보를 비교 분석하고 논리적 결과를 바탕으로 판단한다. 사고형은 인정에 얽매이기보다 원칙에 입각하여 판단하며, 정의와 공정성, 무엇이 옳고 그른가에 따라 판단한다. 따라서 인간미가 적다는 얘기를 들을 수있으며 객관적 기준을 중시하는 과정에서 타인의 마음이나 기분을 간과할 수 있다.

감정기능을 선호하는 사람은 친화적이고, 따뜻한 조화로운 인간관계를 중시한다. 객관적인 기준보다는 자기 자신과 다른 사람들이 부여하는 가치를 중시하여 판단한다. 즉, 논리 분석보다는 자기자신이나 타인에게 어떤 영향을 줄 것인가 하는 점을 더 중시하며, 원리 원칙보다는 사람의 마음을 다치지 않게 하는 데 더 신경을 쓴다. 이러한 성향으로 사람과 관계된 일을 결정해야 할 때 우유부단해지거나 어려움을 겪을 수 있다.

(4) 판단형(Judging) – 인식형(Perceiving)

판단과 인식은 외부세계에 대한 태도나 적응 면에서 어떤 과정을 선호하는가를 말한다.

판단형은 의사를 결정하고 종결을 짓고 활동을 계획하고 어떤 일이든 조직적 · 체계적으로 진행하는 것을 좋아한다. 판단형은 계획을 짜서 일을 추진하고 미리미리 준비하는 편이며, 정한 시간 내에 마무리해야 직성이 풀린다. 외부행동을 보아도 빈틈없고 단호하며 목적의식이 뚜렷하다.

반면, 인식형은 삶을 통제하고 조절하기보다는 상황에 맞추어 자율적으로 살아가기를 원한다. 또한 자발적이고 호기심이 많고 적응력이 높으며, 새로운 사건이나 변화를 추구한다.

5) DISC

1928년 미국 컬럼비아대학 교수인 William Mouston Marston 박사가 개발한 DISC 행동유형 모델은 인간은 환경을 어떻게 인식하고 또한 그 환경 속에서 자기 개인의 힘을 어떻게 인식하느냐에 따라 4가지 형태로 행동하게 된다고 한다. 이러한 인식을 바탕으로 한 인간의 행동을 각각 주도형, 사교형, 안정형, 신중형, 즉 DISC 행동유형으로 분류하였다.

그림 3 DISC 유형

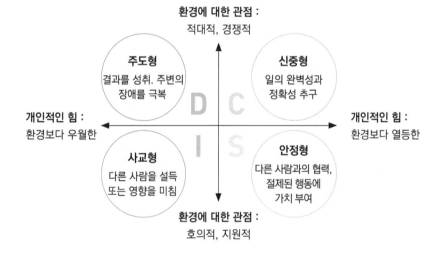

〈표 4〉 DISC 행동 유형의 특징

D – 주도형	I – 사교형
• 빠른 결과를 얻고 싶어함 • 의사결정을 쉽게 빠르게 내림 • 짧게 요점을 말함 • 목소리가 크고 자신감이 있음 • 공적 접근방식을 취함	• 첫인상이 호의적이고 친절함 • 잘 웃고 명랑하고 활기차 보임 • 말을 먼저 하거나 대화하는 것을 좋아함 • 목소리의 높낮이에 변화가 있음 • 감정교류가 있으며 즉흥적 결정을 잘함
S – 안정형	**C – 신중형**
• 부드럽게 말하고 인상이 편안함 • 말하기보다 주로 말을 듣는 경향이 있음 • 목소리가 작은 편이고 강약의 변화가 적음 • 인내심이 있어 남의 이야기를 잘 들어줌 • 제스처를 많이 쓰지 않음	• 정확한 자료, 정보를 듣기 원함 • 사무적인 말투로 표현함 • 세부사항에 신경을 많이 씀 • 조심스럽고 조용하며 예의바르게 다가옴 • 말을 먼저 하기보다는 궁금한 것을 질문함

〈표 5〉 DISC 행동 유형별 청중 응대방법

D – 주도형	I – 사교형
• 직접적인 대답. 확실성, 요점을 제시하라. • 결과물을 강조하라. • 옵션과 기능성을 제시하라. • 사실, 상태, 아이디어에 동의하라. • 두서없이 말하는 것을 피하라. • 요약하고 종료하라.	• 새롭고 특별한 깃임을 강조하라. • 명료하게 설명하라. • 전문가의 추천을 강조하라. • 충분한 대화를 주고받을 기회를 제공하라. • 열정적이 되어라. • 편하고 친근하고 따뜻하게 대하라.
S – 안정형	**C – 신중형**
• 인간적인 진정성 있는 관심을 표명하라. • 꾸준하게 정기적 접촉을 유지하라. • 결정에 따르는 위협요인을 최소화할 방안을 제시하고 확신을 심어주라. • 참을성 있게 구매목표를 끌어내고, 목표 달성을 도와주라.	• 예상 질문에 철저히 대비하라. • 작은 것이라도 약속을 꼭 지켜라. • 자료 정보를 비교 검토할 시간을 주고 반응을 기다려라. • 동의하지 않는다면 왜 그렇게 생각하는지 예의를 갖춰 질문하라.

〈표 6〉 DISC 행동 유형별 청중에 대한 주의사항

D – 주도형	I – 사교형
• 우유부단함을 보이지 마라. • 지나치게 친근함을 보이지 마라. • 지나치게 일반화하지 마라. • 너무 자세한 자료를 제공하지 마라. • 말을 너무 많이 하지 마라. • 청중을 대신해 결정을 내리지 마라.	• 사교적인 언급을 무시하지 마라. • 제안하거나 끼어드는 것을 막지 마라. • 지나친 세부 사항을 언급하지 마라. • 차갑게 묵묵하게 있지 마라. • 지나친 거리감을 주지 마라.
S – 안정형	C – 신중형
• 지나치게 직설적으로 말하지 마라. • 내 요구 또는 주장을 강하게 내세우지 마라. • 일을 너무 빠르게 진행하지 마라. • 갑작스럽게 제안하지 마라. • 너무 자세하게 설명하지 마라.	• 너무 개인적인 질문을 하지 마라. • 지나치게 친근하게 행동하지 마라. • 감성에 호소하는 접근을 하지 마라. • 근거 없는 주장을 하지 마라. • 청중이 하는 질문을 사소하게 여기지 마라.

| 제8장 |

프레젠터의 이해

1. 올바른 인사

우리는 하루에도 몇 번씩 인사를 한다. 인사는 '人(사람 인)'과 '事(일 사)'로 이루어진 단어로, '사람이 마땅히 섬기면서 할 일'을 뜻한다. 이는 사회생활에서 나 자신의 인상을 대표하는 것이자 인간관계에 있어서 가장 기초가 되는 행위이기 때문이다.

이러한 인사는 친절함을 나타낼 수 있는 가장 기본적인 행위이며, 상대방에 대한 마음가짐의 외적 표현으로 상대방에게 마음을 열고 다가가는 적극적인 마음의 표현이라 할 수 있다. 일반적으로 단순한 고갯짓이 아닌, 내가 먼저 상대방을 보면서 상황에 맞는 인사말과 미소를 곁들여 바른 자세로 행할 때 상대로부터 호감과 신뢰를 얻을 수 있을 것이다. 이러한 인사의 종류와 순서 및 기본 자세에 대하여 알아보자.

1) 인사하는 자세

인사는 자신을 상대방에게 알리는 첫 번째 단계로 상대방에 대한 호의와 존경심, 친근함을 표현해 주는 마음가짐의 외적 표현양식이다. 적극적인 태도로 정중한 마음 자세를 가지고 상황에 맞는 인사말과 바른 자세로 신뢰감을 전달하고, 상대방의 마음을 열게 한다.

- **표정:** 밝고 부드러운 미소
- **시선:** 인사 전후에는 상대방을 바라본다.
- **고개:** 반듯하게 들고
- **턱:** 턱은 내밀지 말고 자연스럽게 당긴다.
- **어깨:** 힘을 뺀다.
- **무릎, 등, 허리:** 자연스럽고 곧게 편다.
- **입:** 조용히 다문다.
- **손**
  - 남자: 차렷 자세로 계란을 쥐듯 손을 가볍게 쥐고 바지 재봉선에 맞춰 내린다.
  - 여자: 오른손이 위로 오도록 양손을 모아 가볍게 잡고[3] 오른손 엄지를 왼손 엄지와 인지 사이에 끼워 아랫배에 가볍게 댄다.
- **발:** 다리는 가지런히 하고 무릎은 구부리지 않는다. 발뒤꿈치를 붙이고 남자는 시계의 10시 10분 정도가 되게 벌리고, 여자는 11시 5분을 나타낸 정도로 벌린다. 허리에서 머리까지 일직선이 되도록 자세를 취한다.
- **마음:** 존경, 사랑, 감사의 마음을 담아야 한다.

---

3 공수의 기본 동작은 (1) 두 손의 손가락을 가지런히 붙여서 편 다음, 앞으로 모아 포갠다. (2) 엄지손가락은 깍지 끼듯이 교차시켜 포개는데 위의 손 엄지로 아래의 손 엄지를 꼭 감아쥔다. (3) 검지 이하 네 손가락은 가지런히 붙여서 포갠다.(위의 손 네 손가락으로 아래의 손 네 손가락을 지긋이 감아쥐어도 좋다.)
  (4) 평상시: 남자는 왼손이 위이고, 여자는 오른손이 위이다.
  (5) 흉사시: 남자는 오른손이 위이고, 여자는 왼손이 위이다.

2) 인사하는 방법

인사에 대한 근본적인 의미는 첫째로 상대방에 대한 불안감을 없애주는 것이고, 둘째는 상대방에게 대해 호의를 가지고 있다는 것을 보여주는 것이다. 또한 인사는 단순한 고갯짓이 아니라, 상대방을 보았을 때 상황에 맞는 인사말과 스마일을 곁들여 바른 자세로 행해야만 한다.

- **준비 단계**: 밝은 표정으로 상대방의 눈을 바라보면 바르게 선다.
- **1단계**: 가슴과 등을 자연스럽게 곧게 펴고 허리부터 숙인다.
- **2단계**: 숙인 상태에서 1초 정도 멈춰서 공손함을 더한다.
- **3단계**: 상체를 천천히 일으켜 세운다.
- **4단계**: 똑바로 서서 상대의 눈을 보며 미소와 함께 인사말을 전한다.

3) 인사의 종류

(1) 목례

목례(目禮)는 '눈인사'로 순화하여 부르기도 하며, 상체를 숙이지 않고 가볍게 머리만 숙여서 하는 인사 중에서 가장 가벼운 인사를 말한다. 이러한 목례를 하는 상황은 실내나 복도에서 자주 마주치는 경우, 양손에 무거운 짐을 들고 있는 경우, 모르는 사람과 마주칠 경우, 통화 중일 경우에 하게 된다.

(2) 약례

짧은 시간에 이루어지는 인사로, 반드시 미소와 함께 하는 인사가 약례다. 약례는 허리를 15도로 살짝 숙여서 하는 인사를 말한다. 보통 실내나 통로, 엘리베이터 안과 같이 협소한 공간에서나, 화장실과 같은 개인적인 공간, 상사나 손님을 여러 차례 만나는 경우, 상사가 주재하는 회의, 면담, 대화의 시작과 끝에서 할 수 있다. 이처럼 단시간, 좁은 공간에서 예를 갖춰야 할 때 하는 인사가 약례라고 할 수 있다.

약례	보통례	정중례

(3) 보통례

일상생활 중 어른이나 상사, 내방객을 맞을 때 하는 인사로 상대를 향하여 허리를 30도 정도 굽혀주는 인사다. 전통 인사법의 평절에 가까운 인사로 가장 기본이 되는 인사다. 보통례는 손님이나 상사를 만나거나 헤어지는 경우, 보편적으로 처음 만나 인사하는 경우, 상사에게 보고하거나 지시를 받을 경우에 하는 인사로 상대에 대한 정식 인사라고 할 수 있다. 단, 굽힌 허리를 너무 빨리 세우면, 가벼운 인사의 느낌이 들 수 있으니 주의해야 한다.

남자는 양손을 바지 재봉선에 대고 하며 여자는 공수 자세로 인사한다. 일반적인 인사이므로 일상생활에서 가장 많이 한다.

(4) 정중례

감사나 사죄의 마음을 전하는 경우에 45도 정도 허리를 굽혀서 마음을 전하는 인사다. 정중례는 감사의 뜻을 전할 경우, 잘못된 일에 대해 사과하는 경우, 면접이나 공식 석상에서 처음 인사하는 경우, VIP나 직장의 CEO를 맞이할 경우에 하는 인사다.

가장 정중한 표현이므로 가벼운 표정이나 입을 벌리고 웃는 행동은 삼가는 것이 좋다. 일반적인 상황에서는 정중례를 자주 하지 않으며, 대개 보통례와 목례가 많이 사용된다. 단 지나치게 허리를 굽힐 경우(예, 90도 인사)는 상대방으로 하여금 오히려 부담을 느끼게 할 수 있으므로 주의할 필요가 있다.

4) 잘못된 인사 습관

잘못된 인사 습관은 크게 네 가지 정도로 구분할 수 있다.

① 지나치게 공손하게 하는 인사이다. 이는 자칫 인사받는 사람이 부담을 느낄 수 있으며, 상황에 따라 아첨하는 사람으로 오해받을 수 있으므로 유의해야 한다.

② 턱을 들어서 하는 인사이다. 이러한 행동은 인사예법에 어긋나는 행동이니 주의해야 한다.

③ 고개만 까딱하는 인사이다. 이는 마치 하기 싫은 인사를 억지로 한다는 인상을 줄 수 있으며, 상대방이 불쾌함을 느낄 수 있다.

④ 고개를 옆으로 숙이면서 하는 인사이다. 이는 지나가다 마주친 경우에 자주 범하는 행동으로 인사는 반드시 바른 자세로 해야 한다.

2. 올바른 자세

1) 서 있는 자세

서 있는 자세는 몸 전체가 가장 많이 남의 시야에 드러나는 자세이므로 단정하고 바르지 못하면 그 사람의 인품을 떨어뜨리는 결과를 가져온다.

① 체중을 두 다리에 고르게 얹어 한쪽으로 흔들리거나 기울지 않게 한다.

② 발은 가장 편하게 약간 옆으로 벌린다.

③ 무릎과 엉덩이, 허리를 자연스럽고 곧게 편다.

④ 몸의 체중을 두 다리에 고르게 싣는다.

⑤ 두 손은 앞으로 모아 공수한다.

⑥ 가슴을 의도적으로 내밀거나 뒤로 젖히지 말고 자연스럽게 편다.

⑦ 두 어깨는 수평이 되게 반듯하게 해서 앞으로 굽히거나 뒤로 젖히지 않는다.

⑧ 고개는 반듯하게 들고 턱을 자연스럽게 한다.

⑨ 눈을 곱게 떠서 시선의 초점을 자기 키의 3배 정도로 정면에 둔다.

⑩ 입은 자연스럽게 다문다.

보기에 좋지 않은 자세는 다음과 같다.

① 무릎을 벌리고 서는 자세

② 어깨를 올리고 서는 자세

③ 뒷짐을 지고 서는 자세

④ 서 있을 때 손가락을 벌리는 자세

⑤ 몸의 중심이 잡히지 않는 자세

⑥ 기대거나 몸을 꼬는 자세

⑦ 등을 보이며 서는 자세

⑧ 산만한 자세

2) 일인용 의자에 앉는 자세

① 앉아야 할 의자의 옆에서 바른 자세로 정면을 향해 선다.

② 의자 쪽으로 몸을 약간 돌리면서 의자 쪽의 손으로 의자의 등받이를 잡아 의자가 흔들리지 않게 한다.

③ 의자의 반대쪽 발을 의자의 앞선보다 약간 앞으로 내디딘다.

④ 의자 쪽의 발을 의자에 앉았을 때 놓일 위치로 내디딘다.

⑤ 의자의 반대쪽 발을 앞에 내디딘 발과 가지런히 모으며 등받이를 잡은 손을 뗀다.

⑥ 의자가 밀려 흔들리지 않도록 두 손으로 의자의 양옆이나 팔걸이를 잡고 앉는다.

⑦ 남자는 두 무릎은 어깨너비보다 약간 좁게 벌리고, 양손은 가볍게 주먹을 쥔 상태에서 허벅지 중앙에 가지런히 얹는다. 여자는 무릎을 붙이고, 양손을 포갠 상태로 앉는 것이 바람직하다.

⑧ 등받이에 등을 기대지 않고 곧은 자세로 앉는다. 즉 등을 의자에 깊이 파묻으면서 흐트러진 자세를 취하는 것은 남 보기에 좋지 않다.

3) 걷는 자세

걷는다는 것은 바르게 선 자세에서 발을 움직여 위치를 옮기는 것이다. 걷는 것도 장소와 상황에 따라 여러 가지가 있다.

(1) 걷기의 기본 자세

① 몸의 중심은 바닥을 디딘 발에 얹는다.

② 몸은 흔들지 않고 발만 옮긴다.

③ 양팔은 자연스럽게 앞뒤로 흔들거나 앞으로 모아 공수한다.

④ 발바닥이 앞뒤에 보이지 않게 바닥과 발바닥이 평행이 되게 걷는다.

⑤ 발바닥을 바닥에 놓을 때는 앞과 뒤가 동시에 바닥에 닿게 놓는다.

⑥ 발끝을 벌리지 말고 일직선의 양옆에 놓이도록 곧게 걷는다.

⑦ 옷이 펄럭이지 않게 여미며 걷는다.

⑧ 뛰거나 허둥대지 말고 조용히 물이 흐르듯이 걷는다.

(2) 실내에서 걷기 자세

① 보폭을 옥외에서보다 좁게 한다.

② 발소리가 나지 않게 걷는다.

③ 실내에서는 발을 너무 높이 올리지 않는다.

④ 실외보다 팔을 작게 흔들고 발자국도 작게 뗀다.

⑤ 시선은 2~3m 앞을 본다.

⑥ 바쁘면 잔걸음을 빨리 걷는다.

(3) 계단을 오르내릴 때

① 발소리가 나지 않게 한다.

② 상체가 앞이나 뒤로 굽히지 않는다.

③ 계단을 오르내릴 때 아래쪽에 있는 사람이 위쪽에 있는 사람을 올려다
보는 것은 실례가 된다.

④ 계단을 오르내릴 때에는 천천히 조심성 있게 걷는다.

(4) 남의 앞을 지날 때

① 반드시 "실례합니다", "미안합니다"라고 양해를 구한다.

② 조용하면서도 민첩하게 걷는다.

③ 남의 몸에 기대거나 부딪치거나 옷이 스치지 않게 한다.

④ 상대에게 정면으로 뒷모습을 보이지 않는다.

⑤ 남의 앞을 정면으로 지나지 않고 뒤로 비켜서 지나간다.

⑥ 어른과 마주쳤을 때는 어른이 먼저 지나가시도록 비켜선다.

(5) 방향을 전환할 때

① 남의 앞에서 방향을 바꾸거나 물러날 때는 가급적이면 상대방에게 뒷모

습을 보이지 않도록 움직이는 선이 짧도록 한다.

② 뒤로 돌아서 물러날 때는 두어 걸음 뒤로 물러서서 돌아선다.

4) 출입의 자세

① 인기척을 낸다. (노크, 기침이나 말로 방 안에 있는 사람에게 양해를 구한다.)

② 문을 열고 닫을 때는 어깨, 등, 발을 쓰지 말고 가능하면 두 손으로 한다.

③ 두 손에 물건을 들었을 때는 물건을 내려놓고 손으로 문을 열고 닫는다.

④ 문턱을 밟지 않는다.

⑤ 방 안에 있는 사람에게는 될 수 있는 대로 뒷모습을 보이지 않는다.

⑥ 문은 소리 나지 않게 열고 닫으며 걷는 발소리도 안 나게 한다.

⑦ 문을 필요 이상으로 많이 열지 말고, 문을 열어놓은 채 다른 일을 하지 않는다.

5) 손으로 방향을 가리키는 자세

① 손등이 보이지 않게 한다.

② 손목은 굽지 않게 한다.

③ 손가락은 가지런히 모은다.

④ 손 전체로 가리킨다.

⑤ 거리에 따라 팔을 가까이 혹은 멀리 뻗어준다.

⑥ 팔을 쭉 펴기보다는 팔꿈치를 굽히면서 방향을 가리키는 것이 좋다.

⑦ 한 손으로 방향을 가리킬 경우 다른 한 손은 배꼽 주변에 둔다.

⑧ 오른쪽을 가리킬 때는 오른손을 사용하고, 왼쪽을 가리킬 때는 왼손을 사용한다.

⑨ 턱 끝이나 손가락으로 방향을 가리키면 안 된다.

3. 올바른 소개

사회생활을 하다 보면 늘 다른 사람들을 만나고, 끊임없이 인간관계를 맺어 나간다. 소개자를 통해 자신이 소개받게 되는 경우도 있고, 자신이 소개자가 되어 다른 사람을 소개해야 하는 경우도 있다.

사람을 처음 만났을 때 받은 인상은 오래 기억에 남는 법이기에 소개 매너에 대해 알아보도록 한다.

1) 소개 시의 자세

- 소개 시에는 소개를 받는 사람과 소개가 되는 사람 모두 일어서는 것이 원칙이다.
- 동성끼리 소개를 받을 때는 서로 일어선다.
- 남성이 여성을 소개를 받을 때는 일어선다.
- 여성이 남성을 소개 받을 때는 일어날 필요는 없다. 나이가 많은 부인이나 앉아있던 여성은 그대로 앉아 있어도 된다. 그러나 이것은 서양식에 불과하므로 우리나라는 일어나는 것도 좋다.
- 자신보다 지위가 높은 사람을 소개받을 때는 남녀에 관계없이 일어서는 것이 원칙이나 환자나 고령자인 사람은 예외이다.

2) 소개하는 순서

- 두 사람을 소개할 때는 윗사람에게 아랫사람을, 지위가 높은 사람에게 낮은 사람을, 선배에게 후배를, 연장자에게 연소자를, 기혼자에게 미혼자를, 더 중요한 사람에게 덜 중요한 사람을 먼저 소개한다.
- 이성 간에는 여성에게 남성을 먼저 소개한다. 단, 남성이 연장자이거나 사회적 지위가 높을 경우는 예외로 한다.

- 지위나 연령이 같을 때, 소개자가 잘 모르는 상대에게 잘 아는 사람을 먼저 소개한다.
- 가족의 경우에는 다른 사람에게 가족을 먼저 소개한다. 혹시 가족 중에 중요한 사람이나 여성이 있더라도 다른 사람에게 가족을 먼저 소개한다.
- 한 명을 여러 명에게 소개할 때는 전원에게 한 사람을 먼저 소개한 후, 전원을 단체로 소개한다. 그다음 단체의 개개인을 소개한다.

3) 소개 시 첫인사

- 누군가를 소개할 때는 그 사람의 특징과 장점을 정확히 전달해야 한다.
- 상대방이 소개할 때는 상대방의 얼굴을 쳐다보면서 이름을 주의해서 듣고 기억해 두도록 한다.
- 누군가의 소개로 첫인사를 할 때는 소개가 된 사람이 소개를 받은 사람에게 먼저 자기의 성명을 말하며 인사한다.

> 예) "이분은 □□회사의 △△△부장입니다"라고 소개하면,
> 소개가 된 사람은
> "처음 뵙겠습니다. 저는 □□회사 ◇◇부의 △△△입니다"라고 말한다.

첫인사를 할때는 정중하게 자기를 낮추고 상대를 존중한다.
상대방이 인적사항을 물을 때는 분명하게 대답한다.

> 예) 나이를 물었을 경우,
> "넷입니다"　　　(X)—끝 숫자만 말하면 안 된다.
> "스물넷입니다" (O)—분명히 말한다.

4. 올바른 악수

악수는 인간관계를 열어주는 문이라고 할 수 있다. 손을 맞잡음으로써 마음의 문을 열 수 있는 기회를 가지며, 손을 흔들면서 일체를 나타내는 의미를 가지게 되는 것이다.

하지만 악수를 하는 데 있어서도 기본적인 예의가 따른다. 무조건 손을 내밀어서도 안 되며, 적절한 상황에 따라 악수를 청하고 받을 수 있어야 한다.

1) 악수하는 순서

악수는 상호 대등한 의미이지만, 먼저 청하는 데에는 나름대로의 순서가 있다. 그 기준은 다음과 같다.

- 윗사람이 아랫사람에게 청할 수 있다.
- 선배가 후배에게 청할 수 있다.
- 기혼자가 미혼자에게 청할 수 있다.
- 상급자가 하급자에게 청할 수 있다.

그러나 국가 원수, 왕족, 성직자 등은 이러한 기준에서 예외가 될 수 있다. 왕족은 악수의 일반적인 순서와 상관없이 먼저 청할 수 있다.

2) 악수하는 방법

악수를 할 때는 원칙적으로 오른손을 사용하여 상대방이 아프지 않을 정도로 가볍게 잡는다. 그리고 악수할 때는 상대방의 눈을 직시하면서 미소 지으며 즐겁게 하는 것이 좋다.

또한 아랫사람이 윗사람과 악수할 때 자주 범하는 실수는 악수할 때 머리를 너무 숙이는 것인데, 이는 적절하지 않다.

- **자세**
- 악수하면서 지나치게 머리를 숙이며 굽신거리는 행동은 비굴하게 보이므로 바람직하지 않다. 따라서 악수는 허리를 숙이지 않고 바르게 세우고 한다. 하지만 대통령이나 왕족을 대하는 경우에는 머리를 숙인다.

- **시선 처리**
- 악수를 하는 동안은 상대의 눈을 보면서 밝은 표정으로 한다. 감정 교환의 중요한 수단인 상대방의 시선을 피하는 것은 상대의 의견을 무시하는 행위로 간주된다.

- **손을 잡을 때**
- 반드시 오른손으로 한다. 단, 오른손에 부상이나 장애가 있을 경우에는 왼손으로 한다.
- 남자는 악수할 때 장갑을 벗는 것이 예의이다. 특히 여성과 악수를 할 때에는 반드시 장갑을 벗어야 하는데, 다만, 우연한 만남으로 여성이 먼저 손을 내밀 때 다급하게 장갑을 벗느라 상대방을 기다리게 하는 것보다는 실례한다고 양해를 구한 후 장갑을 낀 채로 신속하게 악수를 하는 것이 좋다.
- 여성은 실외에서 악수를 하는 경우 반드시 장갑을 벗을 필요가 없으며, 낀 채로 해도 상관없다. 특히 공식적인 모임이나 행사에서 주최자로서 임할 때에는 손님에게 장갑을 낀 채로 악수를 청할 수 있다.
- 지위가 낮거나, 나이가 적은 사람이 손을 흔들어서는 안 되며, 악수를 청한 사람이 2~3회 흔들면 그에 응해주는 것이 좋다.
- 악수를 할 때는 양손을 걸치거나 어깨를 껴안는 등의 필요 없는 과장된 행동은 품위가 없어 보이므로 삼가야 한다.
- 손에 땀이 많이 났을 경우에는 양해를 구하고, 손수건을 닦은 후 악수한다.
- 일반적으로 조문을 할 경우에는 악수하지 않는다.

3) 잘못된 악수의 사례

• 사례 1. **손 아프다, 아파.**

악수를 하다 보면 상대의 손을 지나치게 꽉 잡을 수 있다. 이때 상대는 '뭐야, 힘자랑하는 거야…'라고 생각할 수 있으며, 불쾌감을 느낄 수도 있다.

반면, 상사 혹은 윗사람과 악수를 할 때 아랫사람들은 예의를 의식해서 지나치게 가볍게 잡는 경향이 있다. 이러한 행동은 자칫 상대방으로 하여금 자신감이 부족하다는 인상을 줄 수 있다.

• 사례 2. **이게 악수야? 그냥 손 잡는 거야?**

지나치게 반가움을 표현하기 위해 두 손으로 악수를 한다거나, 오랫동안 손을 잡은 상태로 이야기하는 경우가 있다. 혹은 반가운 마음에 손을 심하게 흔드는 경우도 종종 있다. 악수는 한 손으로 가볍게 하고 나서 이야기를 나누는 것이 예의에 맞는 행동이다.

• 사례 3. **지금 장난치는 거야?**

이런 경우는 드물지만, 악수를 하다가 손가락으로 장난을 치는 경우가 더러 있다. 이는 의식적으로 한다기보다 무의식적으로 친한 사람과 하던 버릇이 나타나는 것이다.

따라서 친한 사람과 악수를 할 때도 예의에 맞게 함으로써 나쁜 습관이 몸에 배지 않도록 주의해야 한다.

4) 명함 교환 매너

직장에서 자신의 인맥을 유지하고, 네트워크를 쌓아가는 수단으로서 명함은 중요한 의미를 갖는다. 명함은 자기를 소개하고 상대방으로 하여금 자기를 기억하게 하는 수단이 되며, 또한 받는 사람 입장에서도 명함이 인간관계 형성과 인맥 관리의 중요한 도구가 된다. 그러므로 직장인에 있어서 명함은 좋은 자료와 기회를 제대로 활용할 수 있도록 도움을 주는 소중한 도구라 할 수 있다.

(1) 명함 교환 예절

① 명함 교환 순서

아랫사람이 윗사람에게 먼저 명함을 주는 것이 기본이다. 하지만, 비즈니스에서 명함을 주고받는 것은 사회적 지위나 나이에 관계없이 부탁을 받는 측이 먼저 주고, 부탁을 하는 측이 나중이다.

비즈니스 관계가 아닌 경우에는 지위가 높은 사람이 먼저이고, 방문하는 사람이 나중이다.

여러 사람이 명함을 교환할 경우에는 윗사람부터 순서대로 명함을 교환한다. 처음으로 소개받은 사람과는 악수한 뒤 명함을 교환한다.

② 명함을 상대방에게 줄 때

명함을 주고받을 때 주의할 점은 명함 지갑에서 인사할 인원 수만큼 명함을 미리 꺼내서 명함 지갑 아래에 준비해두었다가, 상대방이 글씨를 읽을 수 있는 방향으로 명함을 전달한다.

꼭 일어나서 인사를 하고 건네며, 아랫사람이 먼저 "OO회사 OO부 홍길동입니다"라고 말하고 가볍게 머리를 숙인 다음에 명함을 전달한다. 이때 본인 명함은 상대방 명함보다 낮은 위치에서 내미는 게 좋다.

③ 명함을 상대방에게 받을 때

상대방의 명함을 받을 때는 "받겠습니다"라고 말하면서 양손으로 받는데, 이때 상대방 회사의 로고나 성함 부분을 손가락으로 가리지 않도록 주의해야 한다.

명함을 받자마자 지갑에 넣지 말고 상대방의 이름, 직책, 회사 위치 등을 확인하고 "좋은 이름이군요", "회사가 △△ 근처네요" 등 상대방과 대화 소재를 찾으면 좋다.

④ 명함 교환 방법

명함 교환 시에는 두 손으로 주고받는 것이 원칙이지만, 동시에 명함을 주고받는 상황에서는 오른손으로 주고, 왼손으로 받는다. 사실 동시에 명함을 주고받게 되는 상황이 제일 많다.

두 손으로 받을 때는 중지와 약지 사이에 상대방의 명함을 두고 내 명함은 상대방을 향해서 양손의 엄지와 집게 손가락으로 잡고 있다가 상대방에게 자신의 명함을 건네준다. 명함 지갑 위에 올려 받았을 때에는 자신의 명함케이스 위에 상대방의 명함을 올린 상태에서 그 위에 가운데 손가락을 넣고 나서 내 명함을 올린 후에 건넨다.

그림 4 명함 교환 방법

(2) 명함 교환 주의사항

- 명함은 본인의 얼굴을 나타내므로 항상 깨끗한 명함을 가지고 다녀야 하고 지저분하거나 꾸겨진 명함을 주는 것은 실례다.

- 명함이 떨어져서 없을 경우에는 "죄송합니다. 명함이 떨어졌습니다. 저는 ○○회사 ○○부 대리 홍길동입니다" 복귀 후 바로 받은 상대방의 명함을 확인하고 사과 메일을 보내는 것이 좋고, 다음에 만났을 때 상대방이 달라고 하기 전에 먼저 명함을 전달하는 것이 좋다.

- "명함이 없다"라는 말은 절대 해서는 안 된다. 이러한 상황을 미연에 방지하기 위해서는 (1) 명함은 언제든 바로바로 꺼낼 수 있는 곳을 정해두고 넣어야 한다. 가방에 명함 지갑을 두는 위치를 정해두거나, 남성의 경우는 가슴주머니도 좋다. (2) 가방을 바꿔도 명함을 잊지 않기 위해서는 저렴한 명함 지갑을 여러 개 사서 모든 가방에 넣어두는 것도 방법이다. 마지막으로 (3) 수첩이나 지갑에도 예비로 넣어둔다. 단, 상대에게 이곳에서 꺼내는 모습을 보이지 않도록 주의한다. 명함은 꼭 명함 지갑을 이용해야 한다.

- 명함 지갑을 선택할 때에는 내부에 칸막이가 있는 것이 좋다. 자신의 명함과 받은 명함을 정리해 넣을 수 있고, 꺼낼 때도 내 명함을 찾지 않아도 된다.

- 명함 지갑에 자신의 명함은 건넬 방향에 맞춰 넣어둔다. 명함 지갑을 연 후 돌리지 않고 매끄럽게 건네면 동작이 줄어 보기에도 자연스럽다.

그림 5 명함 지갑 선택 방법

- 테이블 위에 명함은 본인이 봐서 상대방 좌석 순으로 늘어놓고 이름과 얼굴을 확인하면서 이야기한다. 여기에서 주의해야 할 점은 테이블 위에 놓고 대화한 후 일어날 때 반드시 받은 명함을 챙겨야 한다.
- 1:1로 명함을 교환한 경우에는 받은 명함은 테이블 위에 직접 놓지 말고 내 명함 지갑 위에 올려놓는 게 좋다.
- 명함을 본인만 먼저 명함 지갑에 넣으면 실례가 되기 때문에 넣을 타이밍은 상대방 또는 미팅 전체의 분위기를 맞춰 판단하면 된다.
- 리셉션이나 모임 등에서 잠깐 만난 사람과 명함을 교환했을 경우에는 다음 날 메일을 보내고 나중에 공식적으로 인사하러 가고 싶다고 전달하는 게 좋다.

(3) 올바른 명함 관리

그렇다면 명함 관리, 어떻게 해야 할까?
- 명함을 받고 이메일을 보내면 효과적이다. 추후에 연락을 할 때 어색함과 불편함을 해소할 수 있으며, 상대방이 기억할 수 있는 기회를 제공한다.
- 상대방에게 받은 명함에는 미팅 내용을 메모해두는 것이 좋다. 예를 들면

미팅 날짜, 목적, 내용, 또 얼굴을 기억해야 하는 사람이라면 상대의 인상
착의 등을 메모하면 나중에 상기하기 좋다. 단, 상대가 보는 앞에서는 메모
하지 말아야 한다.

• 명함을 관리하는 다양한 프로그램이 출시되고 있으며, 이를 활용할 경우
효과적으로 관리할 수 있다. 이러한 프로그램을 활용한다면, 그 사람의
정보를 찾는 데 드는 시간을 줄일 수 있어 매우 효과적이다.

5. 올바른 호칭

1) 일반적 원칙

직장에서의 호칭은 상대방에게 불쾌감을 주는 표현이나 분위기에 맞지 않
게 표현하는 것을 삼가야 한다. 그리고 정중한 표현이라 해도 직장 내 분위기
를 망치는 호칭을 사용한다면 그것은 올바르지 않다. 호칭의 일반 원칙을 정
리하면 다음과 같다.

• 상사와 후배의 호칭 방법은 직명을 부르는 것이 일반적이나, 회사에 따라
다르므로 회사에서 정해진 호칭이 있을 때에는 그것에 따른다.

> 예) 사장을 포함한 모든 사람을 ○○○씨라고 부르는 경우도 있다.

• 회사 내 별다른 호칭이 없을 때에는 직장 분위기에 맞추어 직위로 부르는 것
이 원칙이다.
• 같은 직급의 선배나 동료를 부를 때에는 성을 정확하게 하고 성명에 씨를 붙
여서 ○○○씨, ○○○님, 자신보다 높은 직급이나 높은 상사에게는 직위에
'님'을 붙여서 부른다.

• 상사의 가족에게 상사를 이야기할 때에는 '님'을 붙인다.

> 예) "지금 ○○○과장님은 외출하셨습니다", "○○○과장님은 댁에 계십니까?"

2) 애매한 호칭 정리

(1) 직급 호칭

• 같은 부서의 상사일 경우, 성과 직급을 같이 호칭한다.

> 예) 김 실장님, 박 부장님

• 다른 부서의 상사일 경우, 부서명, 직급을 같이 호칭한다.

> 예) 인사과장님, 총무과장님

• 후배나 동급일 경우, 성(姓)과 직위 또는 바로 이름을 부른다.

> 예) 김 대리, 미연 씨

(2) 문서를 통한 직급 표현

• 문서상에서는 직접 부를 때와는 달리 상사를 호칭할 때 존칭을 생략해도 된다. 즉 '님'자를 생략해도 문제가 되지 않는다.

> 예) 부장님 지시 사항 → 부장 지시 사항

본인이 참석한 자리에서 그 지시를 전달할 때에는 '님'을 붙인다.

> 예) "부장님 지시사항을 말씀드리겠습니다"

(3) 높은 상사에게 아래 상사 표현

사원이 사장에게 과장에 대한 말을 전달할 경우 사원의 입장에서는 과장이 자신의 상사이지만 사장의 입장에서는 그렇지가 않기 때문에 사원은 사장에게 어떻게 과장의 말을 전달해야 할까?

압존법[4]은 말하는 사람 입장에서는 높여야 할 대상이나, 듣는 사람보다는 존귀한 대상이 아니어서 높이지 못하는 것을 말한다. 이는 가족 간이나 사제 간처럼 사적인 관계에서는 적용되나 직장에서는 적용되지 않는다. 따라서 직장에서 윗사람을 그보다 윗사람에게 지칭하는 경우, 예를 들어 사장님 앞에서 과장님을 지칭할 때 '과장님께서는'까지는 곤란하여도 '과장님이'처럼 '-님'을 쓰고, 주체를 높이는 '-시-'를 넣어 '사장님, 이 과장님이 어디 가셨습니다.' 처럼 높여 말하는 것이 우리의 언어 예절이다.

(4) 기타 오류

• 상사에 대한 존칭은 호칭에만 붙인다.

> 예) 사장님실 → 사장실, 부장님 가방 → 부장 가방

---

4   국립국어원의 '압존법'은 우리 전통 언어 예절 중 하나인데, 전통적으로 가족과 사제 간에만 쓰던 것을 일제 강점기를 겪으면서 가족과 사제 간 외의 다른 부분에도 압존법이 쓰이는 부분에 대한 의견을 밝히고 있다. 현재, '압존법'은 학교, 군대, 직장 등 많은 곳에서 실질적으로 쓰이기는 하나, 이것이 우리의 전통 예절은 아니라는 점에서 지양해야 한다는 것을 강조하고 있다.

• "말씀이 계시다"의 오류

> 예) 사장님 말씀이 계시겠습니다. → 사장님께서 말씀하시겠습니다.

3) 일반적인 호칭법

(1) '선생'의 바른 사용

• 존경할 만한 사람이나 처음 만나는 사람, 나이 차가 많은 연장에게는 '선생님'이란 호칭을 쓴다.
• 동년배나 연하, 연상의 하급자에게는 '선생'이 무난하다.

(2) '씨'의 바른 사용

• 동년배 또는 나이차가 위아래로 10년을 넘지 않을 때 쓴다.
• 20~30대의 연령층이 40~50대 연령층에 '씨'자를 붙여 쓰는 것은 삼가야 한다.
• 나이가 10세 이상 많을 때에는 'ㅇㅇㅇ 선생님'이라는 호칭을 쓴다.

(3) '형'의 바른 사용

• 위아래로 5세 범위 내에서만 사용한다.
• 다른 사람 앞에서 3인칭으로 쓸 때에는 성(姓)에 이름까지 붙여서 말한다.
• 연상의 하급자를 부를 때 사용할 수도 있다. 그러나 여직원에게 형이라고 부르는 것은 잘못된 호칭이다.
• 나이 차가 5세 이상 넘어가면 'ㅇㅇㅇ 선배님'으로 부르는 것이 무난하다.

(4) '나', '저', '저희'의 바른 사용

• 연하라도 상관일 경우 공식석상에서는 '저'라고 칭한다.
• 조직체의 장인 경우 공식행사 회의 때는 '저'라는 호칭을 사용한다.
• 다른 회사에 대해서 자신이 속한 회사를 칭할 때는 '저희 회사'가 맞다.

(5) '자네'의 바른 사용

• '자네'는 나이 든 어른이 가까운 젊은이를 대접해서 부르는 호칭이며, 초면이거나 친하지 않으면 쓸 수 없다.
• 나이 든 장인과 장모는 사위를 '자네'라고 불러도 무방하나, 될 수 있으면 'ㅇ서방'으로 부르는 것이 좋다.

매번 헷갈리는 직장어휘

- **직급**: 직위의 최소 분류 단위 (보통 호봉을 말할 때)
- **직위**: 직무상의 지위 (차장, 부장, 과장, 대리 등)
- **직책**: 직무상의 책임 (각 팀의 팀장 등)
- **직함**: 직위와 직책을 통틀어 일컫는 말

직급은 공무원 조직에서 9급, 7급, 6급, 5급, 4급 등의 등급상 구분을 의미한다.
직위는 일반적으로 알고 있는 지위로 서열이 정해져 있다.
직책은 업무 책임을 뜻하는 부가적인 어휘로 직위와 병행한다.

하지만 직책만으로는 서열을 알 수 없다.
예를 들어,
[A팀 팀장 정과장]
[B팀 팀장 김대리]
직책상 같은 팀장이기 때문에 직책은 같지만 직위는 서로 다르다고 할 수 있다.

마찬가지로,
[C팀 팀장 윤사원]
[D팀 팀장 임주임]
이럴 경우, 직위는 사원이지만 직책이 있을 수 있으므로 직위만으로 판단해선 안 된다.

즉, 상대의 직위를 알고 싶을 때는 직위와 직책이 통용되는 "직함"으로 물어보도록 하자.
- **상대방에게 물어볼 때**: "직함이 어떻게 되십니까?"
- **상대방에게 알려줄 때**: "저는 OO회사 과장 홍길동입니다" (O)
  　　　　　　　　　　　 "저는 OO회사 홍길동 과장입니다" (X)
→ 상대에게 자신을 표현할 때 스스로를 존칭하는 것이 아니므로 본인 스스로 밝혀야 할 경우 직위(직함)를 이름 앞에 붙인다.

6. 경어 매너

1) 주체경어법

동작이나 상태의 주체를 높이는 경어법으로 선어말어미 '-시-'로 표현하고 '이/가' 대신 '께서'를 사용하거나 존대어를 써서 표현한다. 주체높임법이라고도 하며 직접 높임과 간접 높임이 있다.

> 직접 높임: 어머니께서 편찮으시다.
> 간접 높임: 어머니는 다리가 아프시다.

2) 객체경어법

동작의 대상이 되는 객체를 높이는 경어법이다. 중세 국어에는 객체경어법을 담당하는 문법 형태소가 따로 있었지만 현대 국어에서는 높임의 조사 '께'와 '드리다', '뵙다' 등의 높임의 동사에 의해 표현된다.

> 주다 → 드리다   데리다 → 모시다   묻다 → 여쭙다

3) 상대경어법

상대경어법은 대화에 참여하고 있는 대화 상대방인 청자를 높이거나 낮추어 대우하는 경어법이다.

① 상대를 높여 대우하는 경우

> "말씀하십시오"

말씀은 상대를 높이는 말과 동시에 자신을 낮추는 말이다.

"제 의견을 말씀드리겠습니다"일 경우 자신을 낮추는 것이다.

② 상대를 낮추어 대우하는 경우

"자네가 대신 다녀왔으면 하네"

읽을거리

고객님, 신상품이세요 → 신상품입니다 현대백화점, 높임말 바로잡기 캠페인

"고객님, 이번에 나온 신상품이세요" "이 옷 색상이 너무 예쁘시죠?"

소비자가 백화점 매장에서 흔히 들을 수 있는 말이다. 판매사원의 공손한 태도에도 귀에 거슬리는 이유는 무엇일까. 잘못된 존댓말이기 때문이다.

현대백화점은 2월부터 판매사원들이 무의식적으로 남용하는 잘못된 존댓말을 바로잡는 사내 캠페인을 시작했다. '굿바이~ 시옷(ㅅ)'이라고 이름 붙인 이 캠페인은 '사람'이 아닌 '상품'에까지 존칭을 쓰는 잘못된 말투를 바로잡겠다는 취지다.

잘못된 높임말에 피로감을 호소하는 고객 불만이 반복적으로 접수되면서 정지선 회장 등 최고 경영진들까지 문제의 심각성을 지적했다. 정 회장은 최근 임원회의에서 "고객 입장에서 듣기 편한 올바른 경어(敬語)를 사용하라"고 강조했다. 고객은 '과잉 친절'에 불편함을 호소하고, 백화점 입장에서는 서비스의 진정성이 훼손되는 역효과를 유발한다고 판단한 것이다.

현대백화점은 일단 판매사원들이 사내에서 자연스럽게 잘못된 존칭어의 어색함을 깨닫도록 하는 캠페인에 착수했다. 직원식당 메뉴판에 일부러 '오늘 점심은 제육볶음이세요'라고 쓰거나 미팅 시간에 "이번 주가 사은행사 기간이시잖아요"라고 말하는 식이다. 현대백화점은 가이드북 제작 등 다양한 교육·이벤트를 진행하면서 본사 및 일선 지점 고객서비스팀이 정례 회의를 통해 개선 상황을 점검하기로 했다.

현대백화점 관계자는 "고객에 대한 친절을 강조하다 보니 백화점뿐만 아니라 대부분 서비스 업종에서 상품에 대한 잘못된 존대어가 만연하고 있다"며 "올바른 존댓말 사용이 다른 업계에 확산될 수 있도록 지속적인 캠페인을 펼치겠다"고 말했다.

출처: 조선일보, 2012. 02. 15

| 제9장 |

이미지메이킹(Image Making)

1. 이미지메이킹(Image Making)의 의의

1) 이미지(Image)와 이미지메이킹(Image Making)

이미지란 일반적으로 인간의 마음속에 그려지는 사람이나 사물의 감각적 영상을 말하며, 주로 시각적인 것을 지칭한다. 이러한 이미지는 어떤 사물이나 사람에게서 받는 인상을 말하는 것으로, 가령 '생김새·성격·태도·말씨·음성·사고방식·교양 등 사람 특유의 모든 것에서 받게 되는 느낌', 그것이 바로 사람의 이미지이다. 달리 표현하자면, 우리 나름의 사고방식과 취향에 따라 자연스레 만들어진 타인에 대한 느낌이 바로 그 사람의 이미지이다. 이러한 이미지는 타인에 대한 생각의 덩어리, 특유의 감정, 고유한 느낌을 포함한다.

그렇다면 이미지메이킹(Image Making)은 개인이 자신의 목적이나 상황에 맞도록 자신을 표현하는 것으로 자신의 내적잠재력과 외적 연출이 조화롭게 합해져서 보다 나은 자신의 이미지를 극대화하여 표출하는 것을 말한다.

특정인의 전유물처럼 여겨졌던 이미지메이킹은 이제 일반인들에게 이르기까지 대중적 용어로 자리잡았지만 많은 사람들은 아직도 이미지메이킹을 그저 외모를 아름답게만 가꾸는 것으로 오인하고 있다. 이미지메이킹에 대한 개념을 보다 세부적으로 알아보면 〈표 7〉과 같다.

〈표 7〉 이미지메이킹의 개념

상황적합성	개인이 시간(Time), 장소(Place), 상황(Occasion)에 맞는 접점을 알고 슬기롭게 대처하여 다양한 상황에 맞는 적절한 이미지를 연출하는 것
긍정적 자아표현	내적인 자아표현에 중점을 두고, 스스로를 표현하는 것으로 자신감을 향상시키고, 긍정적인 이미지를 극대화해 나감으로써 스스로에게 자신감을 가지고 다른 사람에게는 호감과 신뢰를 연출하는 것
심미적 표현	외적인 아름다움에 중점을 두어 말투, 자세 및 메이크업, 헤어스타일, 의상과 더불어 나에게 맞는 컬러의 표현 등으로 인지하는 것
커뮤니케이션	다양한 사람들과 사회활동 안에서 보다 조화로운 의사소통을 위해 나를 만들어 가는 과정

본 개념을 종합해보자면, 이미지메이킹은 자신이 되고 싶은 이미지와 자신이 생각하는 자신의 이미지, 그리고 타인이 바라보는 자신의 이미지. 총 3가지 이미지가 일치해야 가장 이상적인 이미지메이킹이라 할 수 있다.

2) 메라비안 효과(Mehrabian Effect)

캘리포니아대학교 로스앤젤레스캠퍼스(UCLA) 심리학과 교수 앨버트 메라비안(Albert Mehrabian)은 인간은 일상적인 의사소통에서 55%의 시각적 정보와 38%의 청각적 언어, 그리고 7%의 언어적 요소로 첫인상을 형성한다고 하였다([그림 6] 참조).

시각적 정보는 용모, 복장, 제스처, 자세, 표정처럼 외적으로 보이는 부분을 말하고, 청각적 언어는 목소리의 톤, 음색, 빠르기, 호흡 등의 어조를 말한다. 언어적 요소는 말의 내용이다. 메라비안 효과에 따르면 상대방의 이미지를 결정짓고 호감·비호감을 느끼는 데에 상대가 하는 말의 내용은 7% 밖에

되지 않는다. 반면에 말을 할 때의 모습, 태도, 목소리 등 비언어적인 요소는 무려 93%를 차지한다. 이것은 무슨 말을 하느냐보다 상대에게 어떤 모습으로 비춰지는지가 더 중요하다는 것을 의미하는 것이다.

그림 6 **메라비안 차트**

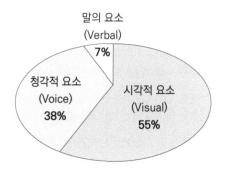

또한 미국의 인류학자이자 심리학자인 레이 버드휘스텔(Ray Birdwhistel) 역시, 메시지 전달에 있어서 언어적(verbal) 요소가 차지하는 것은 30%이고, 비언어적(nonverbal) 요소가 전달하는 정보의 양이 70%라고 한다. 특히 말하는 사람의 메시지와 태도가 일치하지 않는 상황에서 대부분의 사람들은 말보다 태도를 신뢰한다는 연구 결과도 있다.

3) 이미지메이킹(Image Making)의 형성요소

이미지를 연출하는 데에는 무엇을 보여줄 것인가를 결정하는 것이 중요하다. 실제로 이미지는 개인의 행동이나 나아가 사회문화를 형성할 정도로 그 영향력이 크다. 특히 사회진출을 준비하는 대학생들이나 이직을 희망하는 직장인들의 경우 이미지메이킹을 통해 자신의 장점과 잠재력을 다양한 모습으로 보여줄 수 있어야 한다.

이미지메이킹의 결정적 단서 중 많은 비중을 차지하는 요소는 대표적으로 표정, 용모, 태도, 말씨 등이 있다.

• **표정**

– 밝고 명랑한 표정과 미소 띤 얼굴은 성공적인 인간관계 맺음으로 연결된다.

– 표정은 진실된 내면에서부터 표현될 때 상대방의 마음을 움직일 수 있다.

• **용모**

– 단정하고 세련된 용모, 복장은 개인과 직업의 특성을 부각시킬 수 있는 방법이다.

– 특히 여성은 메이크업 연출에 의해서 그 이미지가 많이 달라질 수 있다.

• **태도**

– 좋은 태도는 오랜 시간 노력을 기울여 자연스럽게 몸에서 배어나올 때 빛을 발한다.

– 타인을 향한 배려있는 태도는 상대방의 마음을 이끌어 내기에 충분하다.

• **말씨**

– 유쾌한 대화를 위한 밝고 친절한 말씨는 그 사람의 교양 및 성품을 알 수 있는 중요한 수단이라 할 수 있다.

– 말씨는 목소리의 크기와 맑고 탁함, 말의 빠르기와 호흡의 길이뿐만 아니라 대화상대를 배려하는 마음까지 포함된다.

〈표 8〉 **성공적인 이미지메이킹 설계하기**

자신을 알라 (Know Yourself)	성공적인 이미지메이킹을 위해서는 먼저 자신을 알아야 한다. 또한 자신이 원하고 속한 조직이 추구하는 이미지를 정확히 파악해야 한다.
2. 자신을 개발하라 (Develop Yourself)	자신의 이미지와 원하고 추구하고자 하는 목표이미지의 차이를 줄인다. 스스로 단점을 보완하고, 장점을 극대화하며 자신만의 매력을 부각시킨다.
3. 자신을 포장하라 (Package Yourself)	자신의 내적이미지의 가치를 표현하기 위해 외적인 이미지에 신경을 써야 한다.
4. 자신을 팔아라 (Market Yourself)	자신감을 가지고 자신의 이미지와 가치를 당당하게 상대에게 인식시킨다. 자신을 표현하는 기회를 만드는 것도 중요한 능력이다.

5. 자신에게 진실하라 (Be Yourself)	T·P·O에 맞춰 이미지를 연출해야 하지만 매순간 진실하지 못하다면 위선이 된다. 진실한 마음으로 상대를 대하고 이미지 연출의 최고 정점인 내·외적 이미지의 일치를 위해 끊임없이 노력해야 한다.

2. 퍼스널 컬러(Personal Color) 진단

이미지메이킹 설계를 위한 그 첫 단계는 바로 자기 자신을 아는 것이다. 이미지메이킹을 위해 자신의 체형, 얼굴형, 자세 등의 선행요건들이 있지만, 그중 퍼스널 컬러 진단은 자신에게 가장 잘 어울리는 컬러를 찾아 자기만의 고유한 이미지를 만들어 줄 수 있다.

1) 퍼스널 컬러

사람은 저마다 신체의 고유한 색(피부색, 머리카락 색, 눈동자 색)을 가지고 있다. 이러한 신체 고유색상에 따라 자신에게 어울리고 조화로운 색을 퍼스널 컬러라고 한다.

컬러 진단은 독일의 색채학 교수인 요하네스 이텐(Johannes Itten) 교수에 의해 주장된 이론으로 개인에는 각각 어울리는 색상이 있는데, 이는 피부색, 눈동자 색, 머리카락 색을 분석하고 4계절(봄, 여름, 가을, 겨울)의 색상으로 분류된 테스트용 천을 얼굴 가까이에 드레이핑 해 봄으로써 개인의 어울리는 색상을 알 수 있다는 이론이다.

퍼스널 컬러 진단을 통해 색채유형과 이미지를 뽑아내어 이에 따라 패션과 뷰티 등으로 활용할 수 있고, 또한 자신에게 가장 잘 어울리는 컬러를 찾음으로써 심리적 · 정서적 변화를 얻을 수 있다.

퍼스널 컬러 진단을 통해 자신에게 어울리는 색을 이용하면 피부에서 느껴지는 건강한 혈색을 느낄 수 있고, 빛나는 눈빛에서 느껴지는 생기와 활력, 무엇보다도 젊고 건강하게 보여지는 호감가는 이미지를 연출할 수 있다. 〈표 9〉는 퍼스널 컬러 진단 시 자신에게 어울리는 컬러와 그렇지 않은 컬러일 때를 판별해주는 기준을 제시하고 있다.

〈표 9〉 **퍼스널컬러 판별 기준**

어울리는 컬러인 경우	어울리지 않은 컬러인 경우
• 얼굴 혈색이 좋아 보인다. • 화사해 보인다. • 얼굴의 잡티가 연하게 보인다. • 인상이 부드럽고 젊어 보인다. • 얼굴에 그늘이 생기지 않는다. • 피부톤이 정리되어 보인다.	• 얼굴색이 칙칙해 보인다. • 단점이 두드러져 보인다. • 잡티가 짙어보인다. • 인상이 강하고 나이들어 보인다. • 피곤해보인다. • 피부톤이 정리되어 보이지 않는다.

2) 퍼스널 컬러 진단을 위한 3가지 요소

명도(Brightness)는 색의 밝고 어두운 정도를 말한다. 스케일의 왼쪽으로 갈수록 명도가 높고(밝고), 오른쪽으로 갈수록 명도가 낮다(어둡다)고 표현한다.

채도(Saturation)는 색의 진하고 엷음을 나타낸다. 원색에 가까울수록 채도가 높다고 말한다. 흰색과 검은색은 채도가 없기 때문에 무채색이다.

톤(tone)은 앞서 말한 명도와 채도를 합친 색의 성질을 말한다.

이를 적용해, 퍼스널 컬러에서도 우리 피부색을 진단해 크게 웜톤(warm tone)과 쿨톤(cool tone) 2가지로 나눈다. 퍼스널 컬러의 웜톤과 쿨톤은 노란 베이스와 파란 베이스가 얼마나 섞여 있는지에 따라 나뉜다. 그리고 이 웜톤과 쿨톤은 명도와 채도에 따라 다시 봄, 여름, 가을, 겨울 사계절로 세분화된다. 웜톤은 봄, 가을 타입으로, 쿨톤은 여름, 겨울 타입으로 분류한다.

그림 7 **웜톤과 쿨톤**

3) 퍼스널 컬러 진단을 위한 방법

자기 자신의 웜톤과 쿨톤을 찾는 가장 쉬운 방법으로는 본인의 피부톤이 노란빛이 강하다면 웜톤, 붉고 푸른 느낌이 강하다면 쿨톤이라고 생각하면 된다. 혈관으로도 알아볼 수 있다. 팔목에 비치는 혈관이 초록빛이 돌면 웜톤, 파란빛이 돌면 쿨톤이다.

조금 더 정확하게 아래의 자가 진단법으로 자신의 컬러를 찾아볼 수 있다.

〈표 10〉 퍼스널 컬러 진단 자가 진단법

Q1. 당신의 피부색은?

    a) 밝은 편이다 → Q3

    b) 어두운 편이다 → Q2

Q2. 당신의 눈동자색은?

    a) 짙은 갈색, 검정 → Q4

    b) 밝은 갈색 → Q3

Q3. 당신의 눈의 인상은?

    a) 강한 편이다 → Q4

    b) 부드러운 편이다 → Q5

Q4. 맨 얼굴로 검은색 옷을 입으면?

    a) 이목구비가 뚜렷하게 보인다 → Q7

    b) 얼굴색이 안 좋아 보인다 → Q6

Q5. 당신에게 잘 어울리는 액세서리는?

    a) 골드(금) 제품 → Q8

    b) 실버(은) 제품 → Q6

Q6. 황토색, 겨자색, 이끼색, 적갈색 등 차분하고 고상한 색이 잘 어울리는가?

    a) 잘 어울린다 → Q8

    b) 잘 어울리지 않는다 → Q9

Q7. 당신의 첫인상은?

    a) 강한 인상 → Q10

    b) 부드러운 인상 → Q8

    c) 평범한 인상 → Q5

Q8. 햇볕에 노출되면 어떻게 되는가?

    a) 잘 탄다 → Q9

    b) 잘 타지 않는다 → Q11

Q9. 당신의 이미지는?

    a) 친근감 있고 부드러운 이미지 → Q13

    b) 강하고 차가운 이미지 → Q10

Q10. 잘 어울리는 색은?

    a) 선명한 원색 → Q14

    b) 부드러운 파스텔색 → Q5

Q11. 당신의 헤어컬러는?

    a) 진한 갈색, 진한 검정 → Q14

    b) 밝은 갈색, 부드러운 검정 → Q9

Q12. 당신의 얼굴은 어려 보이는 편인가?

    a) 그렇다 → 봄

    b) 그렇지 않다 → 가을

Q13. 당신에게 잘 어울리는 스웨터 색은?

    a) 노란기가 있는 따뜻한 색 → Q12

    b) 푸른기가 있는 차가운 색 → 여름

Q14. 당신이 어두운 색 정장을 입는다면 어울리는 색은?

    a) 검정, 회색 계열 → 겨울

    b) 다크 브라운 계열 → 가을

자료: SBS (2017.1.15.) [라이프] 웜톤? 쿨톤? 너무 어려운 '퍼스널 컬러'이렇게 해보자

4) 퍼스널 시즌의 주요 특징

퍼스널 컬러 진단을 통해 나오는 봄, 여름, 가을, 겨울을 '퍼스널 시즌'이라고 부른다.

봄 타입은 화사하고 따뜻한 카멜, 복숭아, 황금, 노랑 등의 색이 가장 잘 어울린다. 여기에 밝은 빨강으로 포인트를 줄 수 있다. 가장 피해야 할 것은 어둡고 칙칙한 색이다. 특히 흑백의 조합은 어울리지 않는다.

여름 타입은 전체적으로 파스텔톤과 톤 다운된 장미색과 파란색이 어울린다. 라벤더, 회갈색, 흐린 하늘색 위주로 입되, 검은색과 주황색은 피하는 것이

좋다. 밋밋한 하얀 와이셔츠보다 밝은 하늘색 혹은 연한 보라색 와이셔츠를 장만해보는 것을 추천한다.

가을 타입은 톤 다운된 황금계열 위주로 입는 것이 좋다. 주로 카멜, 베이지, 오렌지, 짙은 갈색 등이 어울리고, 파란 계열보다는 청록색으로 포인트를 주는 것이 잘 어울린다. 베이지색 바지를 입었다면 청록색 스웨터 혹은 캐주얼 셔츠를 입어보는 게 좋다.

겨울 타입은 채도가 높고 쨍한 느낌의 색이 어울린다. 대표적으로 검은색, 흰색, 남색과 빨강 그리고 핫핑크가 겨울 타입 피부색에 잘 어울린다. 좀 더 연한 색으로는 파스텔 계열보다 더 흰색이 많이 들어간 밝은 컬러(Icy color)를 활용해 보자.

주의해야 할 점은 화이트의 경우, 쿨톤은 순백색(퓨어화이트), 웜톤은 미색(베이지나 아이보리와 같은 오프화이트)를 선택해야 한다. 베이지도 쿨톤은 그레이톤의 베이지를, 웜톤은 옐로톤의 베이지를 선택해야 한다.

5) 퍼스널 시즌의 특징

퍼스널 시즌별로 활용가능 한 특징을 〈표 11〉에서 살펴본다.

〈표 11〉 퍼스널 시즌의 특징

Tone	Type	Image
Warm	봄	봄 타입은 깜찍하고 아기자기한 느낌, 사랑스러운 느낌, 생기 있어 보이며 호감을 주는 스타일이다.
	Skin	밝은 노르스름한 바탕에 베이지 복숭아 빛 도는 피부에 보통은 피부가 얇아 주근깨가 보이기 쉽다.
	Hair	금빛이 도는 밝은 갈색, 노란 빛이 있는 갈색, 붉은 빛이 도는 밝은 갈색이다.
	Eye	Green 눈동자, 노란 빛이 있는 밝은 갈색이다.
	Fashion	봄의 컬러는 채도가 높고 선명하며, 밝은 느낌을 가지고 있기 때문에 로맨틱하고 귀여우면서 발랄한 분위기를 내기 좋다.
	Make-up	귀엽고 로맨틱한 이미지를 살려서 투명한 피부를 표현하고, 아이새도우는 라이트카멜, 오렌지, 피치 등의 색으로 하고, 입술은 오렌지, 클리어 새먼, 피치, 라이트 브라운 등으로 밝게 표현한다.
	가을	가을 타입은 세련되고 차분한 이미지다. 피부색은 크림색이나 혈색이 별로 없다. 어울리는 색상은 골드베이스로 되어 있는 차분하고 깊이감이 있으며 차분한 색이며, 커피브라운, 다크브라운, 머스타드 등이다.

	Skin	아이보리 톤의 갈색을 지닌 피부, 갈색 톤에 황색빛이 돌며, 약간 어둡고 탁한 느낌
	Hair	어둡고 짙은 갈색, 붉은 빛이 돌며 금빛 다갈색
	Eye	노란빛이 도는 짙은 갈색
	Fashion	지적이며 도회적인 느낌의 스타일링이 어울린다. 전체적으로는 차분하면서 고상한 스타일이 잘 어울리며, 액세서리는 우드나 돌, 천을 소재로 만든 것들이 어울린다.
	Make-up	피부는 베이지계열로 내추럴하게 표현하고 섀도우와 립은 차분하고 풍부한 색감으로 표현한다. 골드를 베이스로 한 스모키 메이크업이나 클래식한 메이크업이 잘 어울린다.
Cool	여름	여름 타입은 피부는 우유빛처럼 희고, 홍조가 있다. 어울리는 색상은 Blue가 베이스로 된 파스텔 색조의 라벤더, 로즈핑크, 그레이 네이비, 스카이 블루 등이 있다.
	Skin	핑크빛이 도는 바탕에 흰빛, 밝은 크림색이 도는 피부
	Hair	잿빛이 도는 블랙 또는 브라운, 햇빛에 비쳤을 때 흐린 회색이 보이는 블랙
	Eye	회색빛이 도는 짙은 갈색, 회색빛이 도는 블루(blue)
	Fashion	여름컬러의 배색의 기본인 그라데이션을 활용하면 톤이 부드럽고 지적인 분위기를 연출할 수 있다. 쉬폰이나 실크소재를 이용하면, 여름 컬러의 부드러운 이미지를 더욱 잘 살려준다. 스타일은 세미 정장이나 장식없이 심플한 직선형의 스타일이 어울리고, 액세서리는 실버계열의 중간정도의 크기가 적당하다.
	Make-up	전체적으로 펄이 들어가고, 화사한 느낌으로 아이섀도우와 립은 자연스럽게 표현한다. 파스텔톤의 화사함과 부드러운 느낌의 로즈베이지, 코코아, 로즈브라운, 스카이블루, 코발트그린, 베이지핑크 등과 같은 립은 섀도우와 같은 계열의 색을 사용하면 어울린다.

겨울	
	겨울 타입은 강하고 샤프하면서 대담한 스타일이 어울리고, 주로 선명한 톤을 사용하여 뚜렷한 인상을 준다. 블랙과 화이트, 버건디, 감색, 로얄 블루 등의 색이 잘 어울린다.
Skin	푸른빛이 도는 흰피부나 갈색피부, 흰빛이 돌며 아이보리 톤
Hair	짙은 갈색, 짙은 블랙, 짙은 빛에서 푸른빛이 도는 색
Eye	어두운 갈색, 블랙, 푸른빛이 도는 갈색
Fashion	모던하고 남성적인 느낌을 주는 댄디스타일과 포멀하고 샤프한 도시적인 이미지와 장식이 절제된 디자인이나 유행이 타지 않는 옷이 어울린다. 강하면서도 대비효과가 확실한 다이내믹한 스타일로 잘 소화한다. 컬러는 전형적인 블랙과 화이트를 꼽을 수 있고, 액세서리는 모던하고 심플한 스타일로 크기가 큰 것이 어울린다.
Make-up	원포인트 메이크업이 잘 어울리며, 아이새도우는 실버그레이, 챠콜그레이, 로열블루, 딥레드 등으로 하며, 립은 딥레드, 마젠타, 버건디, 퍼플 등으로 또렷한 인상을 표현한다.

3. 용모와 복장

직장생활에서는 기본적으로 단정한 용모와 복장을 유지하는 것이 중요하다.

1) 용모와 복장의 원칙

• 나의 기준이 아니라 비즈니스 상황에 맞아야 한다.

- 자신의 전문성이 잘 드러날 수 있어야 한다.
- 새로운 상황이나 새로운 청중과의 만남에서는 가급적 보수적인 옷차림이 좋다.
- 복장 선택의 기준은 내가 속한 조직의 문화를 따르고, 상사의 옷차림을 참고하는 것도 좋다.

2) 용모와 복장의 필수요소

- **청결:** 머리부터 발끝까지 깨끗이 하고, 복장은 구김없이 착용한다.
- **품격:** 용모와 복장은 이미지 형성에 중요한 역할을 하므로 자신의 마음가짐이나 태도를 품위 있게 표현할 수 있어야 한다.
- **조화:** 용모와 복장은 T.P.O.(시간, 장소, 상황)에 맞게 갖추어야 한다.

3) 용모와 복장의 체크리스트

(1) 남성

얼굴	• 턱수염과 콧수염은 기르지 않고 매일 깨끗이 면도를 한다. • 얼굴에 분비물이 많은 곳을 중심으로 깨끗이 세안하고, 블랙헤드가 생기지 않도록 한다. • 입술이 부르트지 않도록 립글로스를 꾸준히 사용하여 생기 있게 연출한다. • 지저분한 귀, 입 냄새 등은 좋은 인상을 훼손하므로 잘 관리한다. • 코털이 자라나 밖으로 보이지 않도록 관리한다.
헤어	• 머리카락이 이마, 귀, 셔츠 깃을 덮지 않도록 깔끔하게 자른다. • 머리카락이 이마를 가리지 않아야 밝은 느낌을 준다. • 머리에 윤기가 있으면 건강하고 힘이 있어 보인다. 에센스, 헤어왁스, 젤 등을 활용하여 고정하되, 지나치게 많이 바르면 오히려 부담될 수 있다. • 지나치게 화려한 염색이나 탈색은 신뢰감을 떨어트릴 수 있다.

정장	• 지나치게 유행을 따르기보다는 회사의 문화를 손상하지 않는 선에서 품위있고 단정한 정장을 입는다. • 정장의 컬러는 검은색이나 짙은 남색, 회색이 기본이며, 화려한 원색이나 체크 무늬가 큰 것, 재질이 유난스러운 것은 피한다. • 정장은 너무 크거나 작지 않도록 체형에 맞춰 입는다. • 정장 단추의 경우 투버튼 재킷은 위 단추 하나만 채우고, 쓰리버튼 재킷은 위 단추 두 개나 가운데 단추 1개만 채운다. • 바지는 1~2번 주름이 생길 정도로 구두의 등을 덮는 정도의 길이가 좋으며, 양말이 보이지 않아야 한다. 다림질이 잘 되어 줄이 잘 서 있는 것이 좋다.
드레스 셔츠	• 드레스 셔츠는 흰색에 긴팔이 기본이다. • 일반적으로 재질이 얇아 속이 비치는 여름용 셔츠를 제외하고 셔츠 안에는 속옷을 입지 않는다. • 깃 부분과 손목 부분이 1~1.5cm 정도 나오도록 입는다.
넥타이	• 넥타이의 길이는 벨트 버클 윗부분에 닿거나 약간 덮을 정도가 적당하다. 넥타이가 너무 짧으면 인색해 보이고, 너무 길면 느슨한 느낌을 준다. • 남성들은 넥타이로 개성을 표현할 수 있지만, 일반적으로 정장과 비슷한 계통의 컬러가 무난하다. • 상의의 깃 폭이 넓어지면 넥타이 폭도 넓어지고, 상의의 깃 폭이 좁아지면 넥타이의 폭도 좁아진다. • 조끼를 입을 때에는 넥타이가 조끼 밑으로 나와서는 안 된다.
벨트	• 벨트는 정장용과 캐주얼용을 구분하여 착용한다. • 버클이 지나치게 두껍거나 화려하지 않은 것이 좋다. • 벨트의 색상은 검정이나 갈색이 무난하며, 장식이 많지 않고 단순한 것이 좋다. • 벨트와 서스펜더는 함께 착용하지 않는다.
양말	• 양말은 양복색과 같은 색이나 짙은 색을 착용하여 구두 끝까지 전체 흐름을 길게 한다. • 목이 짧은 양말은 품위를 떨어뜨리며, 앉거나 다리를 꼬았을 때 바지 속으로 피부가 보이므로 착용에 주의한다.
구두	• 구두는 정장용과 캐주얼용을 구분하여 착용하고, 직장에서는 되도록 캐주얼화를 피한다. • 구두는 정장컬러와 맞춰 검은색, 갈색이 무난하며, 장식이 요란하지 않고 심플한 것이 좋다. • 애나멜 구두보다는 자연스러운 광택이 나는 가죽 구두가 더 품위 있어 보인다. • 구두는 깨끗하게 잘 닦아서 신고 굽은 주기적으로 관리한다.
액세서리	• 지나치게 화려한 시계나 안경은 피한다. • 지갑은 상의 안주머니에 넣을 수 있도록 너무 크지 않은 것을 사용하는 것이 좋다.

읽을거리 색상에 따른 남성 슈트의 특징

① 청색 계열
- 가장 기본이 되는 색상으로 비즈니스 웨어로 적당한 색
- 다소 차가운 인상을 줄 수 있지만 깔끔하면서도 생동감을 줌

② 회색 계열
- 회색은 청색과 아울러 슈트의 기본 색상
- 회색 계열의 슈트는 차분하고 지적인 분위기와 자신감 있는 모습을 연출

③ 검은색 계열
- 정중하고 성실해 보임
- 예의를 차려야 하는 자리에 어울리지만 색상 자체가 강하기 때문에 타이의 색과 무늬를 신중하게 선택
- 경조사 시에도 착용할 수 있는 색상으로 반드시 갖추어야 할 슈트

④ 밤색 계열
- 부드러운 느낌과 함께 세련된 멋을 풍기지만 연출하기 어려워 초보자에게는 적당하지 않음

(2) 여성

얼굴	• 정장 착용 시 자연스러운 메이크업을 한다. • 피부 화장은 너무 어둡지 않고 밝으면서 건강해보이도록 자연스럽게 한다. • 눈썹은 사람의 인상을 크게 좌우하므로 자연스럽게 그린다. 일반적으로 눈썹이 시작되는 부분은 눈망울과 일직선이 되도록 하고 눈썹산은 눈에서 2/3가 되는 부분에 위치하도록 그린다. • 립스틱 색상은 유행을 따르는 색이나 번들거리는 색은 피한다. 붉은색 계통이 가장 무난하며, 갈색이나 검정, 보라 계통의 색, 펄이 지나치게 많이 들어가 있는 립스틱은 피한다. • 화장을 수정하는 경우 공공장소를 피해 화장실이나 개인 공간에서 한다. • 화장품의 향취가 진한 것은 타인에게 불쾌감을 줄 수 있다.

헤어	• 여성 헤어의 핵심은 청결함과 단정함이다. • 머리는 깔끔한 인상을 줄 수 있도록 가능하면 앞머리로 이마나 눈을 가리지 않는 것이 좋다. • 귀를 덮지 않게 하고, 긴 머리를 머리끈이나 헤어핀으로 고정하여 묶은 후 잔머리는 헤어 제품으로 고정한다. • 커트, 단발, 긴 머리 중 자신의 얼굴형에 맞는 스타일을 선택한다. • 이마를 내놓으면 밝은 느낌을 준다. • 헤어 액세서리가 눈에 띄면 신뢰감이 떨어져 보일 수 있다. • 지나치게 화려한 염색, 과도한 웨이브는 피하도록 한다.
정장	• 여성 정장은 남성보다는 덜 까다롭지만 옷 색상, 스타일, 옷감 선택에 주의해야 한다. • 일반적으로 여성 정장의 컬러는 검은색, 회색, 베이지색, 남색, 파스텔톤 등이 있다. • 개인이 선호하는 컬러의 조화를 살려 개성을 표현하기도 하나, 직장에서는 지나치게 화려한 색상을 입지 않는다. • 여성은 원피스, 투피스, 바지 정장을 주로 입는다. 공식적인 모임일 경우 바지 정장보다는 치마 정장을 입는 것이 적합하다. • 체형이 지나치게 드러나는 꽉 끼는 옷이나 노출이 심한 옷은 삼간다. • 치마의 길이는 서 있을 때의 기준이 아닌 활동할 때 또는 앉았을 때를 기준으로 무릎 정도가 적절하며, 바지는 9부 이상의 길이부터 정장에 속한다. • 소매 없는 옷, 반바지, 속이 들여다보이는 블라우스 등의 착용은 자제한다.
스타킹	• 옷, 구두의 색상과 조화를 이루는 것이 좋으며, 무늬나 색상이 화려한 제품은 피하며 무난한 것으로 착용한다. • 색상은 살색이 기본이나 계절에 따라 커피색 혹은 검은색을 착용할 수 있다. • 올이 나가거나 늘어진 스타킹은 착용하지 않고 착용 중 손상에 대비해서 예비용을 준비하는 것이 좋다.
구두	• 정장에 어울리는 심플한 구두를 선택하며, 검정색이 무난하다. • 굽이 지나치게 높거나 굽이 없는 구두는 피한다. • 앞이 트인 오픈형이나 샌들 타입, 슬리퍼 등 뒤축이 없는 신발은 신지 않는다.
액세서리/ 네일	• 지나치게 크고 화려한 액세서리는 하지 않는다. • 반지는 작은 보석이 박히고 심플한 디자인으로 한 손에 한 개만 착용한다. • 귀걸이는 부착형으로 한쪽에 한 개씩만 착용한다. • 브로치는 가슴선보다 위쪽에 어깨와 가깝게 달아 자연스럽고 단정해 보이도록 연출한다. • 핸드백은 정장, 구두와 어울리는 색과 스타일을 선택하고, 핸드백 속 소지품을 잘 정리해서 가지고 다닌다. • 손톱은 깨끗하게 정리된 상태를 유지하며 지나친 네일아트는 피한다.

4) 올바른 향수 사용법

- 향수는 지나치지 않도록 은은한 향을 소량 뿌리는 것이 좋다.
- 향수는 균일하게 섞여 있으므로 흔들어 쓰지 않아도 된다.
- 향수는 손목에 뿌린 후 비벼서 사용하지 않고, 자연스럽게 마르게 두어도 된다.
- 머리, 겨드랑이, 팔·다리 안쪽은 체향 때문에 향이 변질되거나 피부 마찰 때문에 피부 트러블이 생길 수 있으므로 피한다.
- 향수는 아래에서 위로, 안쪽에서 바깥쪽으로 퍼지는 특성이 있어, 바지나 치마 밑단, 재킷 안쪽에 뿌린다.
- 향수도 유통기한이 있으므로 확인하고 사용해야 한다.
- 가죽, 모피, 실크, 흰옷에 직접 분사하면 얼룩이 질 수 있다.
- 진주나 산호 같은 보석에 향수가 닿으면 변색될 수 있으므로 향수를 먼저 뿌리고 착용하는 것이 좋다.
- 여름에는 보통 시원한 느낌의 아쿠아 계열을, 겨울에는 달콤한 플로럴 부케 향을 사용하는 것이 좋다.

존 T. 몰러이의 저서 '성공을 위한 복장'에서의 실험

◆ 100명에게 한 실험

① 깔끔한 옷차림을 하고, 비서에게 타이핑과 복사를 부탁→ (10분 이내 완료)
② 동일 인물이 허름한 옷차림을 한 후, 비서에게 부탁→ (두세 배의 시간이 걸림)

◆ 실험내용 1

뉴욕시에 있는 어느 회사 사무실에서 그 회사 비서직 100여 명을 두 그룹으로 나눈 다음, 한 배우에게 옷을 각각 다르게 입고 비서들로 하여금 줄을 바르게 서도록 정돈시켜 보라고 했다. 첫 번째 실험에서는 굽이 없는 검은색 구두와 은으로 된 큰 버클이 달린 번쩍거리는 녹색 양복, 그리고 값이 싼 넥타이를 착용했다. 두 번째 실험에서는 같은 배우가 감청색 계열의 양복에 흰 와이셔츠를 입고 은빛의 넥타이에 굽이 있는 가죽 구두를 신고 머리 스타일을 단정하게 바꾸었다.

→ 실험결과 1: 첫 번째 실험에서 배우의 명령에 따른 사람은 50명 중에서 20명이었다. 두 번째 실험에서 배우가 줄을 서도록 명령하자 50명 중에서 42명이 그 명령에 따라 줄을 섰다.

◆ 실험내용 2

100명에게 상류층이 즐겨 입는 고급 옷을 입힌 뒤, 호텔 문으로 들어오는 다른 손님들과 동시에 걸어오게 했다.

→ 실험결과 2: 손님들의 94%는 고급 옷을 입은 사람에게 먼저 들어가도록 양보하였다. 동일 인물에게 허름한 옷을 입힌 뒤 똑같은 실험을 진행하였을 때 손님의 82%가 양보하지 않았으며, 심지어 5%는 욕설까지 하는 경우가 발생하였다.

| 제10장 |

프레젠테이션 발표력

1. 호감 가는 목소리 만들기

1) 좋은 목소리 만들기

목소리는 폐에서 나오는 공기가 성대를 진동해서 생기는 것으로 폐에서 공기를 채우고 구강과 비강과 두성에서 어떻게 입안에 있는 공간을 넓혀 울림을 갖느냐에 따라서 목소리가 결정된다. 좋은 목소리는 호감 가는 이미지를 형성하는 데 중요하지만 또렷한 발음과 울림 있는 목소리는 말의 내용을 분명하게 전달할 수 있다. 사람들이 좋아하는 목소리는 공명의 목소리다.

그림 8 목소리

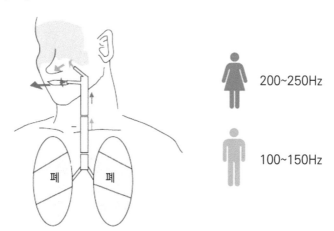

(1) 목소리 훈련의 기본, 복식호흡

먼저 안정감 있는 목소리를 만들기 위해서는 풍성한 호흡을 갖추어야 한다. 목소리 훈련의 기본이자 기초 체력이기도 한 복식호흡 훈련이 필요하다. 우리가 평상시 쉬고 있는 호흡은 얕은 호흡인 흉식 호흡을 사용한다. 하지만 복식호흡을 사용하게 되면 호흡량이 30%나 증가하여 한 호흡으로 안정감 있게 말을 할 수 있다. 평소에 말끝을 흐리는 습관이 있는 사람은 대부분 호흡이 부족하기 때문인 경우가 많다. 이런 말투는 상대방에게 말에 대한 확신이 없어 보이고 자신감 없는 이미지로 보일 수 있기 때문에 지속적인 복식호흡 훈련이 필요하다.

① 기본 연습

- 2초간 들이마시고 4초간 내쉬기
- 4초간 들이마시고 8초간 내쉬기
- 4초간 들이마시고 4초간 호흡 멈춘 후 4초간 내쉬기

② 심화 연습

바른 자세를 취해주고 상체를 이완한다. 복식호흡을 하면 앞의 그림과 같이 숨을 들이마시면 배가 나오고 내쉬면 배가 들어간다. 잘 안 되는 분들은 아마 상체가 긴장되어 있을 것이다. 편안하게 바닥에 누워서 상체의 긴장감을 푼 상태에서 다시 한번 훈련해보자.

- 들숨은 코로, 날숨은 입으로 쉰다.
- 가슴은 활짝 펴고 상복부는 내민다.
- 어깨가 올라가지 않도록 한다.
- 들숨 시 목을 열어준다. (하품을 참는다고 생각하면서)
- 배꼽 아래 단전 부분을 중심으로 복부가 팽창된 것을 확인한다.
- 숨을 끝까지 다 짜내듯 내뱉어준다.

〈연습 원고〉

자신감은 우리가 세상과 마주할 때 갖추어야 할 중요한 무기입니다. 그것은 실패를 두려워하지 않고, 자신의 목소리를 높여 진정한 자신을 표현할 수 있는 힘을 줍니다. 자신감을 갖는다는 것은, 자신의 한계를 인정하면서도 끊임없이 도전하는 용기를 가지는 것을 의미합니다.

호흡량을 조절하면서 원고를 읽어본 뒤 몇 번 숨을 쉬었는지 체크해 본다. 호흡 연습을 통해 호흡량이 차츰 늘게 되면 한 호흡으로도 충분히 원고를 소화해 낼 수 있게 된다.

그림 9 복식호흡

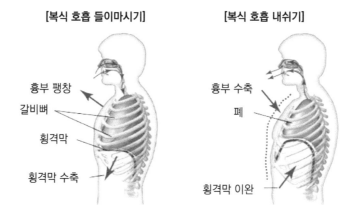

[복식 호흡 들이마시기]

흉부 팽창
갈비뼈
횡격막
횡격막 수축

[복식 호흡 내쉬기]

흉부 수축
폐
횡격막 이완

(2) 울림 있는 목소리, 공명 발성

공명(共鳴)은 울림이 극대화되어서 공간 자체를 울리며 나오는 음을 말한다. 발성이란 날숨에 의해 성대를 진동시켜 소리를 내는 것이다. 좋은 목소리를 만들기 위해서는 크고 잘 들리는 발성으로 말해야 한다.

소리를 잘 내기 위해서는 발성하기 좋은 입 모양을 갖추어야 한다. 하품할 때와 같이 입을 크게 벌리고 최대한 발성에 방해가 되지 않도록 혓바닥은 아래에 둔다. 상체를 이완시키며 복식호흡을 한 후 목에 힘을 주지 않고(하품하면서 나오는 자연스러운 소리) "아~~~" 하고 소리를 낸다. 이때 손을 배에 대고 들이마시고 소리가 나올 때의 느낌을 익혀보자.

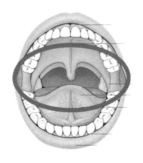

아치는 입을 크게 벌렸을 때 목구멍 입구에서 목젖이 내려오는 부분까지의 둥근 부분을 말한다.
- 입 안의 목젖이 보이도록 입을 벌려줌
- "아~~~" 하고 소리를 내면 혀가 아래로 내려가면서 목의 아치가 보임
- 입을 양쪽으로 더 벌리고 "아~~~" 하고 소리 내면 아치가 전보다 훨씬 높아짐

발성 연습
- 아~~~ 발성 5초
- 아~~~ 발성 10초
- 아~~~ 발성 15초
- 아~~~ 발성 20초

하품을 하듯 연구개를 들어올려 목구멍 공간을 넓히고 혀를 내려서 소리가 나오는 길 공간을 넓게 해주는 것이 중요하다. 턱을 충분히 내려주면서 공명이 될 수 있도록 의식해 준다. 앞서 배웠던 호흡을 생각하면서 숨을 배에 채우고 소리를 멀리 던진다는 느낌으로 뱉어준다. 또한 이때 기억해 두면 큰 도움이 되는 두 가지 발성법이 있다.

① 소리를 둥글게 멀리 던지듯 낸다. 발성 시 소리가 직진이 아닌 포물선을 그리듯 나오게 해준다.
② 목소리 톤을 활용하라. 목소리의 높낮이로 인해 전달되는 말의 느낌이 달라질 수 있다.

발성 연습 시 아~(고음) 아~(고중음) 아~(중음) 아~(중저음) 아~(저음)으로 소리를 다양하게 내면서 나의 목소리에 집중한다. 이때 내가 낼 수 있는 편안하고 안정감 있는 목소리 톤이 있을 것이다.

일반적으로 사람들이 가장 좋은 목소리로 선호하는 목소리의 톤은 '미' 정도의 목소리라고 한다. '미' 톤의 목소리를 기준으로 조금 더 신뢰감을 주고 싶다면 중저음으로, 밝고 경쾌한 느낌을 주고 싶다면 고중음을 적절히 활용해도 좋겠다.

그림 10 **공명 발성**

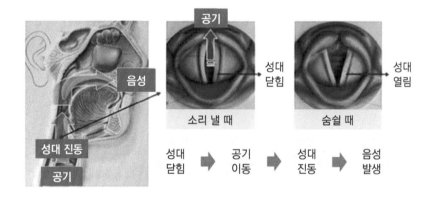

(3) 전달력을 높여주는 정확한 발음

한글은 자음 19개와 모음 21개로 이루어져 있다. 또렷한 발음을 하기 위해서는 먼저 조음기관인 혀, 입술, 이, 잇몸, 인두를 부지런하게 움직여야 한다. 특히 자음은 입 안에서 혀의 위치(정확한 조음점), 모음은 입술 모양이 중요하다.

그림 11 모음 종류

모음 (총 21개)	단모음(10개)	ㅏ, ㅓ, ㅗ, ㅜ, ㅡ, ㅣ, ㅐ, ㅔ, ㅚ, ㅟ
	이중모음(11개)	ㅑ, ㅕ, ㅛ, ㅠ, ㅒ, ㅖ, ㅘ, ㅝ, ㅙ, ㅞ, ㅢ

그림 12 자음 위치도

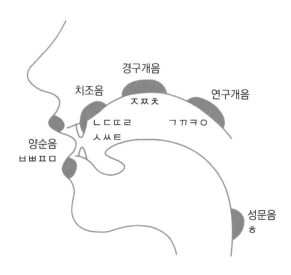

① **양순음: 두 입술이 붙었다 떨어지면서 나는 소리**

ㅂ   ㅃ   ㅍ   ㅁ

② **치조음: 혀끝이 윗니 안쪽에 닿았다가 떨어지거나 가까워지면서 나는 소리**

ㄷ   ㄸ   ㅌ   ㄴ   ㄹ   ㅅ   ㅆ

③ **경구개음: 혓바닥이 입천장(경구개)에 닿았다가 떨어지는 좁은 틈 사이에**
   서 공기가 마찰되면서 나는 소리

ㅈ   ㅉ   ㅊ

④ **연구개음: 혀뿌리가 입천장(연구개)에 닿았다가 떨어지면서 나는 소리**

ㄱ ㄲ ㅋ ㅇ

⑤ **성문음: 폐에서 나온 기류가 성대 사이에서 마찰되면서 나는 소리**

ㅎ

(4) 발음 연습

- 혀를 부지런히 움직여야 한다.
- 입술을 충분히 풀어줘야 한다.
- 모음 연습을 많이 해야 한다. 예를 들어, "안녕하세요"를 연습할 때 자음과 모음을 분리한 뒤 "ㅏ, ㅕ, ㅏ, ㅔ, ㅛ"를 먼저 소리내어 연습한다. 이후 자음을 더해서 다시 "안녕하세요"라고 소리를 내어보면 확실히 발음이 개선된 것을 느낄 수 있을 것이다.

발음 연습의 순서는 다음과 같다.
① 혀로 입 안 구석구석을 핥는다.(혀의 움직임을 크게 하기)
② '따르르릉, 까르르'를 반복한다.(점점 빠르게 발음)
③ '아에이오우'(최대한 입을 크게 벌려 반복한다)
④ '똑딱똑딱'(혀를 힘차게 차올리며 소리 낸다)
⑤ 입술을 모아 원을 크게 그려본다.(시계 방향 10번, 반대 방향 10번 이상 반복)
⑥ 혀끝이 턱 끝에 닿는 느낌으로 혀를 아래로 10번 이상 힘차게 내민다.
⑦ 입술에 힘을 빼고 '푸르르르르' 입술을 턴다.

그림 13 기본발음 연습표

가 갸 거 겨 고 교 구 규 그 기	아 야 어 여 오 요 우 유 으 이
나 냐 너 녀 노 뇨 누 느 뉴 니	자 쟈 저 져 조 죠 주 쥬 즈 지
다 댜 더 뎌 도 됴 두 듀 드 디	차 챠 처 쳐 초 쵸 추 츄 츠 치
라 랴 러 려 로 료 루 류 르 리	카 캬 커 켜 코 쿄 쿠 큐 크 키
마 먀 머 며 모 묘 무 뮤 므 미	타 탸 터 텨 토 툐 투 튜 트 티
바 뱌 버 벼 보 뵤 부 뷰 브 비	파 퍄 퍼 펴 포 표 푸 퓨 프 피
사 샤 서 셔 소 쇼 수 슈 스 시	하 햐 허 혀 호 효 후 휴 흐 히

(5) 목소리에 리듬을 더하라

① 강약(accent)

의미를 강조하기 위해 다른 음절보다 더 힘주어 발음하거나 반대로 약하게 말하는 것이다.

주위 문장과 비교해서 음성의 세기와 높이를 '더 높고 강하게' 혹은 낮거나 약하게 말한다.

하지만 속도와 발음은 '약간 천천히 하되 보다 명료하게' 말한다.

② 속도

말의 속도가 빠르면 듣는 사람이 불안, 긴장하게 되며, 속도가 느리면 뭔가 둔하고 열의가 없는 인상을 주기에 적절한 조절이 필요하다.

③ 포즈(pause)

끊어 읽기, 띄어 읽기로 의미 전달의 효용성, 발음의 정확도, 발성의 자연스러움, 운율 등에 영향을 미친다. 침묵(의도적인 포즈)의 힘 프레젠테이션을 하는 동안 발표를 빛내주는 순간에 활용한다.

- 문장의 처음 시작할 때   예) (pause) 시간과 비용을 산출해 본 결과,
- 숫자 앞에서   예) 우리 그룹이 얻는 손실액은 (pause) 1조 2천억원으로 판단됩니다.
- 중요한 부분 앞에서   예) 회사 돈을 사적으로 이용한 (pause) 배임 행위입니다.

④ 어조

말투, 말의 분위기로 어조는 악센트와 깊은 연관이 있음. 음색에서는 말하는 사람의 신뢰, 인성, 심리상태까지도 나타낸다.

⑤ 억양

상승조, 평탄조, 하강조의 변화가 적절히 유지되면 긴 이야기도 지루하지 않고 신뢰감을 준다.

⑥ 말소리의 고저(높낮이)

고저는 음계의 높낮이인데 어떻게 잡느냐에 따라 말하는 사람의 표현이 달라지고 듣는 사람이 흥미를 갖게 된다.

⑦ 장단음

낱말의 장단음을 지키면 전달하고자 하는 말의 리듬이 더욱 또렷하면서 발음도 유연해지고 정확한 의미를 표현할 수 있다.(장음 연출은 신뢰감을 높여줌)

⑧ 목소리 크기

말할 때 일정한 크기의 목소리를 유지하며 상황에 따라 크기를 조정한다.

내용 강조, 나의 의사를 분명히 표현하고 싶다면 상황과 말의 내용에 맞게 목소리 크기에 변화를 준다.

자기 말을 스스로 듣는 '자기경청'을 해라

1. **발음을 들어라** - 내 발음이 얼마나 정확한지 파악하라.
2. **발성을 들어라** - 내 발성, 즉 목소리의 크기와 울림이 적당한지 파악하라.
3. **속도를 들어라** - 내 말의 속도가 너무 빠르거나 느린 것은 아닌지 파악하라.
4. **진심인지 들어라** - 내 말의 뉘앙스에 오해의 소지가 있는지 없는지 파악하라.

2. 좋은 표정 훈련법

한 사람의 고정적인 표정은 평소 아무 생각 없이 늘상 짓는 표정이 자리를 잡았을 때 생긴다. 우리는 이 표정으로 그 사람의 평소 인상을 평가하기도 한다. 예를 들어, 평소 특별한 외부 자극이나 감정 변화가 없는 상태에서도 습관적으로 미간을 찌푸리는 사람의 경우 '인상 쓰는 사람'이라고 평가하게 된다.

표정은 크게 4가지로 구분 짓는데 무의식적 무표정, 의식적 무표정, 의식적 표정, 무의식적 표정이다. 무의식적인 상태에서도 긍정적인 인상을 위해 평소 좋은 표정 만들기 훈련이 필요하다.

얼굴에는 약 80여 개의 근육이 있고 이 근육들로부터 무려 7,000가지 이상의 표정을 지을 수 있다고 한다. 재미있는 사실은 부정 감정으로 인해 화가 나면 63개의 근육이 쓰이는 데 반해 긍정 감정으로 인해 웃게 되면 훨씬 적은 13개의 근육이 사용된다고 한다.

이 때문에, 좋은 인상, 좋은 표정을 위해 늘 밝고 긍정적인 생각을 갖고 평소에도 얼굴 근육을 움직여 웃는 표정 훈련을 자주 해줘야 한다. 이때 거울을 보면서 하거나 휴대폰이나 카메라 등으로 촬영해서 자신의 표정을 객관적으로 평가해 주면 더욱 효과적이다.

　좋은 표정, 말하는 내용과 현장의 분위기에 맞는 올바른 표정은 상대방을 편안하게 만들어 주며, 의욕을 자극하여 관계와 업무에 대한 동기를 부여해 줄 수 있다.

1) 기본적인 표정 훈련

① 눈을 감았다 뜬 뒤 좌−우, 위−아래 둥글게 원을 그리듯 눈동자를 움직인다.

② 손가락을 눈썹 위치에 두고 눈썹을 손가락 위로 올리는 연습을 반복한다.

③ 입을 다물고 볼에 바람을 넣어 부풀린 상태에서 좌우로 볼의 바람을 이동시킨다.

④ 목구멍을 하품하듯 크게 한 다음 '하, 헤, 허, 호, 후' 소리를 세 번씩 내뱉는다.

2) 검지와 발음을 활용한 스마일 라인법

(1) 검지 활용 스마일 라인법

　스마일 라인을 만들기 위해서 검지를 이용하여 입꼬리를 올려주는 연습방법이다. 검지를 양쪽 입꼬리에 대고 올려준 다음 다섯을 센 후, 원위치로 오게 한다. 여러 번 반복해서 연습을 하여 입을 다문 채 이를 살짝 보이면서 웃으면 활짝 웃는 스마일 라인의 미소가 된다.

(2) 발음상 스마일 라인법

　먼저 '오' 발음을 낸 다음, '와이키키~' 하고 소리를 내면서 입꼬리를 올려준다. 눈꼬리는 아래로 내려준다.

3) 표정을 좌우하는 대표 근육

사람의 얼굴 근육은 크게 눈과 입 주변의 근육으로 나눈다. 웃을 때 눈과 입 주변 근육을 많이 쓰지만, 특히 입 주변 근육이 중요한 역할을 한다. 입 주변 근육은 윗입술을 올려주는 근육(윗입술올림근 · 윗입술콧방울올림근 · 작은광대근), 입꼬리 주변 근육(큰광대근 · 입꼬리당김근 · 입꼬리내림근), 아랫입술내림근 등 세 가지가 있다. 이런 다양한 입 주변 근육 덕에 여러 가지 표정을 지을 수 있다.

다른 동물도 입 주변에 근육이 있지만 주로 음식을 씹는 역할만 하고, 씹기에 관여하는 위아래 턱이 사람보다 앞으로 튀어나와 있다. 따라서 사람에 비해 입 주위 근육의 원활한 운동이 부자연스러워지며 다양한 표정을 짓기 힘들다. 이에 비해 사람의 입 주변 근육은 다른 동물에 비해 수직으로 짧게 배열되어 있기 때문에 동물보다 운동이 수월해진다. 또 음식을 씹는 운동도 하지만 주로 말을 하는 등 사회적인 활동을 하기 때문에 표정이 다양해질 수 있다.

그런데 의도적인 웃음은 눈이나 입 한 부위의 근육만을 사용한다. 웃음이 어색할 수밖에 없다. 눈 · 코 · 입 주변 근육이 서로 어울리지 않으면 자연스러움은 사라진다.

4) 밝은 표정 관리

- 생각을 밝게 하면 얼굴은 저절로 밝아진다.
- 얼굴을 밝게 하도록 의식하면 마음까지 밝아진다.
- 표정은 그 사람의 생각에 따라 마음의 메시지를 담는다.
- 미소의 표현으로 기본적인 표정을 짓는다.
- 표정이 밝으면 음성이 경쾌해지며 태도가 밝아진다.
- 상대에게 관심을 줄 수 있는 의욕과 생기가 넘치는 표정을 짓는다.

읽을거리

청중의 거부반응에 대비하자

◆ 읽을거리 1: 안면피드백 가설(Facial feedback hypothesis)

1988년 독일의 심리학자 프리츠 슈트라크(Fritz Strack), 레너드 마틴(Leonard Martin) 그리고 자비네 스테퍼(Sabine Stepper)는 피험자 집단을 두 그룹으로 나누어, 한 그룹은 볼펜을 코와 윗입술 사이에 물게 하고, 나머지 그룹은 볼펜을 위아래 어금니 사이에 물게 했다. 이 상태에서 두 그룹에게 똑같은 만화를 보여준 후 나중에 얼마나 재밌게 봤는지를 평가해보도록 하였다. 결과는 흥미롭게도 후자가 훨씬 더 재밌게 보았다고 평가했다. 볼펜을 코와 입술 사이에 물면 자연히 찡그리게 된다. 반면 이 사이에 물면 저절로 웃는 얼굴이 된다. 결국, 안면피드백 가설은 얼굴 표정이 감정에 영향을 미치는 가설이다. 즉 '기분이 좋아서 웃는게 아니라 웃어서 기분이 좋아질 수 있다'는 게 이론의 핵심이다.

이 가설은 인간의 얼굴 표정이 감정을 표현하는 것뿐만 아니라, 그 역으로 감정을 조절하는 데에도 영향을 미친다는 것을 주장한다. 예를 들어, 웃음을 지을 때 얼굴 근육이 움직이면서 쾌적한 감정을 느끼게 되고, 이러한 움직임이 뇌의 화학적인 반응을 유발하게 된다. 마찬가지로, 우울한 표정이나 분노를 느끼는 경우도 얼굴 근육의 움직임이 뇌에 화학적인 신호를 전달하여 감정을 조절하는 데 영향을 미친다.

안면피드백 가설은 이론적으로, 웃음이나 긍정적인 표정을 지어보는 것만으로도 감정을 조절하거나 개선할 수 있다는 것을 시사한다. 따라서 일상적인 상황에서도 얼굴 표정을 조절하고, 긍정적인 표정을 지어보는 것이 좋은 영향을 끼칠 수 있다.

하지만 이 가설은 아직 연구의 논쟁거리가 많은 분야이기도 하다. 일부 연구에서는 안면 표정이 감정을 직접적으로 유발하는 것보다는, 감정과 관련된 뇌 활동에 영향을 미치는 역할을 한다는 것을 발견하기도 한다.

◆ 읽을거리 2: 보톡스 실험

얼굴 표정에 변화를 일으키는 보톡스는 이 과정에도 영향을 끼치지 않을까? 보톡스와 함께 주름 제거 목적으로 자주 사용되는 필러(filler)를 실험에 같이 사용한 미국의 데이비드 닐(David Neal) 교수의 2011년 연구를 살펴보자.

연구진은 31명의 실험 참가 여성을 두 집단으로 나눠 16명에게는 보톡스를, 15명에게는 필러 약물 중 하나인 레스틸렌(Restylane)을 이들의 얼굴 주름에 주입했다. 근육의 수축을 억제해 얼굴 표정에서 뇌로 들어가는 되먹임을 감소시키는 보톡스와 달리 피부 아래(subdermal tissue)에 주입되는 필러는 근육의 기능을 바꾸지 않아 되먹임 역시 보존된다. 이후 연구진은 사진 속 인물의 눈 표정에서 감정 상태를 알아맞히는 '눈으로 마음 읽기 검사(Reading the Mind in the Eyes Test; RMET)'를 참가자들에게 시행했다.

실험 결과, 보톡스를 맞은 집단은 약 70퍼센트(%)의 정확도로 사진 속 인물의 감정을 알아맞혔지만, 이는 필러를 맞은 집단이 약 77퍼센트(%)의 정확도를 보인 것에 비해 통계적으로 유의미하게 낮은 수치였다. 감정이 실려 있는 다른 사람의 얼굴 사진을 볼 때 빠르게 자동적으로 일어나야 할 모방이 보톡스로 인해 제한되면서 타인의 감정을 상대적으로 잘 읽지 못하게 된 것이다. 보톡스를 맞은 뒤 '동안'이라는 외면의 미를 얻었지만 공감 능력이라는 내면의 미를 잃어버린 셈이다.

3. 좋은 미소 만들기

미소는 관계에도 긍정의 영향력을 주지만 나 자신의 정신건강에도 매우 유익하다.

1) 미소의 효과

① 미소는 자신감을 갖게 해준다.
② 미소는 고민 · 비판 · 의기소침을 줄여준다.
③ 미소는 소극적 감정을 줄여주며 치료의 효과도 있다.
④ 미소는 타인의 반대를 누그러뜨린다.
⑤ 미소는 환영을 상징한다.
⑥ 미소는 행복감을 느끼게 한다.
⑦ 미소는 화를 줄어들게 만든다.
⑧ 미소는 기쁨 · 희망 · 안정 · 자연스러움 · 온정 등 긍정적 감정을 느끼게 해준다.

2) 미소 훈련

① 입술은 가볍게 닫고 눈을 크게 뜨고 놀란 표정을 짓는다.

② 입술을 오므리고 좌우로 번갈아가며 움직여준다.

③ 위: 입을 가운데로/스: 입을 옆으로 당기며/키 : 입꼬리를 U자를 그리듯 위로 향한다.

3) 진짜 미소와 가짜 미소

(1) 팬암(PAN AM) 미소

팬 아메리칸 월드 항공[5]사의 이름을 빌려 지은 이름으로 항공사 승무원들이 고객을 의식하며 응대 시 웃을 때 입만 웃는 가짜 미소를 뜻한다.

(2) 뒤센(Duchenne) 미소

기욤 뒤센(Guillamue Duchenne)은 광대뼈 근처와 눈꼬리 근처의 얼굴 표정을 결정짓는 근육을 발견해 낸 기욤 뒤센을 기려 그의 이름을 따서 명명했다. 결국 마음에서 우러나오는 진짜 미소는 눈가가 웃는 미소를 뜻한다.

연구에 따르면, 뒤센 미소를 지었던 사람들은 그렇지 않았던 사람들에 비해 행복, 만족감, 성공, 건강이 월등하게 높았다고 한다.

5　팬 아메리칸 월드 항공(Pan American World Airways)은 1927년에 설립되어 운영 적자로 1991년에 파산한 미국의 항공사로, 팬암(Pan Am)이라는 약칭으로 알려져 있다.

읽을 거리

평소 나의 미소 점수는?

다른 사람과 커뮤니케이션 할 때 상대방을 이해하려는 나의 듣는 태도는 어떠한지 각 문항을 읽고 자신과 가장 일치하는 것을 골라 표시하시오.

No.	문항	체크
1	미소를 지을 때나 웃을 때 손이나 물건 등으로 입을 가린다.	
2	나는 내 미소나 웃음이 마음에 든다.	
3	눈이 반달 모양이 되도록 웃는다.	
4	사진을 찍을 때 자연스럽게 웃는 얼굴을 취할 수 있다.	
5	웃을 때 치아가 보이도록 웃는다.	
6	웃는 표정은 건강에 좋다고 생각하며 웃으려 많이 의식한다.	
7	웃을 때 입술 끝이 위로 올라가게 U자 형이 되도록 노력한다.	
8	관계에 있어서 항상 미소를 유지하려 노력하는 편이다.	
9	내용에 맞는 표정 연출이 가능하다.	
10	미소, 웃는 것이 매력적이라는 칭찬의 소리를 자주 받는 편이다.	

▶ **결과**

8개 이상: 상당히 매력적인 미소의 소유자

6~7개: 웃는 모습이 평범한 사람

4~5개: 아름다운 미소를 위해 더욱 노력해야 한다.

3개 이하: 웃는 모습과는 거리가 먼 표정이 가난한 사람

4. 몸짓 언어(보디랭귀지)

1) 시선

눈맞춤을 피하면 자신감과 진실성이 결여되어 보일 수 있다. 눈동자는 중앙에 두고, 도장 찍듯이 한 사람, 한 사람 청중을 감싸안 듯 시선을 처리해야한다. 상황에 따른 적절한 눈맞춤으로 상대에 대한 호감과 자신감을 보여주자.

(1) 다수의 청중을 대상으로 발표 시 시선 처리

청중 전체와 골고루 눈맞춤을 하자. 청중이 소수일 때는 한 사람 한 사람과눈맞춤하는 것이 바람직하다. 발표 장소가 넓고 청중이 수백 명인 경우에는그룹단위로 나누어 시선을 골고루 보낸다.

청중과 눈 맞추는 시간은 한 문장에 한 사람 정도로 하여 시선을 교환하자.시선을 너무 빠르게 옮기면 발표자가 초조감과 불안감으로 인하여 자신감이없는 것으로 인식될 수 있으므로 주의하자.

프레젠테이션 도중 청중과 스크린에 대한 시선 배분은 8:2가 바람직하다.발표자가 스크린만 보면서 발표하게 되면 청중과의 소통이 되지 않을뿐더러청중은 무슨 내용인지 핵심을 파악하지 못하게 되어 프레젠테이션에 실패할수 있음을 명심하자.

(2) 시선 처리 방법

① **청중이 소수일 때:** 삼각 또는 사각 프레임으로 좌-우 시선 처리하고,편한 사람 위주로 시선 처리한다.

② **청중이 다수일 때:** 뒤에서 앞으로 지그재그로 시선 처리한다.

2) 손과 팔의 모양

말을 시작함과 동시에 활발히 사용한다. 청중을 껴안을 정도의 팔 너비로 크게 손바닥을 보이면서, 엄지를 제외한 4개의 손가락을 붙이고 농구공을 잡는 자세가 좋다.

(1) 손과 팔의 사용 방법

순서	• 얼굴 위치에서 숫자를 손으로 가리키기 • 접기보다는 펴기, 손바닥이 보이게 • 예: 첫 번째, 두 번째, 세 번째
비교 대조	• 팔꿈치 적절히 벌리며 왼팔, 오른팔 좌우로 펴기 • 단어 첫 글자를 말함과 동시에 • 예: 영업팀과 재무팀/생산형 향상과 비용 절감
나열	• 양 손바닥을 몸통 너비로 마주 보기 • 좌측, 가운데, 우측 나눠서 짚어주기 • 예: 서울, 대전, 대구/자사, 소비자, 경쟁사
길이 부피	• 양손으로 길이감과 부피감 표현해 주기 • 길이감은 모션(motion)을 넣어주기 • 예: 우리 회사의 투자의견은 굉장히 안정적입니다./매출액이 아주 높습니다.

(2) 좋지 못한 손과 팔의 모양

- 손을 앞이나 뒤로 모은다.
- 주머니에 넣는다.
- 팔장을 낀다.
- 교탁을 너무 꽉 쥐고 떨어지지 않는다.
- 깍지를 낀다.
- 동작이 어설프다.

3) 제스처

우리가 흔히 몸짓 언어(body language)라 부르는 제스처도 중요한 의사소통 방법 가운데 하나이다.

구분	몸짓	해석되는 의미
얼굴	반복되는 눈, 코, 턱 등의 얼굴 일부를 만지작거리는 행동	자기의 허약함을 감추려는 의사
	맞장구가 없는 가벼운 미소	완곡한 거부나 난처함
	얼굴에 잠시 웃음을 지었다가 곧바로 웃음을 거둠	속으로 계산하고 있음
	갑자기 미소를 중단	쓸데없는 행위에 대한 무언의 경고
	설득하기 위해 애쓰는데 상대는 무표정	난처한 입장이거나 혐오감, 부탁을 거부하는 표시
눈	대화 시 상대방을 보지 않는다.	특히 상대방에게 시선을 30% 이하를 준다면 뭔가 숨기려는 마음이 크다.
	이리저리 불안정한 시선	심리적으로 불안하고 불성실한 성격의 소유자
	곁눈질	상대의 말에 불만이나 의문을 품고 있다.
	눈살을 찌푸린다.	상대방의 의견에 찬성하지 않는다.

	상대를 관찰하면서 상대방의 발을 먼저 보고 얼굴을 본다.	상대방을 불신하거나 경멸하고 있다.
	눈을 크게 뜨고 상대를 본다.	상대방에 대한 강한 흥미를 갖고 있다.
	대화할 때 상대방을 오래도록 주시한다.	말의 내용보다 그 말을 하는 사람에 대해 관심을 갖고 있다.
입	손으로 입을 가리며 말을 한다.	상대방 경계, 본심을 감추려는 행위
	손을 입에 대고 묵묵히 있다.	더 이상 대화하고 싶지 않다는 의사 표시
	말을 할 때 주먹을 얼굴에 갖다 대면서 자꾸 헛기침을 한다.	근심이 있다.
	입술을 '—'자로 꼭 다물고 있다.	강한 결의를 나타냄
	입술을 깨문다.	실패했을 때
	입술을 삐죽거린다.	공격심이 생길 때
	입술 양쪽이 올라간다.	현재의 심리상태가 부드럽다.
코	턱을 조금 치켜들고 코를 내민다.	거만한 마음의 표시
	콧구멍이 보일 정도로 코를 치켜든다.	상대방을 가볍게 여기는 표시
	머리를 뒤로 젖히면서 코를 상대로부터 멀리 한다.	혐오와 거부의 표시
	코를 만지작거린다.	거짓말, 부정적 의사 표시
	코에 손을 대고 앞으로 숙인다.	부정적인 의사를 확실히 전달하려는 행동
	콧날을 잡고 눈을 지그시 감는다.	마음의 갈등을 상대에게 전달하려는 행동
	콧날을 잡고 심사숙고하는 동작을 취한다.	상대의 시선을 끌기 위한 행동
턱	턱을 만지작거린다.	불안이나 고독한 기분을 전환시키려는 욕구
	턱을 안으로 힘껏 당긴다.	절대 복종의 의사를 나타내는 무언의 표시
	뭔가를 지시할 때 턱을 든다.	자기 주장이 강한 사람으로 자기 주장의 확대이며 공격의 표현
	말을 할 때 두 손바닥으로 턱을 고인다.	위안을 받고 싶어하는 욕구

목	기계적으로 고개를 끄덕인다.	경청하고 있지 않으며 반론을 제기하고 싶은 마음도 없다.
	말을 하면서 자주 고개를 끄덕인다.	경청
	목을 늘어뜨린다.	자신의 패배 인정
	상체를 뒤로 젖힌 채 조용히 상대의 말만 듣고 있다.	상대의 말이 엉뚱한 곳으로 흘렀을 때 지적하기 위한 행동
손과 팔	대화 도중 손가락이나 연필 끝으로 책상을 톡톡두드리며 소리를 낸다.	상대의 말에 동의할 수 없다는 뜻
	주먹을 쥐거나 한쪽 손으로 주먹을 만들어 다른 손바닥을 내리친다.	상대방에 대한 무언의 위협
	주변의 물건을 계속 만지작거린다.	긴장
	턱밑에 양손 끝을 모은다.	자신감
	팔짱을 심장부나 윗가슴에서 낀다.	상대에 대한 거절이나 방어의 표현
	팔짱을 비스듬히 낀다.	상대방의 말을 비판적으로 듣고 있음
	소매를 걷어올린다.	적극성, 힘 과시의 표현

| 제11장 |

프레젠테이션 장소의 이해

1. 발표 장소

발표 장소를 미리 살피면 동선을 정하는 데 도움이 된다. 직접 확인할 수 없다면 온라인에서 정보를 찾거나 주최 측에 문의하자.

정보를 일찌감치 파악해 두면 청중에 맞게 환경을 바꿀 수도 있다. 예컨대 6명의 팀원이 참석하는 외부 회의를 주관하는데 너무 큰 회의실을 배정받았다면 아늑한 장소를 구할 수 있는지, 아니면 토론 분위기를 조성해 줄 작은 탁자를 구할 수 있는지 알아볼 수 있다.

발표 공간에 대해 어떤 가정도 하지 말자. 발표 장소에 가기 전에 다음과 같은 정보를 확보해 당황스러운 상황을 피하자.

1) 평면도와 좌석 배치도

책상과 의자는 어떻게 배치되어 있는가? 교실과 같은 환경인가? 원탁이 있는가? 장소 규모가 예상 참석 인원에 적절한가? 횡한 공간에서 갈팡질팡 발표하며 단절감을 느끼는 것보다는 사람들과 가까이 앉아 서로 에너지를 주고받는 편이 낫다.

무대가 높은가? 만일 강연한다는 느낌을 줄이기 위해 청중과 똑같은 높이에 무대를 두었다면, 청중은 당신의 모습을 제대로 볼 수 있는가? 걸어 다니면서 사람들과 관계 맺을 공간이 있는가? 무대 조명은 바닥의 어느 부분을 비추고 있는가? 어두운 공간은 테이프로 표시해 두자(발표를 녹화할 경우 꼭 필요한 작업이다). 청중의 시야를 방해하는 기둥이 있는가? 기둥을 피하려면 어떻게 해야 하는가?

연단이 있는가? 만일 연단이 있다면 없애라. 필기할 공간이 필요한 경우가 아닌 한 연단은 발표자 와 청중을 멀어지게 만드는 시각적인 장애물일 뿐이다.

2) 식사

발표 시간이 식사 시간과 가까운가? 음식이 제공되는지 확인하라. 그렇지 않다면 당신 자신을 포함해 사람들에게 무언가 먹을 수 있는 시간을 주어라. 조직 내부에서 발표하는 경우라면 간식을 준비하자. 배고픈 청중은 연설에 집중하지 못한다. 자리에 앉아 식사를 하는 청중에게 발표할 예정인가? 그렇다면 당신의 목소리를 포크와 나이프 소리보다 크게 전달해 줄 확성 장치가 필요하다. 아니면 식사가 다 끝난 뒤에 연설을 해도 될지 확인하자.

3) 식순

행사 순서가 어떻게 되는가? 행사 주최자에게 문의하라. 당신을 소개할 사람이 따로 있는가? 아니면 자기소개를 준비해야 하는가? 당신의 앞뒤로 발표하는 사람은 누구인가? 다른 발표자들은 어떤 주제를 전달할 예정인가? 다른 사람들의 발표 내용을 참고하는 것도 좋다.

행사 후반부에 발표한다면 주제를 짧고 단순하게 전달하라. 청중은 정보 과잉으로 지쳐 있을 것이다. 회의 자리에서 발표할 예정인가? 그게 아니라면 같은 시간대에 진행되는 행사, 이를테면 유명한 워크숍이나 유명 작가의 책 사인회 등이 있는지 확인하라. 예상 참석자 수를 가늠하는 데 도움이 될 것이다.

4) 녹화

발표를 녹화할 예정인가? 만일 그렇다면 카메라의 위치를 확인하고, 카메라를 자주 쳐다보면서 멀리 있는 시청자와 유대감을 형성하자.

녹화 영상의 배포를 제한하고 싶은가? 그렇다면 주최자에게 의사를 확실하게 밝혀라.

2. 기기 예행연습

장비가 제대로 작동하지 않을 때가 있다. 그러니 기기 예행연습을 하라. 예행연습이 여의치 않다면 기기 설치할 시간을 '적어도' 30분은 확보하라.

다음은 기술직인 문제 때문에 딩황하는 일을 막기 위해 사전에 점검해야 할 것들이다.

1) 오디오·비디오 담당자와 친해지자

이름을 묻고 호의적으로 대하라. 그의 호감을 산다면 그는 당신을 위해 더 열심히, 더 신속하게 움직일 것이다.

2) 모든 장비를 시험하자

영사기, 리모컨, 오디오 장비를 모두 사용해 보며 제대로 작동하는지 확인하라.

3) 예비 장비를 준비하자

발표의 성공을 좌우할 만큼 중요한 장비가 있다면 관계자에게 그 장비를 지원해 달라고 요청하되, 개인적으로 소장하고 있는 것도 챙겨 가라. 영사기, 영사기를 연결할 케이블, 리모콘, 오디오 장비 모두 마찬가지다. 발표 장소에 설치된 오디오가 제대로 작동하지 않는 경우에 대비해 나는 스피커를 가지고 다닌다. 벤처 투자자이자 애플의 전 마케터인 가이 가와사키(Guy Kawasaki)는 인이어(in-ear) 마이크를 가지고 다닌다.

드라이브와 클라우드에 발표 자료를 올려 두고 슬라이드와 메모 인쇄물을 준비하라. 발표하는 동안 인터넷 연결이 느려지거나 끊어질 경우에 대비해 개인 소장 기기에 시연 녹화 영상도 담아 두자.

4) 슬라이드를 시험하자

발표 장소에서 모든 슬라이드를 클릭해 보라. 슬라이드가 어떤 식으로 작동할지 확인할 마지막 기회다. 슬라이드를 제대로 가져왔는지, 뒤쪽에 앉은 청중에게도 보이는지, 클릭할 때마다 슬라이드가 의도한 대로 넘어가는지 확인해야 한다. 이따금 리모콘과 컴퓨터가 너무 멀리 있는 경우에는 신호가 닿지 않아서 오디오 · 비디오 관리자의 도움을 받아야 할 때도 있다.

5) 프롬프터를 시험하자

프롬프터가 제대로 작동하는지, 글씨를 읽을 수 있는지 확인하라. 예행 연습을 하던 중 프롬프터가 너무 작아서 무대에서는 글씨가 전혀 보이지 않는다는 사실을 발견한 적이 있다.

6) 모든 파일을 작동해 보자

프레젠테이션에 이용할 파일을 발표 장소의 기기로 옮길 때 비디오 파일이나 오디오 파일을 빠트리기 쉽다. 하나의 폴더 안에 모든 종류의 파일을 저장해 두었는지, 이용할 기기에서 파일이 제대로 작동하는지 거듭 확인하라.

7) 영사 상태를 확인하자

화면의 가로세로비(대개 16:9나 4:3)와 슬라이드의 비율이 잘 맞는지 확인하라. 슬라이드가 너무 뒤쪽이나 앞쪽에서 영사되는 건 아닌지 살펴보고, 프레젠테이션을 하는 동안 빛기둥을 지나거나 당신의 얼굴에 슬라이드가 영사되는 일이 없도록 바닥에 테이프로 위치를 표시하라.

8) 발표 장소가 원거리인지 확인하자

원거리 발표는 기술적인 문제, 특히 발표 직전에 기기가 바뀌는 일이 발생할 확률이 높다. 비디오 점검을 마치고 연설을 시작하기 직전에 오디오·비디오 담당자들이 기기를 바꿔 곤란을 겪지 않도록 해야 한다.

3. 비대면 프레젠테이션을 진행하는 방법

1) 지시사항을 명확하게 전달하자

발표 주제를 설명하고 초대장을 발송할 때 웨비나(webinar)를 진행할 웹 사이트에 가입하고 로그인하는 방법을 자세히 밝혀라. 일단 가입했는데 참여할 장비가 없다는 사실을 나중에 깨닫게 되는 일이 없도록 반드시 가지고 있어야 하는 장비에 대해 미리 설명하라.

2) 기술적인 문제에 대비하자

기술적인 문제가 생겼을 때 문의할 곳의 연락처를 청중에게 제공하라. 유인물을 이메일로 미리 발송하고 웨비나에 기술적인 문제가 발생할 경우에 대비해 온라인의 편리한 위치에 슬라이드를 준비해놓자.

3) 슬라이드를 시험하자

일부 웨비나 소프트웨어는 애니메이션, 빌드, 장면 전환 효과를 제대로 보여주지 못하고 슬라이드를 '파괴'한다. 아예 작동하지 않거나 너무 쪼개져서 효과가 드러나지 않는 경로 기반 애니메이션도 많다. 색상 대비가 흐려지거나 사진이 이상하게 보일 수도 있다. 운영 체제와 소프트웨어는 작동 방식이 다르므로 실제 프레젠테이션에 사용할 기계로 슬라이드를 시험해야 한다. 소프트웨어의 모든 슬라이드를 클릭해서 점검하고 문제가 있으면 바로잡자.

4) 제시간에 시작하자

적어도 프레젠테이션 30분 전에 장비를 설치하고 오디오와 비디오가 제대로 작동하는지 확인하라. 기술적인 문제 때문에 법석을 피워 참가자들에게 준비가 미흡하다는 인상을 주는 일은 없어야 한다.

5) 소음을 내지 말자

팔찌, 귀걸이 등 헤드폰에 부딪치면 큰 소리를 낼 수 있는 시끄러운 장신구는 빼자. 물건을 만지작거리는 행동도 최대한 줄여라. 손가락을 두드리거나 펜을 딸깍거리거나 종이를 뒤적거리거나 마이크 가까이에서 물을 마시지 말자.

6) 소음 없는 환경을 만들자

문을 닫고 선풍기와 음악을 끄자. 경고음이 울릴 수 있는 컴퓨터 애플리케이션도 끄자. 다른 사람이 이야기할 때는 당신의 숨소리나 목소리가 들리지 않도록 당신의 마이크를 꺼라. 휴대전화도 끄자. 참가자들의 전화를 받아야 한다면 전화를 대기 모드로 설정하지 마라. 대기 모드로 설정하면 사람들이 당신의 통화 대기음을 듣게 될 것이다.

7) 시각적 방해물을 없애자

컴퓨터 화면에서 불필요한 소프트웨어 애플리케이션과 아이콘을 숨겨서 청중이 집중할 수 있도록 돕는다. 마우스 화살표를 슬라이드 지시봉으로 이용하되 슬라이드 위에서 정신없이 움직이지 않도록 한다.

8) 동시에 여러 목소리를 내보내지 말자

원거리 참석자는 한 번에 한 사람 목소리만 들을 수 있다. 그러므로 한 번에 여러 개 대화를 진행해서는 안 된다. 참석자에게 질문을 받으면 원거리 청중도 들을 수 있게 질문 내용을 반복해서 전달하자.

9) 진행 도우미를 섭외하자

기술 문제를 처리하고, 장소를 마련하고, 주제와 슬라이드를 청중에게 발송하고, 채팅방을 눈여겨보고, 조사를 실시하고, 모든 사람이 의견 발표할 기회를 얻도록 조정하는 등 세부 사항을 관리해 줄 진행 도우미를 섭외해 프레젠테이션의 부담을 어느 정도 해소하자.

읽을 거리 | **바람직한 마이크 사용법**

(1) 마이크의 종류
마이크는 강연대에 고정된 마이크, 스탠드 마이크, 유선 마이크, 무선 마이크 등이 있다.

(2) 마이크 잡는 법
마이크를 잡을 때는 그릴이나 바디 밑 신호 부분을 잡는 것이 아니라 바디 중간 부분을 자연스럽게 잡는다. 그릴을 잡으면 피드백(하울링)이나 저음이 많이 발생하고, 아랫부분을 잡으면 전파를 가리게 된다. 마이크 그릴 크기의 반 정도 아래를 자연스럽게 잡는다.

(3) 마이크 거리
마이크는 입에서 5~10cm 정도의 거리에 위치하는 것이 좋다. 직접 마이크를 잡고 거리를 떼어, 자신의 목소리 톤을 들어 보자. 여자들의 경우는 대부분 고음의 카랑카랑한 목소리를 많이 가지고 있다. 이럴 때는 마이크와 입과의 거리를 가깝게 하여 저음을 풍부하게 만들 수 있다. 반대로 남자들의 경우는 마이크와 입과의 거리를 조금 멀리하면 저음을 보강할 수 있다. 또한 마이크와 입과의 적당한 거리는 타인들의 의견을 듣는 것도 도움이 된다. 자신이 직접 들어 보고 시험을 했다면, 다음 단계로 타인들의 의견도 수렴하여 마이크와 입과의 적당한 거리를 만들어 볼 수 있다.

(4) 마이크 테스트
마이크를 테스트할 때 마이크를 툭툭 때리는 경우가 있는데, 마이크 고장의 원인이 마이크 그릴을 때리는 경우다. 마이크를 테스트할 때는 "하나 둘 셋 마이크를 테스트하고 있습니다. 마이크 체크"라고 하거나 "치찰음(공기가 좁은 틈을 치아 쪽으로 통과되면서 발생하는 마찰을 이용해서 내는 소리) ㅈ, ㅉ, ㅊ, ㅆ" 같은 소리를 내면 효과적이다.

(5) 마이크 사용 시 제스처의 주의 사항
① 마이크 테스트 시 그릴을 툭툭 치는 행동
고장의 원인이 될 수 있고, 청중들에게 불편감을 줄 수 있다.

② 마이크 그릴 부분을 감싸 쥐는 것
멋지게 보일지는 모르지만 저음이 많이 들어오고 피드백(하울링)이 생길 수 있다.

SMART
PRESENTATION

제 4 부

프레젠테이션 최종 점검과
피드백

| 제12장 |

프레젠테이션 최종 점검

1. 문장 다듬기

1) 틀리기 쉬운 띄어쓰기

(1) 의존 명사는 띄어 쓴다. 의존 명사 '간, 내, 데, 등, 바, 수, 시, 외, 적, 전, 중, 지, 채' 등은 앞말과 띄어 쓴다.

상관할 바가 아니다.　　그가 떠난 지가 오래다.

이 도구는 음식하는 데 사용된다.

원하는 만큼 가져라.　　나도 할 수 있다.

기한 내　　　　착공 시　　　　진행 중　　　　3월 말 전

비교하기	
• 화날 뿐이다.	• 고양이들뿐이다.
• 노력한 만큼 얻었다.	• 저 소나무만큼 키가 크다.
• 열흘 만에 끝났다.	• 사흘만 기다리자.
• 들은 대로 전했다.	• 내 마음대로 한다.
• 출장 갔던 차에 그를 만났다.	• 출장차 미국에 갔다.

(2) 단위를 나타내는 명사는 띄어 쓴다.

| 학생 열 명 | 버스 세 대 | 금 서 돈 | 나무 한 그루 |
| 열 길 물 속 | 콩 서 말 | 밥 한 술 | 소 두 마리 |

① **수 관형사 뒤에 의존 명사가 붙어서 차례를 나타내는 경우나, 의존 명사가 아라비아 숫자 뒤에 붙는 경우는 붙여 쓸 수 있도록 한다.**

| 제일과제 | 삼층 | 일학년 |
| 1연구실 | 85번지 | 3년 6개월 |

② **연월일, 시각 등도 붙여 쓸 수 있다. 다만, 수효를 나타내는 '개년', '개월, '일(간)', '시간' 등은 붙여 쓰지 않는다.**

칠월 삼십일   아홉시 삼십오분   삼 개년 이십이 개월 오십 일간

③ **수를 적을 때는 '만(萬)' 단위로 띄어 쓴다. 따라서 '만', '억', '조', '경', '해', '자' 단위로 띄어 쓴다. 다만, 금액을 적을 때는 변조 등의 사고를 방지하려는 뜻에서 붙여 쓰는 게 관례로 되어 있다.**

삼백오십칠조 팔천구백칠십억 오천구백삼십칠만 사천사백육십사
(357,897,959,374,464)
일금 오십일만구천삼백육십팔원정

(3) 숫자나 수에 접미사 '-여(餘), '-가량', '-쯤'이 붙을 때는 앞말에 붙여 쓴다. '-여'의 경우 뒤에 오는 단위명사와 붙여 쓰지 않는다.

| 10여 년 | 100여 미터 | 200여 점 | 10여 년간 |
| 30세가량 | 3주가량 | 25일쯤 | 여섯 시쯤 |

① 기간을 나타내는 말 뒤에 붙는 '간'은 '동안'의 뜻을 더하는 접미사이므로 앞말과 붙여 쓴다.

이틀간   한 달간   십여 년간

② '동안, 때, 안, 이내, 이상, 정도, 이후, 이전, 후, 전' 등은 앞말과 띄어 쓴다.

3개월 이내   20세 이상   10명 정도   6개월 후

③ 수를 나타내는 말 앞에 붙는 '몇'은 붙여 쓰고 보조 명사 앞의 '몇'은 띄어 쓴다.

몇십 년   몇천만 명   몇 사람

④ 값이나 수를 나타내는 명사 또는 명사구 뒤에 붙는 '대'는 앞말과 붙여 쓴다.

만 원대   수천억대   억대   백삼십만 원대

(4) 두 말을 이어 주거나 열거할 때 쓰이는 말은 띄어 쓴다.

열 내지 스물   교수진 및 학생들   대표이사 겸 부사장
책상, 의자 등   서울, 대전 등지   사과, 배, 귤 등등

(5) 보조 용언은 띄어 씀을 원칙으로 하고 경우에 따라 붙여 씀도 허용한다.

원칙	허용
꽃이 시들어 간다. 선생님을 도와 드린다. 아기가 울어 댄다. 기차를 놓쳐 버렸다. 그림을 그려 본다.	꽃이 시들어간다. 선생님을 도와드린다. 아기가 울어댄다. 기차를 놓쳐버렸다. 그림을 그려본다.

① 의존 명사 '양, 척, 체, 만, 법, 듯' 등에 '하다', '싶다'가 결합하여 된 보조 용언의 경우도 앞말에 붙여 쓸 수 있다.

원칙	허용
눈이 올 듯하다.	눈이 올듯하다.
그 일은 할 만하다.	그 일은 할만하다.
버스를 놓칠 뻔했다.	버스를 놓칠뻔했다.

② 다만, 의존 명사 뒤에 조사가 붙는 경우는 보조 용언을 붙여 쓰지 않는다.

아는 체를 한다.   비가 올 듯도 하다.

③ '-아/-어' 뒤에 '서'가 줄어진 형식에서는 뒤의 단어가 보조 용언이 아니므로, 붙여 쓰는 것이 허용되지 않는다.

과일을 깎아서 드린다[깎아서드린다(X)].

④ 보조 용언의 앞말이 합성동사인 경우는 보조 용언을 앞말에 붙여 쓰지 않는다.

들여다보지 마라.   날아갈 듯하다.   집어넣어 버렸다.

(6) 조동사가 본동사와 어울려 한 개념이나 한 동작을 나타낼 경우 복합어로 붙여 쓴다.

찾아내다.   솟아오르다.   돌이켜보다.

(7) 명사 아래 피동을 나타내는 '받다' '당하다'가 붙어 한 낱말이 된 것은 붙여 쓴다.

핍박당하다.   오해받다.   버림받다.

(8) 명사의 아래, 어원적 어근 또는 부사의 아래에 '하다'가 붙어 하나의 낱
말로 된 것은 붙여 쓴다.

말랑말랑하다.   추하다.   쓸쓸하다.

① 명사에 접미사 '하다'가 붙은 말이라도 그 앞에 명사를 꾸미는 관형어가 올
경우에는 '하다'를 띄어 쓴다.

남의 말 하기는 쉽다.   무슨 생각 하고 있니?

(9) 명사에 접미사 '화(化)'가 붙은 말에 다시 '하다', '되다', '시키다'가 붙을
경우는 붙여 쓴다.

고급화시키다.   민주화되다.   대중화하다.

(10) '하다'가 붙는 명사에 '되다', '시키다'가 붙어 하나의 낱말이 된 경우는
붙여 쓴다.

결정되다.   정리되다.   진행시키다.

(11) 명사에 '있다', '없다'가 붙은 말 중 다음은 붙여 쓴다.

맛있다.   멋있다.   재미있다.
거침없다.   틀림없다.   쓸데없다.
보잘것없다.   하잘것없다.   온데간데없다.

(12) 명사에 '나다', '들이다', '삼다', '짓다'가 붙은 다음의 말은 앞말에 붙
여 쓴다.

끝장나다.   이름나다.   소문나다.
공들이다.   물들이다.   힘들이다.

참고삼다.	일삼다.	장난삼다.
결론짓다.	관련짓다.	한숨짓다.

(13) 명사에 직접 붙어 용언을 만드는 '지다'와 어미 '아', '어', '워' 등에 붙어 피동을 나타내는 '지다'는 앞말에 붙여 쓴다.

값지다.	그늘지다.	기름지다.
달라지다.	젊어지다.	지워지다.

(14) 접두사로 쓰이는 한자어는 뒷말에 붙여 쓴다. 그러나 붙여 써서 이해하기 어려운 경우나 관형사로 인정되는 경우에는 띄어 쓴다.

내주일	매시간	전대표
내 25일	매 회계연도	전 동아리 회장

(15) 접미사는 앞말에 붙여 쓴다.

열흘분 식량	서울발 열차	백 원짜리 동전

① 접두사 '미(未), 연(延)' 등은 뒤에 오는 말과 붙여 쓴다.

미사용 시	미이수 시	연인원

(16) '각(各)', '본(本)', '전(全)'이 독립성이 없는 단음절어와 어울려 한 낱말로 굳은 것은 붙여 쓴다.

각자	본교	전신

(17) 체언 앞에 오는 관형사는 띄어 쓴다.

갖은 고생	첫 열매	근 두 달 동안
고 안중근 의사	요 근처에	한두 사람

(18) 명사 '가'가 앞말과 굳어서 사용되는 경우는 붙여 쓴다.

길가   바닷가   우물가

(19) 두 음절 이상의 말에 수(數)를 나타내는 명사 '수'가 붙은 말 중에 다음
     말들은 한낱말로 붙여 쓴다.

진동수   질량수   회전수

(20) 용언의 관형사형 어미 '-ㄴ', '-ㄹ' 다음에는 띄어 쓰지만, 어미의 일부
     로 굳어진 것은 붙여 쓴다.

비록 가난할망정   차라리 굶을지언정   언제 올는지 모르겠다.

(21) 성과 이름, 성과 호는 붙여 쓴다.

홍길동   김대한   박민국

① 성과 이름, 성과 호를 구분할 필요가 있을 경우에 띄어 쓸 수 있다.

남궁 민   독고 탁   제갈 공명

② 성명 뒤에 붙는 호칭어, 관직명 등은 띄어 쓴다.

김유신 장군   홍길동 씨   홍길동 사장
강 군   김 선배님   이 과장

③ '성' 뒤에 오는 씨(氏)와 가(家)는 붙여 쓴다.

강씨   김해 김씨   박가

(22) 성명 이외의 고유명사는 단어별 띄어 씀이 원칙이며, 단위별 띄어 쓸 수 있다.

원칙	허용
한국 대학교 경영 대학	한국대학교 경영대학

① 역사적인 서명, 사건명은 붙여 쓸 수 있다.

삼국유사　　　　　　임진왜란　　　　　　을사조약

② 하나의 화학 물질의 이름은 붙여 쓸 수 있다.

과산화수소　　　　　아황산가스　　　　　일산화탄소

(23) 한 음절의 말과 어울려 한 낱말로 굳은 것은 붙여 쓴다.

광속도　　　　　　　핵무기　　　　　　　원운동

(24) 첩어 또는 준첩어는 붙여 쓴다.

가만가만히　　　　　여기저기　　　　　　차례차례
머나먼　　　　　　　하루하루　　　　　　성큼성큼

① 둘 이상 낱말이 결합하여 한 낱말처럼 익은 것은 붙여 쓴다.

온데간데없다.　　　　　　인정사정없다.
붉으락푸르락하다.　　　　쥐락펴락하다.

② 단음절로 된 단어가 연이어 나타나는 경우는 붙여 쓸 수 있다.

그때 그곳　　　　　이말 저말　　　　　이집 저집

③ 한 개 단음절어로 된 단어라도 단음절어가 관형어나 부사인 경우, 관형어
와 관형어, 부사와 관형어는 원칙적으로 띄어 쓴다.

더 못 간다.　　　　　꽤 안 온다.　　　　　늘 더 먹는다.

2. 한국어 어문 규범

1) 로마자 표기법

한국어의 로마자 표기법은 한국어를 로마자(라틴 알파벳)로 표기하는 규칙
을 말한다. 한국에서는 여러 차례 로마자 표기법이 개정되었으며, 현재 널리
사용되는 것은 2014년에 일부 개정된 '국어의 로마자 표기법'이다.

(1) 주요 원칙과 규칙

① 모음과 자음

• **모음**: 한글 모음은 대응되는 로마자로 표기한다. 예를 들어, ㅏ는 'a',
ㅓ는 'eo', ㅗ는 'o', ㅜ는 'u', ㅡ는 'eu' 등으로 표기한다.
• **자음**: 한글 자음은 대부분 로마자로 직접 대응된다. 예를 들어, ㄱ은 'g',
ㄴ은 'n', ㄹ은 'r', ㅁ은 'm' 등으로 표기한다. 단, 자음의 위치(단어의 시작,
중간, 끝)에 따라 표기가 달라질 수 있다.

② 받침

한글의 받침은 단어의 마지막 소리를 나타낸다. 받침이 있는 경우, 그 소리
에 따라 로마자로 표기한다. 예를 들어, '각'은 'gak', '닭'은 'dak'으로 표기한
다. 단, 'ㄹ'은 받침 위치에서 'l'로 표기한다.

③ 겹자음과 겹모음

겹자음과 겹모음도 그 발음에 가장 가까운 로마자로 표기한다. 예를 들어, '왜'는 'wae', '괜찮다'는 'gwaenchanta'로 표기한다.

④ 음절의 구분

한글에서 두 음절이 만나는 경우, 로마자 표기에서도 이를 구분해 준다. 예를 들어, '안녕하세요'는 'annyeonghaseyo'로 표기하여 '안녕'과 '하세요' 사이를 분명히 한다.

2) 외래어 표기법

① 파열음 표기에는 된소리 (ㄲ, ㄸ, ㅃ, ㅆ, ㅉ)를 쓰지 않는 것을 원칙으로 한다.

까페 → 카페   삿뽀로 → 삿포로   돈까스 → 돈가스

② 받침에는 'ㄱ, ㄴ, ㄹ, ㅁ, ㅂ, ㅅ, ㅇ'만을 쓴다.

케잌 → 케이크   커피숖 → 커피숍

③ 현지음을 원칙으로 한다.

이태리 → 이탈리아   칸느 → 칸   비엔나 → 빈
베니스 → 베네치아

④ 중모음 '오우(ou)'는 '오'로 적는다.

옐로우 → 옐로   레인보우 → 레인보
매슬로우 → 매슬로   윈도우 → 윈도

⑤ 어말의 [ʃ]는 '시'로 적고, 자음 앞의 [ʃ]는 '슈'로, 모음 앞의 [ʃ]는 뒤따르는 모음에 따라 '샤', '섀', '셔', '셰', '쇼', '슈', '시'로 적는다.

flash[flæʃ] 플래시 shrub[ʃrʌb] 슈러브 shark[ʃɑːk] 샤크

• 어말의 [ʧ]는 '치'로 적는다.

switch[swiʧ] 스위치 catch[kæʧ] 캐치

⑥ 약어는 우리말 풀이 다음 괄호 안에 넣는다

석유수출국기구(OPEC) 환태평양경제동반자협정(TPP)

(1) 틀리기 쉬운 외래어 표기

레포트 – 리포트	앵콜 – 앙코르
째즈 – 재즈	악세사리 – 액세서리
센타 – 센터	포탈 – 포털
메세지 – 메시지	팜플렛 – 팸플릿
테크놀러지 – 테크놀로지	앙케이트 – 앙케트
팡파레 – 팡파르	아울렛 – 아웃렛
발란스 – 밸런스	쥬스 – 주스
타올 – 타월	타겟 – 타깃
싱가폴 – 싱가포르	화이팅 – 파이팅
가스렌지 – 가스레인지	로얄 – 로열
쇼파 – 소파	

3. 문장의 문맥 다듬기

1) 문장의 기본 원리

(1) 정확성

문장은 문법에 맞도록 써야 한다. 문법에 맞는 정확한 글을 쓰려면 주어와 서술어의 호응, 지시어와 접속어의 사용, 조사, 어미, 시제의 쓰임에 유의해야 한다.

① 문장의 주어와 술어의 호응을 명확하게 한다.

② 문장구조를 단순화하고 문장 사이의 접속사는 용도에 맞게 쓴다.

③ 어구와 어구의 연결 부사 – '및', '또는', '그리고'

- 병립하는 어구가 둘인 경우 그 사이에 연결 부사를 쓴다. 예) 월요일 또는 수요일
- 셋 이상인 경우는 앞부분은 쉼표(,)로 넣고 마지막 어구를 이을 때 연결부사를 쓴다.

④ 문말의 표현을 통일하고 시제를 일치시킨다.

(2) 경제성

경제성은 글에 군더더기가 없이 간단하고 깔끔하게 낱말을 절약하여 표현하는 것을 말한다. 읽는 사람이 읽기 편하게 글을 쓰기 위해서는 하고자 하는 말을 '짧고 간단하게' 표현해야 한다. 문장은 필요한 낱말을 필요한 상황에 써서 적당한 길이로 나타내야 하며, 되도록 한 개의 문장에 한 가지 내용을 쓰도록 한다.

① 문장의 길이는 가능한 한 짧게 작성한다.

문장은 필요한 낱말을 필요한 상황에 맞게 적절한 길이로 나타내야 한다. 문장을 짧게 표현하며 한 개의 문장에 한 가지 내용을 쓰도록 한다. 이때 문장의 의미를 크게 훼손하지 않는 선에서 줄이도록 주의한다.

문장을 짧게 줄이는 방법은 다음과 같다.
- 가능하면 길지 않게 써야겠다는 의식을 가지고 작성한다.
- 한 문장에는 하나의 개념, 하나의 사실만을 기록하도록 한다.
- 문장의 구조를 단순화한다.
- 표현하고자 하는 이야기를 가장 적은 단어를 써서 경제적으로 명료하게 나타낸다.

② 문장의 구 또는 절의 중복을 피하고 무의미한 언어의 사용을 피한다.

중복 표현을 통해 뜻을 강조하는 경우가 있지만 가능하면 한 문장 속에서 같은 단어, 구절, 조사 등을 되풀이하여 사용하지 않는다. 같은 말의 반복을 피하기 위하여 반복되는 부분을 생략하거나 공통인수로 묶어서 표현할 수 있다.
- 뜻이 대등한 동의어는 생략할 수 있다.
- 같은 어휘나 표현을 반복하지 않는다.

③ 불필요하게 길어진 어구는 문장의 뜻을 불분명하게 만들 수 있다.

④ 겹말은 사용하지 않는다.

겹말은 같은 뜻의 말들이 겹쳐서 된 말로 주로 한자나 외국어와 순우리말이 조합된 경우가 많다. 겹말은 한자나 외국어의 올바른 이해 없이 잘못 사용하는 것으로 글을 표현할 때 겹말을 오용하지 않도록 주의해야 한다.

연구진들 → 연구진   근래 들어 → 근래에

맡은 바 임무 → 맡은 바   처갓집 → 처가

서로 상의하다. → 상의하다.   부상을 당하다. → 부상하다.

결실을 맺다. → 결실을 보다.   약 10명 정도 → 10명 정도

근 30년 가까이 → 근 30년, 30년 가까이

~하고 있는 중이다 → ~하는 중이다, ~하고 있다.

(3) 명료성

글의 명료성은 필자의 의도에 따라 명확하게 쓴 글을 말한다. 명확히 전달하지 못하는 경우는 표현하고자 하는 내용을 추상적이고 모호한 언어로 나타내는 데 그 이유가 있다. 예를 들어 수식 관계나 비교 대상이 불분명한 경우는 필자의 의도를 독자가 다르게 해석할 수 있다.

① 수식어를 바르게 사용한다.

② 능동의 주체를 분명히 하고 '진다', '된다', '되어진다', '불린다'와 같은 불필요한 피동형은 능동형으로 고친다.

③ 문장의 피동과 능동의 표현을 분명히 한다.

(4) 다양성

① 여러 가지 동의어를 사용하여 반복적 낱말을 다양하게 표현한다.

뜻은 같거나 비슷하더라도 다양한 낱말을 써서 효과적인 표현을 사용할 수 있다. 한 문장에서 반복되는 단어나 구 등은 유사한 말로 바꾸어 표현할 수 있다.

② 문장을 긍정형으로 표현한다.

문장의 뒷부분을 부정으로 표현하는 것보다 긍정적 표현을 사용하는 것이 의미전달을 쉽게 할 수 있다. 특히 실용문에서는 평상시 사용하는 문장을 되도록 긍정형으로 사용하는 것이 중요하다. 긍정의 언어는 상대방이 긍정적 사고를 할 수 있게 유도하는 효과가 있을 수 있기 때문이다.

정확한 의미 전달을 위해 부정적 표현을 해야 하는 경우는 가급적 개인의 감정이 개입하지 않은 객관적 입장에서 문장을 쓰도록 한다.

2) 잘못된 언어 습관

① 불필요한 표현이나 음절은 생략하거나 바꾸도록 한다. 특히 일본어 번역체 표현은 간단한 문구로 고친다.

- ~에 있어서 → ~에(에게)
- ~에 의하여 → ~으로
- ~으로부터 → ~에게서
- ~한 사실에도 불구하고 → 비록 ~하지만
- ~할 필요가 있다 → 필요하다

② 업무 문서에서는 불확실한 개인의 전망이나 추측을 나타내는 표현은 피하도록 한다. 특히 '~같다'라는 말을 자주 사용하지 않는다.

③ 지나친 과장의 표현은 삼가며 은어, 비속어, 유행어 등의 사용은 피한다.

④ 전문용어를 쓸 때는 독자의 수준을 고려한다. 사내 기획안, 사내 보고서, 논문, 학술보고서 등은 독자가 전문가나 관련 분야의 관계자이므로 전문용어를 사용하더라도 독자들의 이해에 어려움이 없을 것이다. 그러나 전문가가 아닌 일반인을 독자로 한 글을 작성할 때는 전문용어를 피하고 이해하기 쉬운 용어를 사용하도록 한다.

4. 질의응답 전략

질의응답은 청중의 관심사에 대해 이야기를 나누고 요점을 명확하게 전달하기에 좋은, 강력한 인터랙티브 방식이다. 비즈니스 프레젠테이션을 할 때는 항상 질의응답 시간을 가져라. 필요하다면 발표 시간을 줄여라. 중요한 문제에 대해 답변을 듣지 못한 채 발표 장소를 떠난 청중은 결코 당신의 아이디어를 채택하지 않을 것이다.

질의응답은 다음과 같이 준비하자.

(1) 언제 질문을 받을지 정하자

발표 중간에 질문을 받을지, 마지막에 한꺼번에 받을지 결정하라. 한 가지 주장을 완벽하게 마무리하는 게 우선이라면 발표 시작 전 청중에게 발표가 끝날 때까지 질문을 보류해 달라고 부탁하자. 요점을 몇 가지로 나눠 전달할 예정이라면 요점 설명이 끝날 때마다, 즉 사람들의 머릿속에 발표 내용이 생생하게 남아 있을 때 질문을 받자.

(2) 예상 질문을 뽑아 답변을 준비하자

오랜 시간을 투자해 프레젠테이션을 준비하고 멋지게 발표했어도 예상치 못한 질문에 서툴게 대응하는 모습을 보이면 모든 노력이 물거품이 될 수 있다.

일반적인 것부터 적대적인 것까지 청중이 제기할 수 있는 모든 질문을 예상하라. 모든 눈이 당신을 향하고 있을 때 당황하지 않도록 미리 답변을 준비하라. 그리고 변화구처럼 예측하지 못한 질문에 대응할 수 있게 정신적으로 무장하자. 당신의 아이디어에 공개적으로 도전하고 싶어 하는 질문자가 있을 수 있다. 그런 상황이 벌어진다 해도 침착함을 잃지 말자. 발표 내용을 속속들이 파악하고 있으면 큰 도움이 될 것이다.

(3) 질문의 숨은 의미를 파악하자

질문에 직접적으로 답변하라. 그런 한편 질문 뒤에 숨은 의미를 파악하고 대처하기 위해 노력하라.

| 제13장 |

프레젠테이션 피드백

1. 피드백 활용

발표가 끝난 후 자신의 **PT** 수준을 확인하고 문제점을 나열한 후 점검하자. 그리고 다른 사람의 피드백을 듣자. 리처드 윌리엄스는 『피드백 이야기』라는 책에서 "효과적인 피드백을 주는 것은 가장 강력한 의사소통 중의 하나이다" 라고 하였다. 다른 사람이 나에게 해주는 피드백도 애정 어린 충고로 받아들이고 다음 발표를 위해 부족한 점을 보완하도록 하자. 무엇이 잘 되었는지, 무엇을 개선해야 할지에 대해 피드백을 받아야 한다. 그렇게 받은 피드백 중에서 가장 우선적으로 고쳐야 할 것을 정해서 개선 방법을 찾자.

모든 것을 한꺼번에 고치겠다는 생각은 버려야 한다. 너무 욕심을 내다가는 좌절할 수 있다. 한 번에 하나씩 개선해 나가야 한다. 편안하게 마음을 먹고 보완 계획을 세워 보자.

1) 피드백의 의의

① 피드백이란 통상적으로 프로젝트나 작업 평가가 끝날 때 동료들 사이에서 이루어지는 정보의 흐름이다.

② 직무 수행이나 작업 관련 행동에 대해 관찰한 내용을 공유하고 나아가 발전적이고 생산적인 변화를 향하는 첫걸음이 될 수 있다.

③ 조직 내부와 외부의 변화가 주는 이점을 재빨리 파악하여 자기발전의 기회로 삼는다. 변화에 따르기보다는 변화를 주도하고 촉진하는 역할을 자발적으로 수행할 수 있다.

④ 성찰 · 분석 · 반추하는 과정이다.

⑤ 어떤 결과와 과정, 사실들을 비추어 객관화하는 작업이다.

⑥ 긍정적인 것으로 변화를 유도(지향)하는 과정이다.

⑦ 결과와 사실들을 논쟁적으로 평가하는 과정이 아니다.

⑧ 내가 나 자신을 관찰하고 점검하는 데에는 한계가 있다. 논리적이고 이성적이기보다는 감정적이고 부분적인 경향이 많기 때문이다. 따라서 나의 발표를 들은 다른 사람들의 냉정한 피드백을 받는 것이 많은 도움이 된다.

⑨ 다른 사람이 해주는 피드백에는 다음과 같은 효과가 있다.

• 구체적으로 개선되어야 할 사항이 무엇인지 알려준다.

• 발표한 내용의 이행 기간이나 범위, 일정 등에 대해서 구체적이고 상세하게 전달받을 수 있다.

2) 피드백의 진행

피드백을 해 줄 때는 구체적인 행동(Actions)과 그 행동이 가져온 영향(Impact)에 대한 설명, 그리고 피드백을 받는 사람이 더욱 효과적으로 수행할 수 있었던 결과(Desired Outcome)에 대한 논의의 순서로 진행되어야 한다. 이러한 3단계 피드백은 각각의 첫 문자를 따서 AID로 부르기도 한다.

3) 피드백의 유형

효과적인 피드백을 하기 위한 유형으로는 강화 피드백과 지도 피드백이 있다. 아래의 표를 활용해 동료나 후배 직원에게 적절하게 피드백을 할 수 있다. 또한, 셀프 피드백의 지침으로 활용해도 좋다.

〈표 1〉 **피드백의 유형**

강화 피드백	지도 피드백
• 구체적·특정적이어야 한다. • 즉각적이어야 한다. • 일관성이 있어야 한다. • 성실하고 진지한 태도로 한다. • 개인에 따른 편차를 고려한다. • 성과에 따르는 것이어야 한다.	• 구체적·특정적이어야 한다. • 긍정적인 시각에 초점을 맞추어야 한다. • 문제 해결 지향성이 있어야 한다. • 성과에 미치는 결과를 명확하게 설명한다. • 계속적인 점검이 필요하다. • 공감성을 발휘하여야 한다.

2. 향후 발표를 위한 계획 수립

앞으로 더 나은 발표를 위해 목표를 세우자. 스스로 동기를 부여하고 의욕을 불태우자. 당신에게 동기가 부여된다면 다른 사람들의 열정도 붙잡을 수 있을 것이다.

목표를 세우기 위해서는 지속해서 새롭고, 강력하고, 실용적이고, 위트 있고, 실천 가능한 내용을 담아야 한다.

향후 목표를 세울 때 참고해야 할 원칙은 다음과 같다.

첫째, 목표는 구체적이어야 한다. 목표가 두루뭉술하거나 애매하지 않아야 한다. '발표를 좀 더 잘하고 싶다.'는 목표는 애매하다. 구체적으로 어떤 항목을 보완한 것인지 방법과 한계를 제시해야 한다.

둘째, 측정이 가능해야 한다. 목표를 달성했는지 못했는지 어떻게 판단할까? 애초에 확실한 비전이나 설계 없이 시작되면 훗날 흐지부지된다. 확실한 비전을 정한다.

셋째, 무엇을 어떻게 할 것인가에 초점을 맞추어야 한다. 체계적인 준비와 구체적인 접근이 필요하다. 일정과 항목을 나누어 구체적으로 계획을 세우고 준비한다.

넷째, 목표의 현실성을 고려한다. 무모하거나 이루기 힘든 목표가 아닌 내가 할 수 있는 행동 의 결과로 나타날 수 있는 아웃컴을 설정한다.

1) 먼저 당신의 계획을 종이에 남겨라

많은 사람이 프레젠테이션 발표 후 "내가 이번 발표를 망쳤고 다음에도 잘하지 못할 거야"라고 부정적인 방향으로 생각을 정리하곤 한다. 그러한 자책과 회의로 당신을 망치는 일은 이제 그만하자. 앞으로 잘될 것이라는 믿음, 이번 발표에서 어떠한 부분이 부족했으니 그러한 것을 보완하는 데 신경을 집중하자는 생각과 계획이 당신을 객관적으로 만들 수 있다. 특히 그러한 계획을 기록하는 것만으로도 당신의 마음에 신뢰와 안심을 주고, 여러분의 생각에 초점을 맞출 수 있도록 도와준다.

2) 계획을 수립할 수 있도록, 커다란 목표를 작은 것들로 쪼개라

위에 계획한 몇몇 목표는 한꺼번에 처리하기에 너무 큰 것일 수 있다. 그러니 우선순위를 정해 한 번에 한 가지 일을 제대로 할 수 있도록 하자. 큰 목표나 큰 프로젝트가 있을 때, 그것을 작은 임무로 나누어 한 번에 하나씩 해나가라.

3) 어떻게 시작하길 원하는지 결정하라

여러분 자신에게 무엇을 가장 먼저 해야 하는지 물어보라. 무엇을 시작할 것인지 결정하라. 이는 단순한 단계가 될 수 있다. 추상적이거나 이론적인 방법에서 벗어나 행동 위주 사항을 나열해 보자.

4) 과정에 있어서 확인할 점들을 만들어 보라

목표는 데이터와 함께 주어질 때 가장 잘 완성될 수 있다. 오늘날에는 주의 사항과 함께 목록 작성을 할 수 있는 스마트폰 앱이 정말 많다. 중간에 목표의 달성 여부를 확인하고 측정할 수 있도록 점검하자.

5) 실패는 없다. 다만, 피드백이 있을 뿐이다

스스로에게 정직해야 한다. 때로는 이것이 여러분이 강해져야 한다는 것을 의미하기도 한다. 이 세상에서 이뤄진 대부분의 일은 일을 하는 것처럼 보이는 사람들이 아니라, 그 일을 어떻게든 해내는 사람들이 이룬 것이다. 성공적인 사람들은 일하는 습관을 발전시켜 나간다. 더 나은 프레젠테이션을 위해서는 한계를 넘어야 한다. 한계를 극복하면서 피드백을 통해 앞으로 더 나은 결과를 얻을 수 있다.

6) 스스로 완성된 일의 유익을 상기하라

첫 발표 때 너무 떨려서 쓰러질 것 같지만, 발표 횟수가 거듭될수록 익숙해지고 자연스러워진다. 그런 익숙함은 지루함과 슬럼프로 다가올 수 있다. 매너리즘에 빠지면 습관적으로 타성에 젖어 발표를 하게 된다. 이렇게 무딘 감정이 자리 잡지 못하도록 프레젠테이션이 성공적으로 끝났을 때 느끼는 만족감을 되새겨야 한다. 초심으로 돌아가자.

7) 쉬운 발표부터 지금 시작하라

피하고 싶은 프레젠테이션이나 발표가 있을 때, 나는 단순히 "이것을 하고 싶지는 않지만, 5분만 하겠어"라고 말해 본다. 그리고 발표 준비를 한 후 짧은 발표를 진행해 본다. 여러분이 한번 시작한 후에는 일이 훨씬 쉬워진다. 때로는 단순한 것부터 시작할 필요가 있다. 과감하게 부딪쳐보자.

8) 긍정적으로 사고하라

많은 활동, 프로젝트, 프로그램을 완성해가는 데 있어서 긍정적인 태도가 정말 중요하다는 것을 깨달았다. 긍정주의는 에너지를 만들어낸다. '나는 할 수 있다.'라고 말하는 사람은 할 수 있는 에너지를 만들어내고 목표에 맞는 준비를 단계별로 세워 결국 이루게 된다. 꿈을 꾸는 사람은 그 꿈을 닮아간다는 말을 마음속 깊이 새기자.

9) 실행할 수 있는 환경을 만들어라

여러분이 다음 발표를 준비할 때에는 이 임무에 집중할 수 있는 환경이 필요하다. 필자는 발표 준비를 시작하기 전에 책상에 있는 모든 것을 치워 깨끗한 환경을 만든다. 발표 준비 외 다른 것에 초점을 두고 싶지 않기 때문이다. 성공은 한 번에 한 가지에 초점을 맞추는 데서 온다. 개처럼 현재에 집중하자는 말이다.

10) 자신의 에너지 패턴을 잘 알고, 최고조의 시간을 이용하라

여러분 중 일부는 아침형 인간이고, 또 다른 일부는 저녁형 인간이다. 당신은 하루의 어느 지점에서 다른 때보다 빛나는가? 누구에게나 습관적으로 최선을 다하는 시간대가 있다. 자기 신체의 시계가 최대치의 능력을 향하는 때를 알 필요가 있다. 그 최대치의 능력을 중요하지 않은 임무를 하는 데 사용하지 마라. 만약 당신의 최대치 시간이 오전 10시에서 오후 12시 사이라면, 그 동안에는 메일을 읽지 마라. 이러한 일은 하루의 마지막 시간에 하도록 해라. 반면 아침에 컨디션이 좋지 않다면, 그때 메일을 읽어라. 당신의 컨디션이 좋은 시간을 발표 준비를 위한 시간으로 만들어라.

이렇듯 현명한 목표를 세우기 위해서는 의지력이 있어야 한다. 목표를 달성하겠다는 확실한 결심이 필요하다. 또한, 진취적이어야 한다. 모든 환경과 준비가 다 갖추어지기 를 기대하지 말고 지금 상황에서 한 가지라도 준비되어 있다면 바로 목표를 세우고 시작하자.

3. 계획 수립과 실천에 필요한 단계

1) 1단계: 아웃컴(Outcome) 설정

아웃컴은 행동이 따르는 그 무엇, 즉 결과 혹은 귀결과 같은 의미로 얻고자 하는 결과이다. 큰 의미의 목표는 추상적이고 모호하며 다소 거리감이 느껴진다. 그래서 도달하기도 무척 어려워 보인다. 이렇듯 목표는 우리가 원하는 어떤 상태이지만 아웃컴은 우리 행동의 결과로 얻어지는 것이다.

• 이번 발표에서 발견된 문제점은 어떤 것이 있을까?
• 다음 발표에서는 어떤 부분(내용, 제스처, 시선 처리, 음성, 속도, 변화, 인상, 시간 등)을 보완하면 좋을까?
• 나에게 필요한 자원(기술, 지식, 이해, 용기, 관계, 시설, 장비 등)은 무엇일까?

2) 2단계: 비전(Vision)

• 이번 발표에서 무엇을 얻었나?

- 다음 발표에서는 무엇을 해낼 수 있을까?
- 프레젠테이션을 잘하면 나는 어떻게 될까?

3) 3단계: 액션(Action)

- 다음 발표에 맞춰 세운 아웃컴이 실현 가능하다고 믿고 있는가?
- 설정한 아웃컴에 맞추어 조금씩 연습하고 바꿔나가고 있는가?

4) 4단계: 부단한 흐름(Flow)

- 한 번에 완성되지는 않지만, 프레젠테이션 능력이 점점 나아질 거라고 믿고 있는가?
- 이러한 나의 노력이 새로운 결실을 맺어줄 것이라는 생각이 드는가?

4. 이상적인 프레젠터를 찾자

멘토란 말은 고대 그리스에서 생겨났다. 고대 그리스 이타이카 왕국의 왕인 오디세우스가 트로이 전쟁에 참가하기 전, 그의 아들인 텔레마코스를 '멘토'라는 친구에게 맡겼다. 이후 멘토는 텔레마코스에게 때로는 친구도 되어주고, 선생님, 상담자, 아버지와 같은 역할까지 잘 수행해 주었는데, 그것이 유래가 되어 멘토라는 말이 생겨났다고 한다. 우리도 우리의 주변에서, 혹은 간접적으로 연관이 있는 사람을 멘토로 정하고 그 사람의 장점을 배우는 작업을 함으로써 그 사람을 닮아갈 수 있다.

현재는 프레젠테이션의 시대이다. 인생에서 성공하려면 자신의 주장을 관철하고 의견을 적시에 발표하는 기술이 반드시 필요하며, 그 전제가 되는 것이 바로 "발표할 용기"이다.

　발표할 용기를 기르는 데 좋은 방법의 하나가 닮고 싶은 멘토를 세우고 이미지메이킹을 하는 방법이다. 이것은 마음속으로 자신의 멘토(본보기, 이상형)로 삼은 인물을 상상하는 방법이다. 예컨대 회의에서 발언할까 말까 망설여질 때 멘토를 연상하는 것이다. 물론 그 멘토는 자신 있게 발언할 것이다. 멘토를 설정한 이미지메이킹이 잘 연상되면 프레젠테이션 진행이나 보고, 발표에서 큰 도움을 받을 수 있다.

　다만 한 사람에 얽매이지 말고, 다양한 멘토를 찾아보면 좋다. 그들의 스피치 특징들을 공부해보고 연구해서 자기의 색깔, 즉 자신의 정체성을 가져야 한다. 멘토 한 명에 의존해 그를 무작정 따라 하기보다는 다양한 프레젠터들을 만나보고 이를 바탕으로 자신의 정체성을 찾아야 한다.

　좋은 프레젠터들을 연구하고 분석하면서 나만의 것을 재창조해 나가도록 하자. 훌륭한 프레젠터는 태어나는 것이 아니라 만들어지는 것이기 때문이다. 프레젠테이션를 잘하는 사람은 계획, 준비되어 있다. 신뢰감을 주는 사람, 또한 청중의 속내를 파악하려는 사람이기도 하다.

나만의 멘토를 세우는 방법

1단계 – 존경하는 인물을 연상한다.

중요한 발표나 프레젠테이션을 앞두고 먼저 역사상의 인물 중에서 당신이 존경하는 사람을 떠올려보자. 아니면 여러분이 평소 존경하는 멘토를 떠올려봐도 좋다. '○○○이라면 어땠을까?'라고 자문해 본다. 그러면 분명 잘해냈을 것이라는 생각이 들 것이다. 그 결과 '좋아, 그럼 나도 ○○○처럼 한번 해 보자.' 하고 과감하게 생각해 볼 수 있다.

2단계 – 상황에 따라 모델을 바꾼다.

앞서 1단계에서는 위대한 인물을 멘토로 했다면 이번에는 '친근한 인물'을 모델로 삼는 방법이다. 다만 이 경우에는 장면과 상황에 따라서 사람을 바꾼다. 즉, 상황마다 장점을 가진 사람을 생각하는 것이다. "우리 부장님은 명료한 단어 선택이 좋아", "우리 부서 ○○○는 발표할 때 시간을 정확하게 맞춘다니까"하는 것처럼 가족, 직장 동료도 좋고 반드시 존경하지 않는 사람이라고 해도 상관없다.

3단계 – 모델의 장점을 본받는다.

회사에 다니는 사람은 같은 직장 내에서 한 사람의 모델을 정하는 게 좋다. 예컨대 부장이 프레젠테이션을 잘한다고 생각하면 철저하게 부장을 모델로 삼아서 프레젠테이션을 하고 장점을 따라 해 보는 것이다. 타인의 스피치와 프레젠테이션은 보는 것만으로도 공부가 된다. 다만 그저 보기만 하는 것이 아니라 어디가 뛰어난가를 파악하는 의식이 필요하다.

참고
문헌

· 강현규(2012), 프레젠테이션 토론면접법, 나비의활주로.

· 권인아, 이상욱(2018), 문제해결능력, 한올.

· 김미성(2012), 백전불패 프레젠테이션, 미르북스.

· 김정택, 김명준, 심혜숙(2000), 진로탐색검사 활용가이드, 한국심리검사연구소.

· 김찬기(2021), 유튜브 크리에이터 되기, 좋은땅.

· 김혜숙(2002), 고정관념 및 편견과 인간 관계, 사회과학연구논총, 9, 83-101.

· 김혜주(2021), 된다! 유튜브 영상 만들기, 이지스퍼블리싱.

· 낸시 두아르테(2016), 하버드 비즈니스 리뷰 가이드: 경쟁력을 높이는 프레젠테이션, 다른.

· 박민영(2022), 너, 프레젠테이션 처음이지?, 시대인.

· 박혁종(2010), CEO를 감동시키는 프리젠테이션의 비밀, 미래와경영.

· 서여주(2020), 개인, 상황, 관계를 중심으로 한 인간심리, 백산출판사.

· 서여주(2021), 365 Global Manners 3판, 백산출판사.

· 서여주(2022), 소비자 그리고 라이프스타일, 백산출판사.

· 서여주(2022), 소셜미디어와 마케팅 2판, 백산출판사.

· 연희승(2022), 숏폼기획 아이디어, 박영사.

· 재닌 커노프, 리 라자루스(2022), 뜻밖의 업무역량, 스토리텔링, 프리렉.

· 전철웅(2017), 프레젠테이션의 신, 쌤앤파커스.

· 한국산업인력공단(2012), 의사소통능력, 한국직업능력개발원.

· 한석준 (2023), 한석준의 말하기 수업, 인플루엔셜.

· 한수정, 우소연(2020), 셀프 비즈니스 매너와 커뮤니케이션, 백산출판사.

· 한주원(2014), 실무로 통하는 비즈니스 문서 코칭 2판, 청람.

· Anderson, N. H. (1981). Foundations of information integration theory.

· Asch, S. E. (1946). Forming impressions of personality. The Journal of Abnormal and Social Psychology, 41(3), 258.

· Brochu, P. M., & Morrison, M. A. (2007). Implicit and explicit prejudice toward overweight and average-weight men and women: Testing their correspondence and relation to behavioral intentions. The Journal of Social Psychology, 147(6), 681-706.

· Buzan, T., & Buzan, B. (2006). The mind map book. Pearson Education.

· Calder, B. J., & Sternthal, B. (1980). Television commercial wearout: An information processing view. Journal of Marketing Research, 17(2), 173-186.

· Cialdini, R. B. (1993). edition 3. Influence: Science and practice.

· Cohen, A. C. (1967). Estimation in mixtures of two normal distributions. Technometrics, 9(1), 15-28.

· Eagly, A. H., Ashmore, R. D., Makhijani, M. G., & Longo, L. C. (1991). What is beautiful is good, but···: A meta-analytic review of research on the physical attractiveness stereotype. Psychological bulletin, 110(1), 109.

· Eysenck, H. J., & Eysenck, H. J. (1973). Intelligence assessment: A theoretical and experimental approach (pp. 194-211). Springer Netherlands.

· Fiske, S. T. (1980). Attention and weight in person perception: The impact of negative and extreme behavior. Journal of personality and Social Psychology, 38(6), 889.

· Fiske, S. T., & Neuberg, S. L. (1990). A continuum of impression formation, from category-based to individuating processes: Influences of information and motivation on attention and interpretation. In Advances in experimental social psychology (Vol. 23, pp. 1-74). Academic Press.

· Gallo, C. (2006). 10 Simple Secrets of the World's Greatest Business Communicators. Sourcebooks, Inc..

· Griffin, A. M., & Langlois, J. H. (2006). Stereotype directionality and attractiveness stereotyping: Is beauty good or is ugly bad?. Social cognition, 24(2), 187-206.

· Jones, E. E., & Gerard, H. (1967). Foundations of social psychology.

· Judge, T. A., & Cable, D. M. (2004). The effect of physical height on workplace success and income: preliminary test of a theoretical model. Journal of Applied Psychology, 89(3), 428.

· Kawasaki, G. (2008). Reality check: The Irreverent Guide to Outsmarting. Outmanaging and

Outmarketing Your Competition.II New York: Penguin Group.

· Kenny, D. A. (1994). Interpersonal perception: A social relations analysis. Guilford Press.

· Kleck, R. E., & Nuessle, W. (1968). Congruence between the indicative and communicative functions of eye contact in interpersonal relations. British Journal of Social and Clinical Psychology, 7(4), 241-246.

· Lechelt, E. C. (1975). Occupational affiliation and ratings of physical height and personal esteem. Psychological Reports, 36(3), 943-946.

· Markus, H. (1977). Self-schemata and processing information about the self. Journal of personality and social psychology, 35(2), 63.

· Martin, J. N., & Nakayama, T. K. (2013). Thinking dialectically about culture and communication. The global intercultural communication reader, 204-222.

· McGuire, W. J. (1968). Personality and attitude change: An information-processing theory. Psychological foundations of attitudes, 171, 196.

· Newcomb, T. M. (1947). Autistic hostility and social reality. Human relations, 1(1), 69-86.

· Ruder, M., & Bless, H. (2003). Mood and the reliance on the ease of retrieval heuristic. Journal of personality and social psychology, 85(1), 20.

· Schneider, D. J., & Blankmeyer, B. L. (1983). Prototype salience and implicit personality theories. Journal of Personality and Social Psychology, 44(4), 712.

· Sjodin, T. L. CSP., New Sales Speak. Sembilan Kesalahan Terbesar dalam Presentasi Penjualan dan Cara Menghindarinya.

· Sutton, S. R., & Eiser, J. R. (1984). The effect of fear-arousing communications on cigarette smoking: An expectancy-value approach. Journal of Behavioral Medicine, 7(1), 13-33.

· Zajonc, R. B., & Markus, H. (1985). Affect and cognition: The hard interface.

서여주

- 이화여자대학교 대학원 경영학 석사
- 이화여자대학교 대학원 소비자학 박사

- 전) IDS & Associates Consulting 컨설턴트
   경기연구원 연구원
   한국직업능력개발원 연구원
   과학기술정책연구원 부연구위원

- 현) 알토스랩 대표
   가천대학교, 강남대학교, 단국대학교, 한양대학교 외래교수
   우송대학교, 한남대학교 겸임교수

서여주 박사는 소비자에 집중된 수많은 이슈에 관심을 가진 학자로서 시장 환경의 변화에 민감하게 반응하며, 학계와 실무 양쪽에서 모두 선도적인 문제 제기를 통해 새로운 관점과 해결책을 제시하고 있다. 기업의 성장을 촉진하고 올바른 방향을 제시하는 데 중점을 두면서, 소비자 중심의 시장 환경에서 소비자의 변화를 민첩하게 감지하고 이에 대응하는 전략을 개발하는 것을 핵심 임무로 삼고 있다. 2016년, 2018년, 2021년 학회에서 우수논문상을 수상하고 다수의 기업과 조직에서 컨설팅을 수행하였다. 대학에서는 기업과 소비자에 대한 명확한 이해를 바탕으로 강의를 진행하면서, 소비자 만족과 효용을 극대화하는 가교역할을 담당하고 있다.

지속적인 학습과 현장 경험을 통해 시장 동향과 소비자 행태의 세밀한 분석 능력을 갖추고 있으며, 이를 통해 기업이 변화하는 시장 환경 속에서 경쟁 우위를 확보하고 지속적인 성장을 달성할 수 있도록 돕고 있다. 소비자와 기업 모두에게 가치를 제공하는 것을 최우선 목표로 삼고, 이를 달성하기 위해 끊임없이 노력하고 있다.

대표 저서로는《고객서비스 능력 향상을 위한 고객응대실무》,《경영학원론》,《소비자행동과 심리》,《소셜미디어와 마케팅》,《마케팅원론》,《ESG를 생각하는 소비와 소비자》,《소비와 시장》,《소비와 프로모션》,《인간관계 심리 메커니즘》,《인간심리: 개인, 상황, 관계 중심》,《365 글로벌 매너: 당신의 결정적 차이를 만들어 줄 법칙》 등이 있다.

저자와의
합의하에
인지첩부
생략

스마트 프레젠테이션

2024년 3월 15일 초 판 1쇄 발행
2024년 9월 15일 제2판 1쇄 발행

지은이 서여주
펴낸이 진욱상
펴낸곳 (주)백산출판사
교 정 박시내
본문디자인 신화정
표지디자인 오정은

등 록 2017년 5월 29일 제406-2017-000058호
주 소 경기도 파주시 회동길 370(백산빌딩 3층)
전 화 02-914-1621(代)
팩 스 031-955-9911
이메일 edit@ibaeksan.kr
홈페이지 www.ibaeksan.kr

ISBN 979-11-6567-922-4 93320
값 28,000원